Güneş / Hamdan / Klug
Gewährleistungsmanagement

D1677325

Herausgeber der Praxisreihe Qualität (vormals Praxisreihe Qualitätswissen) ist ab 2016 Kurt Matyas; vom Gründungsjahr 1991 bis 2016 Franz J. Brunner.

In der Praxisreihe Qualität sind bereits erschienen:

Jörg Brenner
Lean Production
Praktische Umsetzung zur Erhöhung der Wertschöpfung
3., überarbeitete Auflage
ISBN 978-3-446-45664-8

Jörg Brenner
Lean Administration
Verschwendung erkennen, analysieren, beseitigen
ISBN 978-3-446-45472-9

Werner Friedrichs
Das Fitnessprogramm für KMU
Methoden für mehr Effizienz im Automobil-, Anlagen- und Sondermaschinenbau
ISBN 978-3-446-45341-8

Franz J. Brunner
Japanische Erfolgskonzepte
Kaizen, KVP, Lean Production Management, Total Productive Maintainance, Shopfloor Management, Toyota Production Management, GD³ – Lean Development
4., überarbeitete Auflage
ISBN 978-3-446-45428-6

Franz J. Brunner
Qualität im Service
Wege zur besseren Dienstleistung
ISBN 978-3-446-42241-4

Franz J. Brunner, Karl W. Wagner,
unter Mitarbeit von Peter H. Osanna, Kurt Matyas, Peter Kuhlang
Qualitätsmanagement
Leitfaden für Studium und Praxis
6., überarbeitete Auflage
ISBN 978-3-446-44712-7

Marco Einhaus, Florian Lugauer, Christina Häußinger
Arbeitsschutz und Sicherheitstechnik
Der Schnelleinstieg für (angehende) Führungskräfte: Basiswissen, Haftung, Gefährdungen, Rechtslage
ISBN 978-3-446-45474-3

Bernd Klein
Kostenoptimiertes Produkt- und Prozessdesign
ISBN 978-3-446-42131-8

Wilhelm Kleppmann
Versuchsplanung
Produkte und Prozesse optimieren
9., überarbeitete Auflage
ISBN 978-3-446-44716-5

Veit Kohnhauser, Markus Pollhamer
Entwicklungsqualität
ISBN 978-3-446-42796-9

Karl Koltze, Valeri Souchkov
Systematische Innovation
TRIZ-Anwendung in der Produkt- und Prozessentwicklung
2., überarbeitete Auflage
ISBN 978-3-446-45127-8

Kurt Matyas
Instandhaltungslogistik
Qualität und Produktivität steigern
6., aktualisierte Auflage
ISBN 978-3-446-44614-4

Arno Meyna, Bernhard Pauli
Zuverlässigkeitstechnik
Quantitative Bewertungsverfahren
2., überarbeitete und erweiterte Auflage
ISBN 978-3-446-41966-7

Wilfried Sihn, Alexander Sunk, Tanja Nemeth, Peter Kuhlang, Kurt Matyas
Produktion und Qualität
Organisation, Management, Prozesse
ISBN 978-3-446-44735-6

Stephan Sommer
Taschenbuch automatisierte Montage- und Prüfsysteme
Qualitätstechniken zur fehlerfreien Produktion
ISBN 978-3-446-41466-2

Konrad Wälder, Olga Wälder
Statistische Methoden der Qualitätssicherung
Praktische Anwendung mit MINITAB und JMP
ISBN 978-3-446-43217-8

Johann Wappis, Berndt Jung
Null-Fehler-Management
Umsetzung von Six Sigma
5., überarbeitete Auflage
ISBN 978-3-446-44630-4

Menderes Güneş
Marwan Hamdan
Mirko Klug

Gewährleistungsmanagement

Praxisreihe Qualität
Herausgegeben von Kurt Matyas

Die Autoren:
Dr. Menderes Güneş, Güneş & Hamdan Rechtsanwälte PartGmbB, Saarbrücken
Prof. Dr. Hamdan Marwan, Güneş & Hamdan Rechtsanwälte PartGmbB, Saarbrücken
Mirko Klug, Unternehmensberatung KLUG, Velbert

Bibliografische Information der Deutschen Nationalbibliothek:

Die Deutsche Nationalbibliothek verzeichnet diese Publikation in der Deutschen Nationalbibliografie; detaillierte bibliografische Daten sind im Internet über <http://dnb.ddb.de> abrufbar.

Print-ISBN 978-3-446-44795-0
E-Book-ISBN 978-3-446-44947-3

© 2018 Carl Hanser Verlag GmbH & Co. KG, München
www.hanser-fachbuch.de
Lektorat: Dipl.-Ing. Volker Herzberg
Herstellung: Isabell Eschenberg
Satz: le-tex publishing services GmbH
Coverrealisation: Stephan Rönigk
Druck und Bindung: Hubert & Co. GmbH & Co. KG BuchPartner, Göttingen
Printed in Germany

Inhalt

1 Was versteht man unter Gewährleistungsmanagement?

Unter dem Begriff der Gewähr wird die Sicherheit verstanden, die jemandem, der sich auf etwas einlässt, durch jemanden oder durch etwas geboten wird.[1] Von dieser Grunddefinition ausgehend wird der geläufige und bekannte Begriff der Gewährleistung als die Einstandspflicht für eine mangelhafte Leistung, insbesondere durch einen Sach- oder Rechtsmangel beschrieben. Der Begriff wurde im Zuge der Schuldrechtsreform im Jahre 2002 im Bürgerlichen Gesetzbuch zwar durch den Begriff der Mängelhaftung ersetzt[2], erfreut sich aber weiterhin sowohl im allgemeinsprachlichen als auch juristischen Sprachgebrauch der Beliebtheit.

Ausgehend von dem Begriffsinhalt der Gewährleistung betrifft das Gewährleistungsmanagement alle getroffenen Maßnahmen zur Leitung, Organisation und Planung, die mit der Einstandspflicht für eine mangelhafte Leistung im Zusammenhang stehen. Als ganzheitliches Managementsystem beschränkt es sich dabei nicht, was die Thematik nahelegen würde, auf die Reaktion auf geltend gemachte Gewährleistungsansprüche, sondern beinhaltet auch alle Stufen im Vorfeld beginnend mit der Konzeption des Produkts bis hin zur Abwicklung von Gewährleistungsfällen.[3]

Inhalt und Aufbau des Buchs

Wesentliche Impulse für die Etablierung des Gewährleistungsmanagements als eigenständige Managementaufgabe sind in den letzten Jahren von der Automobilindustrie ausgegangen und haben sich in der Zwischenzeit auch auf andere Industriebereiche ausgedehnt. Gänzlich neu ist der Begriff Gewährleistungsmanagement im deutschen Raum jedoch nicht. Der Begriff erfreut sich etwa seit Jahren der Beliebtheit im Bausektor und dient dort als Umschreibung von Themenabschnitten, welche sich mit dem Mängelrecht im Zusammenhang mit Bauverträgen beschäfti-

---

[1] Online-Duden: https://www.duden.de/rechtschreibung/Gewaehr; Abruf am 9. Februar 2018.

[2] An verschiedenen Stellen findet sich der Begriff jedoch nach wie vor im Bürgerlichen Gesetzbuch, so etwa in § 365 oder § 524 BGB.

[3] Einen guten und ausführlichen Überblick über alle relevanten Gebiete des Gewährleistungsmanagements bietet in englischer Sprache „Warranty Management and Product Manufacture" von D. N. Prabhakar Murthy und Wallace R. Blischke.

gen.[4] Angesichts dessen ist es notwendig, den Inhalt des vorliegend behandelten Gewährleistungsmanagements kurz zu umreißen:

Das vorliegende Buch dient zur Darstellung der Management- und Rechtsgrundlagen im Zusammenhang mit der Einstandspflicht für mangel- und/oder fehlerhafte Produkte, welche in der Regel Gegenstand von Kaufverträgen sind. Bei dem verkauften Produkt kann es sich dabei sowohl um ein Endprodukt als auch ein Teilprodukt handeln. Eine wesentliche Weichenstellung des Verantwortungsumfangs für ein hergestelltes und/oder verkauftes Produkt besteht darin, ob der Käufer des Produkts ein Verbraucher oder ein Unternehmer ist. Die Betrachtung von Kaufverträgen im B2B-Bereich bildet den Schwerpunkt der Betrachtung und in diesem Zusammenhang wiederum das Verhältnis zwischen dem Hersteller eines Teilprodukts und dem Hersteller des Endprodukts. Begründet liegt dies in dem Umstand, dass derzeitige Bestrebungen zur Implementierung von Gewährleistungsmanagementsystemen gerade von Lieferanten im arbeitsteiligen Produktionsbereich als eine wesentliche Thematik angesehen und auch von Endherstellern als deren Käufern zunehmend erwartet werden. Insofern werden nach Darstellung der allgemeinen und für alle Kaufverträge anwendbaren Rechtsgrundlagen kurz die Besonderheiten des B2B-Bereichs beleuchtet, um im Anschluss den Fokus auf die sich im Zusammenhang mit der Herstellung und dem Verkauf von (Teil-) Produkten im B2B-Bereich ergebenden Rechtsfragen zu richten.

---

[4] Vgl. hierzu etwa Fritz Berner, Rainer Schach, Bernd Kochendörfer, Grundlagen der Baubetriebslehre 3: Baubetriebsführung, S. 327 ff.

2 Gewährleistungsmanagement als Managementaufgabe

■ 2.1 Einleitung

Die zunehmende Absicherung von Entwicklungs- und Produktionsprozessen bis hin zur Sicherstellung der Servicequalität beim Kunden gewinnt für Organisationen mehr und mehr an Bedeutung. Getrieben durch ein dynamisches Umfeld werden Unternehmen anhand ihrer Progressions- und Veränderungsfähigkeit gemessen. Dieses Potenzial an möglichen Ressourcen gilt es, in gezielter, nachhaltiger und verlässlicher Methodik einzusetzen. Dabei sind u. a. folgende Effekte zu berücksichtigen:

Einerseits ist es die internationale Verflechtung von Herstellprozessen durch sogenannte Plattformstrategien. Diese verlangen ein Höchstmaß an Transparenz unter anderem von globalen Entwicklungs-, Produktions- und Beschaffungsprozessen, Vereinbarungen und Verträgen in der Lieferkette. Hinzu kommt das verschmelzende multilaterale Anforderungsmanagement an Produkten mit ihrer zunehmenden Komplexität. Lokale Einflussfaktoren wie z. B. relevante Umwelteinflüsse, unilaterales Verbraucherverhalten, technologische Wirkprinzipien, Garantiezeitverlängerungen und Wartungsverträge unterstreichen diese Einflussnahme.

Andererseits sind es die zunehmenden und zukünftigen Kundenerwartungen die eruiert werden müssen, aber auch der sich ständig ändernde gesetzliche Verbraucherschutz. Dieser wird, ergänzend durch die Forderung zur Conformity of Production (CoP)[1], eingefordert. In diesem Prüfungsverfahren sind spezifische Produktanforderungen und Absicherungsprozesse durch den Genehmigungsinhaber sicherzustellen. Durch diese Konformität soll im Rahmen des Typgenehmigungsverfahrens z. B. für hergestellte Fahrzeuge, Systeme und Bauteile sowie für jede hergestellte selbstständige technische Einheit eine gleichbleibende Qualität gesichert werden. Der Hersteller eines genehmigten Typs ist verpflichtet, ein

---

[1] http://www.kba.de/DE/Fahrzeugtechnik/Typgenehmigungen/Konformitaetsueberpruefung/Systemueberpruefung_CoP_Q/systemueberpruefung_CoP_Q_node.html

CoP-Verfahren zu entwickeln und zu realisieren. Das Verfahren hinsichtlich der Übereinstimmung der Produktion wird anhand merkmalsbezogener Eigenschaften definiert. Damit wird gewährleistet, dass jedes Fahrzeug bzw. relevante Produkt, dem genehmigten Typ entspricht. Diese merkmalsbezogenen Eigenschaften sind über dem Produktentstehungsprozess (PEP) bis hin zur End of Production (EoP) nachzuweisen und zu überwachen. Sie eigenen sich dadurch ebenfalls zum Nachweis der aktiven Produktbeobachtung[2]. Zudem wird kontextbezogen ein prozessualer Zusammenhang zwischen Produktbeobachtung und dem Qualitätsmanagementsystem durch die ISO TS 16949:2009 respektive deren Aktualisierung zur IATF 16949:2016 aufgezeigt. Exemplarisch wird insbesondere dem Management die Verantwortung zugeschrieben, für ihre Organisation in dem sogenannten Managementreview Kriterien zur Bewertung der Organisation zu definieren. Diese Eingaben generieren sich u. a. sowohl aus den tatsächlichen und potenziellen Ausfällen in der Gebrauchsphase[3] als auch durch die Messung der Kundenzufriedenheit[4] durch Bewertung von Rückrufen[5] und/oder Gewährleistungsfällen. Als Konsequenz für Organisationen werden dadurch organisatorische sowie strategische Herausforderungen als wesentlicher Bestandteil ihrer unternehmerischen Ausrichtung definiert. Aus diesem Grunde ist die Forderung nach einem Gewährleistungsmanagement (GW-Managements) naheliegend, welches sowohl interne als auch externe Anspruchsgruppen erfasst. Anspruchsgruppen werden oftmals auch Stakeholders genannt. Es sind all diejenigen Personengruppen, die von den unternehmerischen Tätigkeiten gegenwärtig oder in Zukunft direkt oder indirekt betroffen sind. Es wird ihnen zusätzlich zu den Eigentümern, auch Shareholders genannt, das Recht zugesprochen, ihre Ansprüche und Erwartungen an die Unternehmung geltend zu machen. Folglich ergibt sich eine verpflichtende Berücksichtigung dieser Interessen durch die Unternehmensführung. Bild 2.1 und Bild 2.2 zeigen beispielhaft die Anspruchsgruppen[6] als Soziogramm auf.

---

[2] 2 BGH, 09.12.1986 – VI ZR 65/86

[3] ISO TS 16949:2009; Kap. 5.6.2.1

[4] IATF 16949:2016; Kap. 9.1.2.1

[5] § 26 ProdSG, Marktüberwachungsmaßnahmen

[6] https://de.wikipedia.org/wiki/Stakeholder

Bild 2.1 interne Anspruchsgruppen

Bild 2.2 externe Anspruchsgruppen

Die sich aus den Anspruchsgruppen generierenden System-, Prozess- und Produktanforderungen an das Gewährleistungsmanagement[7] bis hin zu einem System, das sich substanziell als auch zukunftsorientiert selbst weiterentwickelt, stellt für Organisationen einen wesentlichen Wettbewerbsfaktor dar. Infolgedessen ist es unerlässlich, nicht nur die Kostenfaktoren für die Gewährleistungs- und Garantiezusagen zu kennen, sondern auch die damit einhergehenden Risiken. Vielmehr geht es darum, materielle und immaterielle Aspekte für eine Risikobetrachtung zu identifizieren, diese zu analysieren und Maßnahmen zu deren Be-

---

[7] IATF 16949:2016; Kap. 10.2.5

wältigung, Überwälzung bzw. dem Ausschließen der Risiken zu definieren. Das Gewährleistungsmanagement ist daher ein Wissensträger in der Organisation, in dem u. a. Informationen über die generell als auch individuell wirkendenden Verträge in der Lieferkette, alle Informationen zu Produkten und Produktfamilien bzw. konsistente Informationen von Wettbewerbsprodukten verarbeitet und in den Optimierungskreislauf integriert werden können. Dadurch ist möglich, als Ergebnis eines effektiven Berichts- und Informationswesen, ein umfangreiches und aussagefähiges Controlling-Instrument zu schaffen. Dieses muss in der Lage sein, aktuell und permanent bedarfsorientierte Informationen für die weitere Entscheidungsfindung bereitzustellen. Des Weiteren erfasst das GW-Management – im Spannungsfeld zwischen Verbraucher, Kunde, Markt und Gesetz – die sich fortlaufend ändernden Rahmenbedingungen. Diese Bedingungen haben ihre Wirkung in die komplexen Strukturen der Lieferkette und sorgen durch eine nachhaltige Arbeitsweise und einer schnellen Reaktionsfähigkeit des GW-Managements für Prozesssicherheit.

Fokus des GW-Managements sind vielschichtige Ansatzpunkte und Forderungen mit unter Umständen komplexer Nachweisführung, die i. d. R. an singularer Stelle (Produktentwicklung) ihren Ursprung und Dokumentation findet. Daraus leitet sich die Aufgabe zur Implementierung eines GW-Managements ab. Eine Aufgabe, die durch das Management oder deren Beauftragter im besonderen Umfang beobachtet und unterstützt werden sollte, um den inhärenten, komplexen Entwicklungs- und Produktionsprozessen aus Sicht des GW-Managements Rechnung zu tragen.

2.1.1 Abgrenzung zum Qualitätsmanagement

Ein Qualitätsmanagementsystem legt Anforderungen an eine Organisation fest[8], um die jeweiligen Kundenanforderungen nebst den relevanten gesetzlichen und behördlichen Anforderungen zu erfüllen. Dabei muss die Organisation ständig ihre Fähigkeiten darlegen, fortlaufend Produkte oder Dienstleistungen bereitzustellen. Die Organisation ist bestrebt, die Kundenzufriedenheit durch wirksame Anwendung des Systems zu erhöhen, einschließlich der Prozesse zur fortlaufenden Verbesserung des Systems und der Zusicherung der Einhaltung von Anforderungen. Von wesentlicher Bedeutung ist der prozessorientierte Ansatz, der in allen Ebenen Anwendung findet. In Bild 2.3 werden die Zusammenhänge und Wechselbeziehungen aufgezeigt, in der die Gesamtleistung der Organisation verbessert werden kann.

---

[8] DIN EN ISO 9001:2015

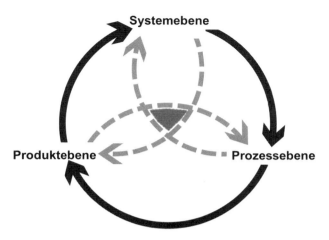

Bild 2.3 Zusammenhänge und Wechselbeziehungen zwischen den Ebenen einer Organisation

Trotz hoher Anstrengungen auf allen Ebenen durch nachhaltige Verwendung und Weiterentwicklung von Absicherungsmethoden zur Produkt- und Dienstleistungskonformität kommt es zu Nichtübereinstimmungen. Dieses mag ein Indiz dafür sein, nicht mit der notwendigen Sorgfalt oder Kenntnis etablierte Entwicklungs- und Produktionsprozesse wirksam umgesetzt zu haben. Es ist daher naheliegend, dass ebenenübergreifende Instrumentarien geschaffen werden müssen, die diesen Ereignissen entgegenwirken. Hier setzt das bereichsübergreifende Gewährleistungsmanagement an, welches von der Anfrage zur Produkt- und Dienstleistungserbringung bis zum End of Life nachhaltig Anwendung finden sollte. Es werden dabei sowohl strategische als auch operative Aspekte zur kaufmännischen sowie technischen Ausrichtung betrachtet.

Bild 2.4 zeigt beispielhaft mögliche Aspekte auf, die individuell und unternehmensspezifisch eruiert werden müssen.

Bild 2.4 Strategische und operative Aspekte, die betrachtet werden müssen

2.1.2 Systemisches Gewährleistungsmanagement als integraler Unterstützungsprozess

Vertieft man nun die strategischen und operativen Aspekte, so kann man identifizieren, dass das Gewährleistungsmanagement über alle Management-, Wertschöpfungs- und Unterstützungsprozesse seine Berechtigung findet. Sei es beginnend mit der gesetzlichen Pflicht zur Produktbeobachtung über die kaufmännische Abwicklung von Regressansprüchen bis hin zur Reklamationsbearbeitung und der postoperativen Abwicklung von Serienschäden. Um durchdringend alle unternehmensspezifischen Aspekte zu erfassen, ist es essenziell, dass das Gewährleistungsmanagement als Teil des Qualitätsmanagementsystems zu sehen ist und nicht als losgelöster Teil eines Unternehmensprozesses. Unterstrichen wird dieser Ansatz durch die IATF 16949:2016, die eine Opportunität aufzeigt, dieses adaptiv – falls zwischen den Vertragsparteien vereinbart – im Qualitätsmanagementsystem zu verankern[9]. Man wird feststellen können, dass es viele Ansätze und Parallelen gibt. Folgend wurden exemplarisch Beispiele erarbeitet, die den integralen Gedanken vertiefen werden. In der nächsten Abbildung wird aufgezeigt, welche Kriterien herausgehend aus der automobilspezifischen Zertifizierungsnorm einflussgebend

---
[9] IATF 16949:2016; Kap. 10.2.5

auf das Gewährleistungsmanagement sein können[10]. Betrachtet wurde beispielhaft die Frage 3.5 aus dem VDA-Band Schadteilanalyse Feld Auditstandard[11], als fundamentaler Bestandteil des GW-Managements.

3.5: Werden die Ergebnisse des NTF-Prozesses verarbeitet, dokumentiert und kommuniziert (Output)?	
Mindestanforderungen / Bewertungsrelevant	Mögliche Beispiele von Anforderungen und Nachweisen in Abhängigkeit des Produktrisikos
• Dokumentation der NTF-Prozesse • Kommunikation der Ergebnisse an Management und Kunden • Wissenstransfer	• Regelmäßige Managementinformationen • NTF-Berichte • Lessons Learned für zukünftige NTF-Prozesse

ISO/TS 16949	VDA SAF - NTF-Prozess - Frage 3.5
5.1.1 Effizienz von Prozessen	Kommunikation der Ergebnisse ans Management - Managementinformationen aus SAF
5.5.3 Interne Kommunikation	Kommunikation der Ergebnisse ans Management - Managementinformationen aus SAF
7.2.3 Kommunikation mit dem Kunden	Kommunikation der Ergebnisse an den Kunden
7.4.3.2 Lieferantenüberwachung	Überprüfen der Konformität der gelieferten Produkte/ Störungen beim Kunden (einschließlich Rücklieferungen aus dem Feld) auf Basis der Erkenntnisse aus dem NTF-Prozess
8.5.1 Ständige Verbesserung	Lessons learned und Wissenstransfer unterstützen den KVP

Bild 2.5 Inhaltliche Gegenüberstellung relevanter Kapitel der ISO/TS 16949 zum VDA SAF

Reflektiert man die Parallelen wie sie in Bild 2.5 aufgezeigt wurden, so wird deutlich, dass singuläre Prozessschwächen im Falle einer Nichtkonformität erhebliche Auswirkungen auf die generelle Wirksamkeit des QM-Systems haben können. Somit ist das Gewährleistungsmanagement ein bedeutender Beitragsleister für die Beherrschung des unternehmerischen Risikos. Hinterfragt man nun die Hypothese einer Nichtkonformität zur ISO TS 16949:2009 und das einhergehende Risiko, so stellt sich die Frage, ob das „QM-Zertifikat" zur QM-Systemkonformität zu Recht vergeben werden konnte. Auch die Tatsache, dass im Anfrageprozess bereits Zusagen zur Produktkonformität getätigt werden, unterstreicht die Forderung nach dem GW-Management. Ein weiteres Beispiel für einen prozessualen Zusammenhang ist die Customer specific Requirements (CSR) CQI 14, Consumer-Centric Warranty Management Guideline[12]. Sie wird u. a. als Standard zur Befundung von Feldschaden-

---

[10] ISO TS 16949:2009

[11] VDA Schadteilanalyse Feld Auditstandard, 1. Auflage Oktober 2011

[12] AIAG CQI 14, Version 2, Issued 03/2010

steilen zwischen Ford und seinen Lieferanten definiert. Die CQI 14 beschreibt ein Gewährleistungsmanagement aus Sicht des Endverbrauchers, um eine reibungslose Garantieabwicklung zu gewährleisten und um gleichzeitig das „Garantie-Management-Programm" in der gesamten Hersteller- und Lieferkette ständig zu verbessern. Sie ist somit integraler Bestandteil des QM-Systems zur Umsetzung von Kundenanforderungen. In Bild 2.6 und Bild 2.7 wurden die Schemata von Bild 2.8 erneut aufgegriffen und ein Vergleich zwischen der CQI 14 und dem VDA-Band Schadteilanalyse Feld Auditstandard erarbeitet. Exemplarisch wurde ebenfalls die Frage 3. 5 aus dem selbigen Band reflektiert.

3.5: Werden die Ergebnisse des NTF-Prozesses verarbeitet, dokumentiert und kommuniziert (Output)?	
Mindestanforderungen / Bewertungsrelevant	**Mögliche Beispiele von Anforderungen und Nachweisen in Abhängigkeit des Produktrisikos**
• Dokumentation der NTF-Prozesse • Kommunikation der Ergebnisse an Management und Kunden • Wissenstransfer	• Regelmäßige Managementinformationen • NTF-Berichte • Lessons Learned für zukünftige NTF-Prozesse

AIAG CQI-14 (Supplier)	VDA SAF - NTF-Prozess - Frage 3.5
1.15	The Organization is proactively receiving and analyzing warranty field returns sent by the OEM or Supply Chain Partners and results are shared.
1.20	NTF's are view as an opportunity to further improve consumer satisfaction by applying continued, disciplined problem solving until the root cause is determined and eliminated.
2.01	Previous and current warranty is pulled for review to help determine improvements [...] warranty data analysis [...] field return investigations results and root cause's [...].

Bild 2.6 Inhaltliche Gegenüberstellung relevanter Kapitel der AIAG CQI 14 zum VDA SAF, 1. Teil

3.5: Werden die Ergebnisse des NTF-Prozesses verarbeitet, dokumentiert und kommuniziert (Output)?	
Mindestanforderungen / Bewertungsrelevant	**Mögliche Beispiele von Anforderungen und Nachweisen in Abhängigkeit des Produktrisikos**
• ...	• ...

AIAG CQI-14 (Supplier)	VDA SAF - NTF-Prozess - Frage 3.5
4.03	The Organization currently makes use of all available warranty data systems and parts return resources which enables timely/ regular communication to the warranty stakeholders.
5.13	The Organization applies continual improvement practices to NTF process.
6.08	Lessons learned are applied to future programs.
I.09	The organization applies and updates ist defined NTF process as necessary.
I.10	There is an increased effort to analyze End-Of-Life products [...]. This data is applied to further improve quality/ performance [...]and fed forward into lessons learned database[...].

Bild 2.7 Inhaltliche Gegenüberstellung relevanter Kapitel der AIAG CQI 14 zum VDA SAF, 2. Teil

Aus Bild 2.6 und Bild 2.7 ist der kausale Zusammenhang fragebezogen ableitbar. Ebenfalls ableitbar, wäre eine Nichtkonformität zur vertraglichen Basis als auch zum QM-System. Die Aufgabe des Gewährleistungsmanagements ist folglich, diese Zusammenhänge zu erkennen und prozessual in der Organisation zu verankern. Ein letztes Beispiel, welches die integrale Notwendigkeit des Gewährleistungsmanagements als Unterstützungsprozess im QM-System unterstreicht, wurde in Bild 2.8 dargestellt. Hier setzt man sich mit dem vielschichtigen und komplexen kaufmännisch/technischen Anfrageprozess für Produkte als auch für Dienstleistungen auseinander.

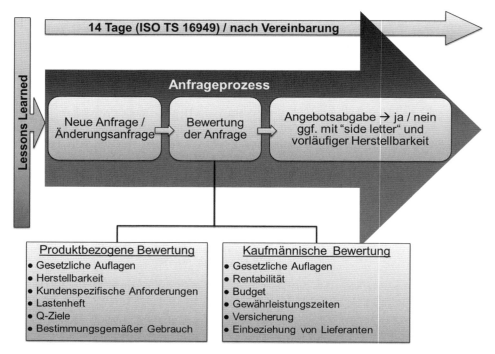

Bild 2.8 Prozessuale Wirkzusammenhänge des GW-Managements im Anfrageprozess

Organisationsseitig wird hier der Grundstein gelegt, an dem die Organisation u.a. gemessen wird. Sei es durch kundenspezifische Umsetzung von z.B. sowohl den Produktanforderungen als auch der zeitlichen Komponente als Key Performance Indikator (KPI) für die unverzügliche Bewertung von technischen Änderungen[13]. Daneben stecken im Detail individuelle Risiken, wie z.B. eine Vernachlässigung von einzuholenden Herstellbarkeitsbewertungen durch die Lieferkette, die erfasst und bewertet werden müssen, bevor ein Angebot durch die Organisation abgegeben werden kann. Allein hier wird der „Ruf" nach einem koordinierenden Instrument, das möglichst alle interdisziplinären Informationen strukturiert und ganzheitlich zusammenhält, laut. Daher ist es von äußerster Wichtigkeit, substanziell für Organisationen herauszufinden, welche Mindset, welche Ziele und welcher Fokus im Gewährleistungsmanagement notwendig sind. Nur dann wird man GW-Management effektiv als integralen und koordinierenden Bestandteil des QM-Systems einsetzen können. Gleichbedeutsam gilt es zu erkennen, dass das Gewährleistungsmanagement nicht nur als eine zu steuernde Managementaufgabe verstanden wird, sondern als ein risikoidentifizierbares Konstrukt untrennbar mit allen unternehmerischen Prozessen verankert ist. Erst dadurch wird seine Bedeutung transparent; zum einen als Frühindikator in Unternehmensprozessen bei der Iden-

---

[13] ISO TS 16949:2009; Kap. 4.2.3.1; IATF 16949:2016; Kap. 7.5.3.2.2

tifizierung von Risiken, z. B. aus produkthaftungsrelevanten Kriterien heraus, und zum anderen als postoperative Auseinandersetzung einer sogenannten Fall-Bewertung zur Ableitung von präventiven als auch reaktiven Maßnahmen.

2.1.2.1 Mindset, Ziele und Fokus im Gewährleistungsmanagement

Der Alltag in Unternehmen ist geprägt von altbewährten Gewohnheiten – definierte Prozesse entsprechen oftmals nicht den Tatsachen, überforderte Teams hetzen von einem Troubleshooting zum nächsten und Reklamationsmanagement wird oftmals nur symptombezogen betrieben ohne wirklich die Ursachen zu finden. Um mit und durch Gewährleistungsmanagement erfolgreich zu sein, reicht es nicht aus, Methoden und Werkzeuge zu definieren und anzuwenden. Für eine nachhaltige Umsetzung ist ein Kulturwandel in der Organisation notwendig. Angefangen vom Management über die Führungskräfte bis hin zu allen Mitarbeitern die mittelbar oder unmittelbar mit Teilen des Gewährleistungsmanagements in Berührung kommen. So gilt es zukünftig zu verstehen, welchen materiellen und immateriellen Mehrwert mit einem verständlichen und effektiven GW-Management im Unternehmensalltag erreicht werden kann. Motivierend durch die oberste Leitung oder einem von ihnen Beauftragten muss es gelingen, Fallstricke, wie sie oben beschrieben worden sind, als Chance zu verstehen. Klar der Organisation aufzeigen, wo Fehler entstanden sind und wer sie zu verantworten hat. Aber auch aufzeigen, wie man diesen Missständen entgegenwirken muss. Nicht durch eine vermeintlich aggressive Personalumstrukturierung, sondern durch Stärken-Schwächen-Analysen. Mitarbeiter zielorientiert einsetzen und an den Schrauben des Methoden- und Werkzeugkoffers drehen, um ans Ziel zu kommen. Wenn es der Organisation so gelingt, alle Mitarbeiter mit ins „Boot" zu bekommen, ist der wichtigste Schritt in eine erfolgreiche Umsetzung getan. Ziele sind sehr individuell, strategisch als auch operativ getrieben von Ereignissen oder Visionen. Ziele sind Kriterien, wo Erfolg und Misserfolg nahe beieinanderliegen. Umso wertvoller ist es, sich intensiv Gedanken darüber zu machen, nicht nur wie sie erreicht werden können, sondern in welcher Verhältnismäßigkeit der Aufwand dahingehend gegenübersteht. Für das Gewährleistungsmanagement könnten z. B. folgende Punkte als Zielvorstellungen definiert werden:

- Prävention statt Reaktion (z. B. von prüfenden hin zu planenden Aspekten)
- Kontrolle – Qualifikation – Kompetenz – Best Practice
- Nachhaltigkeitsstrategien (z. B. zur Kosten- und Risikominimierung)
- Produkt- und Prozess Excellence (z. B. Benchmarking)
- Vertrags- und Versicherungstransparenz in der Lieferkette
- Kundenzufriedenheit.

Unter allen möglichen Zielvorgaben hat das Gewährleistungsmanagement grundsätzlich die Aufgabe, Anforderungen und Interessen unterschiedlicher Stakeholder zu vereinen. Ihm wird oftmals die notwendige „Übersetzungsarbeit", die sich aus der Terminologie unterschiedlichster Bereiche z. B. Jurist versus Entwickler versus Einkäufer ergibt, zugetragen. Technische, rechtliche und betriebswirtschaftliche Themen dürfen nicht getrennt voneinander betrachtet werden, sondern sind schnittstellenunabhängig zu analysieren und in eine Risikomatrix zu überführen. Der abzuleitende Fokus des GW-Managements wäre eine Zentraleinheit in der Organisation, die sowohl interdisziplinär und bereichsübergreifend als auch strategisch und operativ aktiv tätig ist. Es konzentriert sich auf die Reduzierung von Risiken von der Anfrage bis zum Produktauslauf, Bauteilfehlern und Gewährleistungskosten. GW-Management versteht die Bedingungen, die ein Komponententausch im Feld begründet und sorgt dafür, dass nachhaltige Lösungen unabhängig vom Verursacherprinzip einfließen. Die Einbindung von Partnern und Spezialisten ist selbst bei komplexen Problemstellungen einhergehend.

2.1.2.2 Funktionsbereiche im Gewährleistungsmanagement

Dem Gewährleistungsmanagement kann man sich aus verschiedenen Richtungen nähern. Beachten sollte man, dass strategische, operative bzw. reaktive genauso wie örtlich lokale als auch globale Verantwortlichkeiten/Ausrichtungen miteinander verzahnt sind. Exemplarisch werden folgend die entsprechenden Ausrichtungen in örtlicher Kombination mit entsprechenden Beispielen für Aufgabenfelder in ihren Funktionsbereichen näher aufgezeigt:

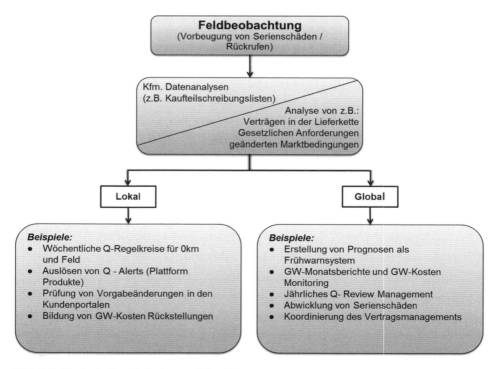

Bild 2.9 Strategischen Aufgaben und ihre Verortung

Die in Bild 2.9 aufgeführte komprimierte visuelle Darstellung der strategischen Verantwortungsbereiche ist plakativ zu sehen. Organisationsseitig sind prozessual zwingende Verknüpfungen von lokalen mit globalen Aktivitäten zu implementieren. Dieses kann z. B. durch eine entsprechend ausgestaltete Prozesslandschaft in der QM-Systemdokumentation erfolgen. Ebenfalls sind die Verantwortlichkeiten und die Berichtstrukturen durch entsprechende Organigramme zu definieren. Aus der dargestellten Trennung der Aufgabenfelder ergibt sich die grundsätzlich abzuwickelnde Leistungsvielfalt. Wobei der richtungsweisende, strategische Funktionsbereich den lokalen Funktionsbereichen vorgeschaltet ist. Dieses ist notwendig, um eine Harmonisierung der Gewährleistungsabläufe sicherzustellen. Effekte wie der Reduzierung von Ansprechpartnern, einem zentralisierten Informationsfluss in der Lieferkette sowie einer standortübergreifenden Vergleichbarkeit in der Abwicklung sind dadurch ableitbar.

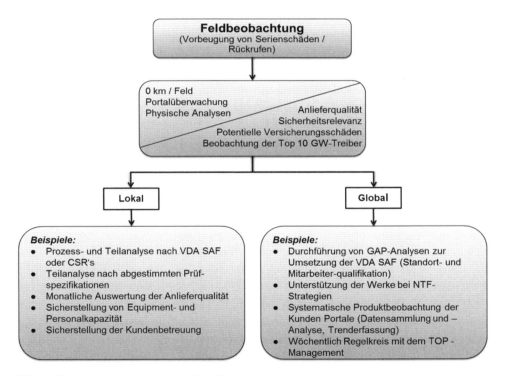

Bild 2.10 Operative Aufgaben und ihre Verortung

Für den operativen Funktionsbereich ist die prozessuale Vernetzung nach den selbigen Verfahren, wie sie für den strategischen Funktionsbereich aufgezeigt wurde, anzuwenden. Ein Interessenskonflikt ist insoweit zu vermeiden, sodass komprimiertes Know-how zum Einsatz kommt (Bild 2.10).

Reaktive Verantwortung

Aufgabenfelder des reaktiven Gewährleistungsmanagement werden oftmals dem globalen Funktionsbereich zugeordnet. Einige Aufgaben werden nachfolgend näher aufgezeigt:

- GW-Kosten-Verhandlung in der Lieferkette
- Abwicklung von Serienschäden mit OEMs[14] (Lieferkette) und Einbindung von Dritten (z. B. Gutachter)
- Durchführung von Audits und technischer Revision[15] bei Lieferanten und in den lokalen Werken (z. B. Wirksamkeit vom Problem-Lösungs-Prozess)
- Durchführung von Witness-Audits (Sicherstellung der Kompetenz von Auditoren).

Den Aufgaben entsprechend werden im reaktiven Gewährleistungsmanagement event- oder ereignisorientiert Fälle abgewickelt. Dabei begründet sich die Arbeit auf Unterstützungsleistung der Lieferwerke im Falle von z. B. Serviceaktionen in der Handelsorganisation, Rückrufaktionen im Feld oder auch die Analyse von Liegenbleibern (Flying Doktors[16]). Eine Koordinierung von Kundenaudits gemäß VDA Schadteilanalyse Feld[17] oder vergleichbarer Standards sowie Technische Revision durch Kunden bilden ebenfalls einen Schwerpunkt. Damit verbunden ist die kontinuierliche Verbesserung, d. h. gewonnene Erkenntnisse aus z. B. Audits wieder in die jeweiligen Funktionsbereiche des Gewährleistungsmanagements oder korrespondierender Prozesse zu überführen.

2.1.2.3 Methodische Systemintegration und Risikobetrachtung

Das folgende Kapitel beschäftigt sich mit der Frage, wie ein ganzheitliches Gewährleistungsmanagement in eine bestehende prozessuale Systemlandschaft integriert werden kann. Es werden dazu Beispiele aufgezeigt, welche Phasen beginnend mit der Angebotserstellung über die Industrialisierung bis hin zum Produktauslauf angesprochen werden. Phasenbezogene Aufgabenfelder werden exemplarisch anhand von Grafiken aufgezeigt und Methoden zur Risikobetrachtung sowie Risikoeruierung werden dargelegt. Eine direkte Eingliederung in eine prozessuale Systemlandschaft ist möglich, indem man die beschriebenen Phasen einer vorhandenen Organisationsstruktur zuordnet, vergleicht und implementiert. Beginnend wird in Bild 2.11 ein Produktlebenszyklus mit den jeweiligen Phasen und Meilensteinen dargestellt.

---

[14] http://www.wirtschaftslexikon24.com/d/oem/oem.htm

[15] VDA 6.3; Prozessaudit; 2. Auflage 2010; S. 175

[16] http://www.volkswagenag.com/content/vwcorp/info_center/de/news/2014/09/Lamborghini_obtains_TUEV_certification.html

[17] VDA Schadteilanalyse. Feld, 1. Auflage Juli 2009

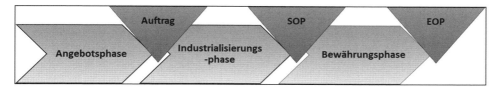

Bild 2.11 Darstellung des Produktlebenszyklus in Phasen und Meilensteinen

Die phasenbezogenen Aufgabenfelder werden jeweils detailliert anknüpfend beschrieben (Bild 2.12).

Bild 2.12 Die Angebotsphase und ihre Aufgabenfelder

Die in der Angebotsphase beschriebenen Inhalte sind für das Gewährleistungsmanagement von maßgeblicher Wichtigkeit. In ihnen erfolgt für die Organisation und ihrer Lieferanten die Abgrenzung und Bestätigung, was der Vertragsgegenstand ist. An den Inhalten wird die Organisation gemessen. Änderungen oder Aufweichungen sind nach Abgabe, sei es in Richtung Kunde oder Lieferant, ohne Mehraufwand schwer möglich.

Klarheit über eine Abgrenzung kann z.B. durch Leistungsschnittstellenverein-
barungen (LSV)[18]gestaltet werden. Das Gewährleistungsmanagement als unter-
stützender Teil in dieser Phase hat u.a. die Aufgabe, interdisziplinär Entscheidungen herbeizuführen und bereichsübergreifend zu sensibilisieren (Bild 2.13).

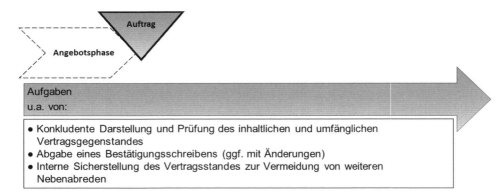

Bild 2.13 der Auftrag als Meilenstein und seine Aufgabenschwerpunkte

Wurde der Auftrag vom Kunden auf Basis der Organisationsangaben entsprechend
erteilt, so gilt es diese Anforderungen entsprechend in der Industrialisierungsphase umzusetzen. Der Auftragsumfang ist mit dem Angebot in jedem Falle zu
plausibilisieren. Ein organisationsseitiges Bestätigungsschreiben schließt die
Plausibilitätsprüfung ab. Wichtig ist es, den Beteiligten in der Organisation zu verstehen zu geben, dass Nebenabreden oder Zusagen ohne eine erneute Bewertung
nicht wirksam geschlossen werden dürfen (Bild 2.14).

---

[18] http://www.context.ag/infocenter/fachlexikon/l.html

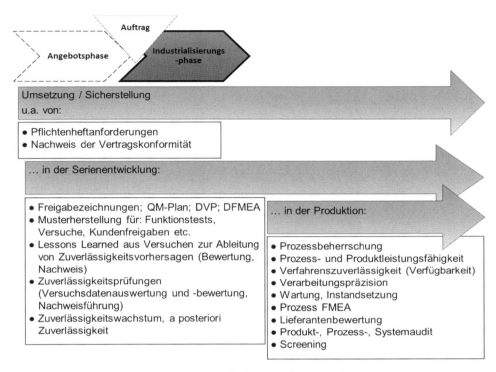

Bild 2.14 Sicherstellungsschwerpunkte in der Industrialisierungsphase

Während der Produkt- und Prozessreifemachung in der Industrialisierungsphase hat das Gewährleistungsmanagement eine Controlling-Funktion. Sprich, die erfassten Zahlen, Daten und Fakten auf die Belange von Gewährleistungsrisiken hin zu untersuchen und auszuwerten. Ergebnisse werden entsprechend bereichsübergreifend kommuniziert. Die Einbindung und Abstimmung mit der Organisationsführung als Unterstützung bei der Umsetzung strategischer und operativer Entscheidungen bietet zusätzliche Transparenz und fördert den interdisziplinären Wissenstransfer (Bild 2.15).

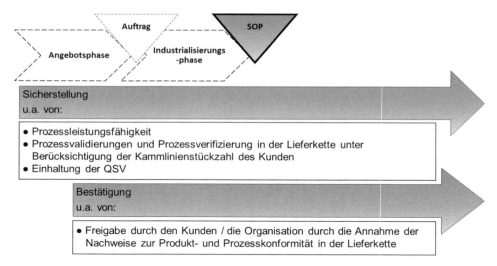

Bild 2.15 der SOP als Meilenstein und seine Auswirkungen

Der Start of Production (SOP) ist zeitversetzt in der Lieferkette der Beginn der Serienbelieferung. Mit ihm ist die Serienfreigabe verbunden und alle Rechte sowie
Pflichten für ein Serienprodukt. Ein definierter Gefahrenübergang regelt den Zeitpunkt zu dem das Produktrisiko vom Verkäufer auf den Käufer übergeht. Individuelle Qualitätssicherungsvereinbarungen (QSV)[19] können u. a. Klarheit und Abgrenzung zu technisch-organisatorischen Maßnahmen und Verhaltensregeln schaffen.
Oder kann die Übertragung von Verkehrssicherungspflichten regeln. Zu beachten
ist, dass eine QSV produktbezogen und individuell zwischen den Vertragsparteien
im interdisziplinären Kontext und im Vorfeld der Belieferungen abgeschlossen
werden muss. Die Einhaltung der vertraglich geschlossenen Qualitätssicherungsvereinbarungen sind die Basis für das Gewährleistungsmanagement in der ab-
grenzenden Produktbeobachtung und Teil der Bewährungsphase. Die QSV ist somit ein Mittel zur Umsetzung einer Q-Strategie und sichert reibungslose Abläufe
in der überbetrieblichen Zusammenarbeit.

---

[19] http://www.context.ag/infocenter/fachlexikon/l.html

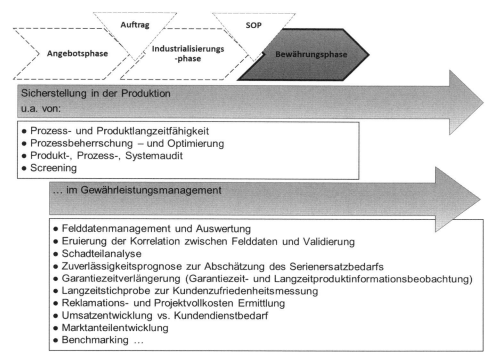

Bild 2.16 Absicherungsverfahren und Zuverlässigkeitsmethoden in der Bewährungsphase

Alle Absicherungsverfahren und Zuverlässigkeitsmethoden die seit der Annahme des Projektes zum Einsatz gekommen sind, werden in der Bewährungsphase auf den sogenannten „Prüfstand" gestellt (Bild 2.16). Die Nachhaltigkeit von diesen Verfahren ist nur dann bewiesen und sichergestellt, wenn im OKM-Bereich bzw. im Feld keine Probleme auftauchen. Treten Fehler auf, so sind diese mittels bekannter Methoden abzuwickeln. Eine Fehlerbaumanalyse[20] oder die 5-Why-Methodik[21] seien nur beispielhaft zu nennen. Nähert man sich der Systematik zur Fehleridentifizierung, so ist es daher entscheidend und bedeutsam die Entstehungsorte für mögliche Ursachen zu eruieren. Einige Entstehungsorte von Fehlern seien folgend aufgezählt:

- Lieferantenproduktion
- Verpackung- und Handlings-Prozesse von Produkten
- Logistikwege in der Lieferkette
- Produktions- und Logistikprozesse in der Organisation
- Produktions- und Logistikprozesse beim Kunden
- Teil- und Fahrzeugsysteme
- Werkstattprozesse etc..

---

[20] Claudia Brückner Qualitätsmanagement – Das Praxishandbuch für die Automobilindustrie 2009

[21] https://de.wikipedia.org/wiki/5-Why-Methode

Ebenfalls ist es unabdingbar eine weitere Klassifizierung der Einflussmöglichkeiten vorzunehmen. Grundsätzlich können diese Einflussmöglichkeiten mittels des 7-M-Verfahrens[22] (Mensch, Maschine, Mitwelt…) unterschieden werden. In der Praxis gliedert man diese in systematische und zufällige Einflüsse auf. Systematische Einflüsse sind jene Einflüsse, bei denen eine ursächliche Abweichung unter bestimmten Bedingungen kontinuierlich vorhanden sein kann. Diese sind die Ursache für zusätzlich auftretende, überlagerte Abweichungen im Prozess. Beispielsweise seien hier ein Verschleiß am Werkzeug oder das Anfahren eines Temperaturprozesses genannt. Zufällige Einflussgrößen bedingt durch z. B. Temperaturschwankungen oder die Positioniergenauigkeit einer Maschine lassen sich auf nicht beherrschte Prozesse oder Mechanismen bzw. einseitig gerichtete Beobachtungen, wie sie durch die verschiedenen Entstehungsorte hervorgerufen werden können, zurückführen. Eine Reflektion der angewendeten Absicherungsverfahren ist daher unumgänglich. Damit ist gemeint, dass anerkannte Verfahren wie z. B. eine Maschinenfähigkeitsuntersuchung in Bezug auf die ausgewählte Parametrierung und die tangierenden Fehlermechanismen zu hinterfragen ist. Gleichermaßen sind die identifizierten Risiken anhand von Design- oder Prozess-, Logistik-FMEA's[23] erneut zu bewerten. Die in der Bewährungsphase genannten Aufgabenschwerpunkte des GW-Managements haben nicht nur die Sicherstellung der Unternehmens- und Kundeninteressen zur Folge. Sie sind die Basis für einen Nachweis zur Umsetzung gesetzlich und behördlicher Verpflichtungen. Aufgaben die durch Unternehmen sichergestellt werden müssen, dienen nicht nur dem Behördennachweis, sondern entlasten gleichermaßen die Unternehmung. An den folgenden Beispielen werden rechtliche Rahmenbedingungen unterschiedlichster Behörden exemplarisch aufgezeigt:

USA: TREAD-Act[24]

Einführung von Meldepflichten für Importeure und Hersteller

- Rückrufaktionen außerhalb der USA, Todesfälle weltweit

  Quartalsberichte an die NHTSA (National Highway Traffic Safety Administration)[25]

- Gewährleistungsfälle, Kundenbeschwerden, Feldberichte, Einzelmeldungen

  Verstärkte Beobachtung von Rückrufen außerhalb der USA

- Detailnachfrage bei Herstellern, warum Aktion nicht in den USA durchgeführt wird.

China: Rückrufgesetz

Meldepflicht und Rückrufpflicht für Hersteller, Importeure und Händler

- bei Feststellung eines Fehlers, der eine unzumutbare Gefahr für Leib und Leben von Personen oder für das Eigentum Dritter verursachen kann.

---

[22] Claudia Brückner Qualitätsmanagement für die Automobilindustrie 2009

[23] Claudia Brückner Qualitätsmanagement für die Automobilindustrie 2009

[24] http://www.nhtsa.gov/cars/rules/rulings/index_treadact.html

[25] http://www.nhtsa.gov/

- bei Nichterfüllung der gesetzlichen Standards.

  Rückrufentscheidung durch die Behörde

- Die Behörde AQSIQ (Administration of Quality Supervision, Inspection and Quarantine)[26] kann (nach Feststellung eines Sicherheitsmangels durch die Behörde oder bei Feststellung, dass ein Hersteller Mängel versteckt oder nicht ernst nimmt) einen Rückruf anordnen.

Europa: Produktsicherheitsgesetz „ProdSG"

  Hersteller und Handel dürfen nur sichere Produkte in Umlauf bringen.

- Es besteht Beobachtungspflicht für in Umlauf gebrachte Produkte, Maßnahmen zum Schutz.

- Beschwerden müssen dokumentiert und geprüft werden.

  Selbstanzeigepflicht

- bei eindeutigen Anhaltspunkten für eine Gefährdung: Pflicht zur Unterrichtung des KBA (einschließlich Maßnahmen zur Gefahrabwendung).

  Transparenzgebot

- Das Kraftfahrtbundesamt (KBA)[27] informiert die Öffentlichkeit über Sicherheitsmängel.

Ein nicht zu vernachlässigender Sachverhalt ist ein intensivierter Informationsaustausch auf allen Verwaltungsebenen durch ein z. B. bestehendes länderübergreifendes Meldesystem der Europäischen Union (EU). Im sogenannten Rapid Exchange of Information System (RAPEX)[28], einem Warnsystem der EU für den Verbraucherschutz, werden Informationen über gefährliche oder potenziell gefährliche Verbrauchsgüter EU-weit ausgetauscht. Darunter fallen u. a. Produkte mit technischen Mängeln wie Elektrogeräte, bei denen Stromschlag- oder Entflammungsgefahr besteht. Weiterer Inhalt von RAPEX ist die transparente Darstellung von Maßnahmen wie Rückhol- oder Rückrufaktionen, unabhängig davon ob es sich um Maßnahmen der einzelstaatlichen Behörden oder um freiwillige Maßnahmen der Hersteller und Händler handelt.

Verstärkt wird ebenfalls die Zusammenarbeit der Behörden auf erweiterter internationaler Ebene betrieben, wie sie in Bild 2.17 beispielhaft aufgezeigt wird.

---

[26] http://www.aqsiq.net/

[27] http://www.kba.de/DE/Home/home_node.html

[28] http://www.produktrueckrufe.de/verschiedenes/516-rapex-4kw2011

Bild 2.17 Behördenvernetzung

Die Wahrnehmung der Vernetzung der Behörden wird um so wichtiger, je globaler eine Unternehmung im Markt auftritt. Hier kommt die Produktstrategie des Baukastenprinzips in ihrer vollen Breite von möglichen Problemen voll zum Einsatz. Verantwortlich dafür könnte der Trend des Gleichteileprinzips und der Verbau von einzelnen Komponenten in verschiedenen Aggregaten sein. Ein rasanter Anstieg von nachgefragten Fahrzeugen und ihrer prozessualen Herausforderung an das Qualitätsmanagement, die diese Leistungssteigerungen absichern soll, kommt dadurch gleichermaßen unter zeitlichen Druck. Zu bedenken im GW-Management wären die unterschiedlichsten Ansätze der Behörden wie z.B. in den USA. Die NHTSA hält sich im Vorfeld komplett aus Qualitätsfragen in der Fahrzeugindustrie heraus und wird erst dann massiv aktiv, wenn Mängel auftreten. In Deutschland nimmt das KBA eine präventive Rolle ein und ist weit früher in das Qualitätsmanagement eingebunden. Es ist dadurch in der Lage, frühzeitig erkannte Mängel beseitigen zu lassen, sodass ein Rückruf unnötig ist. Diese unterschiedlichen Herangehensweisen der Behörden sollten im GW-Management nicht nur bekannt sein, sondern es ist darauf entsprechend zu reagieren. Eine Verwertung dieser Erkenntnisse wäre beispielsweise eine ableitbare unternehmerische Strategie zur Absicherung und Einhaltung von behördlichen Forderungen im Rückrufmanagement. Aber auch eine unternehmensweite Bekanntmachung dieser Informationen. Ein unternehmensweites Netzwerk, wie es die Behörden betreiben, wäre eine weitere nachhaltige Konsequenz (Bild 2.18).

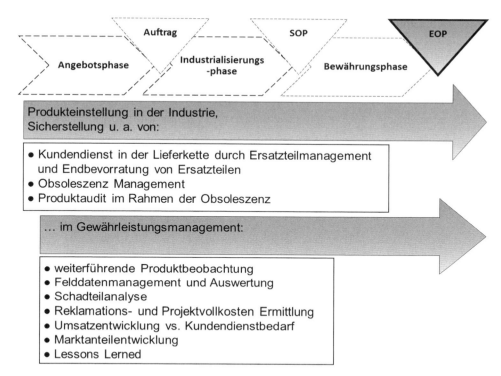

Bild 2.18 Aufgabenwahrnehmung nach dem EOP

Wenn die Produktion in ihrer durch den Kunden freigegebenen ursprünglichen Form eingestellt wird, so ist es prozesssicher nicht mehr möglich, im Falle von Reklamationen entsprechend zu reagieren. Eine Maßnahmeneinleitung, wie sie typischerweise in der Serienproduktion umgesetzt wird, ist dadurch ausgeschlossen. Die Organisation sollte diesen Sachverhalt unbedingt reflektieren und in ihr Notfallmanagement überführen. Warum? Zum einen, wenn im Nachhinein Produkthaftungsthemen wirksam werden, ist ein schneller Bauteiltausch bzw. eine schnelle Nachproduktion ohne erheblichen Aufwand (Zeit und Kosten) nicht möglich. Es wäre daher anzuraten Produktstrategien zu entwickeln, die bereits zum Zeitpunkt der laufenden Serie Alternativen vorhalten. Diese Alternativprodukte mit gleicher Funktionalität, können zeitgleich mit den Serienprodukten validiert und qualifiziert werden und stellen somit eine kostengünstige Alternative als technische Kompensation dar. Zum anderen wäre eine Endbevorratung von Verkaufsprodukten oder anzuwendende, abgesicherte Nacharbeitskonzepte die schnelle Lösung. Dem widersprechen die Bauteilalterungen und die Tatsache, dass mögliche Produkthaftungsthemen zum Zeitpunkt der Endbevorratung nicht präventiv ableitbar sind.

Die Ausrichtung des GW-Managements als integraler Bestandteil im Produktlebenszyklus und mit den dazugehörigen, phasenbezogenen Aufgaben gewinnt an Systematik, wenn eine systematische Risikoidentifizierung, -analyse und -auswertung erfolgt. Darunter fallen alle Tätigkeiten zur rechtzeitigen Erkennung, Bewertung und Bewältigung von potenziellen Risiken. Dieses bedeutet, dass ein System zur Eruierung von bekannten und noch zu identifizierenden Risiken vorhanden sein muss. Thematisch findet man in der ISO 31000 Norm[29] Risikomanagement, Grundsätze und Richtlinien sowie viele Informationen zur Umsetzung. Im GW-Management werden durch eine strukturierte Umsetzung die potenziellen Risiken in eine Risikomatrix überführt. In Bild 2.19 ist eine Risikomatrix grob aggregiert dargestellt.

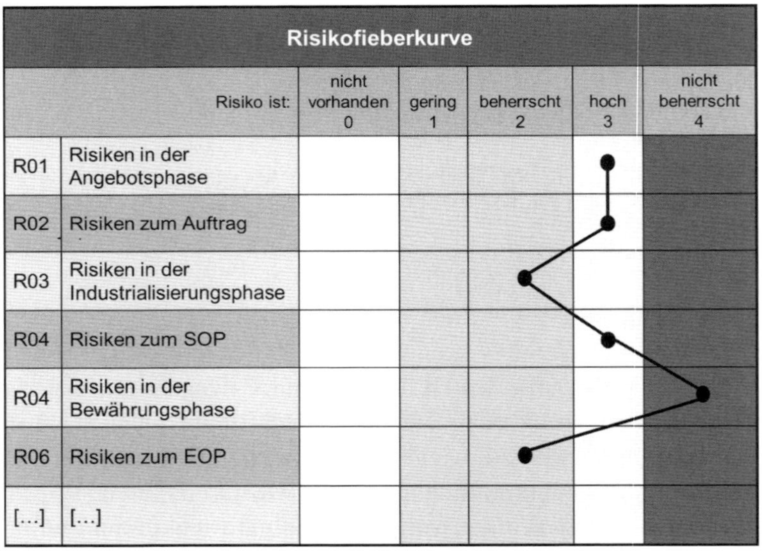

Risikofieberkurve						
	Risiko ist:	nicht vorhanden 0	gering 1	beherrscht 2	hoch 3	nicht beherrscht 4
R01	Risiken in der Angebotsphase				●	
R02	Risiken zum Auftrag				●	
R03	Risiken in der Industrialisierungsphase			●		
R04	Risiken zum SOP				●	
R04	Risiken in der Bewährungsphase					●
R06	Risiken zum EOP			●		
[...]	[...]					

Bild 2.19 Risikomatrix mit Bewertung der Phasen im Produktlebenszyklus

Herausgehend aus der Risikomatrix lassen sich nicht nur visuell Risikobereiche aufzeigen, sondern es werden auch gleichzeitig Handlungsfelder eröffnet. Fein aggregiert lassen sich ebenfalls die verschiedenen Unternehmensbereiche mit den identifizierten potenziellen Risiken beispielhaft wie in Bild 2.20 dargestellt.

---

[29] ISO 31000:2009, Risikomanagement Grundsätze und Richtlinien

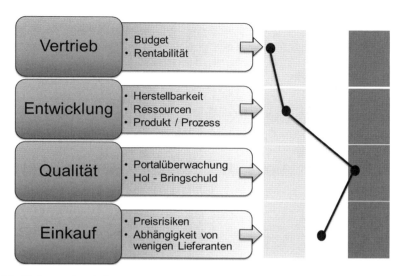

Bild 2.20 Risikomatrix mit Bewertung der Unternehmensbereiche

Die weitere Vorgehensweise im GW-Management ist die Bewertung der Risiken in Bezug auf ihren zeitlichen Bezug, ihrer Eintrittswahrscheinlichkeit und ihres Schadensausmaßes. Somit können die potenziellen Risiken im direkten kausalen Zusammenhang zu den Unternehmenszielen stehen. Synergien, wie sie bereits im Unternehmen vorhanden sind, sollten in die Risikobetrachtung als Grundinformation (z. B. D-FMEA etc.) integral einfließen. Als eigene spezifische Risikomethodik lässt sich die Gewährleistungs-FMEA benennen. Mit der Gewährleistungs-FMEA lassen sich unternehmensspezifische Risiken, speziell die im GW-Management relevant sind, zweidimensional klassifizieren. Auf der strategischen Ebene werden Problemfelder – u. a. wachsende Gesamtkomplexität, Termindruck, steigende Variantenvielfalt und mangelnde Standardisierung, aber auch Reifegrad neuer Technologien und Ressourcenknappheit – in der Entwicklungsabsicherung analysiert. Die operative Ebene antizipiert Prozesse, die teilweise suboptimal konzipiert und damit nicht gut steuerbar sind. Diskontinuitäten, die z. B. durch häufige Produkt- und Prozessänderungen hervorgerufen werden, stellen ein unzureichendes organisatorisches Lernen dar. Insbesondere die Qualität in der interdisziplinären Zusammenarbeit welche z. B. durch Intrigen, Politik, Neid, Egoismen geprägt sein könnte, ist eingehend zu beleuchten und abzustellen. Einen Auszug aus einer Gewährleistungs-FMEA ist in Bild 2.21 vereinfacht dargestellt.

FMEA: Formblatt

Prozess-FMEA ☐		Produkt-FMEA ☐		GW-FMEA ☒

Name / Abteilung:	Prozess- / Produktname:	Erstellt durch / am:	Überarbeitet durch / am:

Fehlerort / Fehlermerkmal	Potentielle Fehler	Fehlerfolge	Fehlerursache	Derzeitiger Zustand					Empfohlene Maßnahmen	Verantwortlich	Verbesserter Zustand				
				Kontroll-maßnahmen	A*	B*	E*	RPZ*			Getroffene Maßnahmen	A*	B*	E*	RPZ*
Strategische Ebene															
1 Überwachung der Risikoquellen/ KVP					2	5	5	50							
Operative Ebene															
14 Interdisziplinäres Team bestimmt					2	5	5	50							

A* = Auftreten	**B* = Bedeutung**	**E* = Entdeckung**	**RPZ* = Risiko-Prioritätszahl**
Wahrscheinlichkeit des Auftretens (Fehler kann vorkommen)	Auswirkungen auf den Kunden	Wahrscheinlichkeit der Entdeckung (vor Auslieferung an Kunden)	
unwahrscheinlich = 1 sehr gering = 2 - 3 gering = 4 - 6 mäßig = 7 - 8 hoch = 9 -10	kaum wahrnehmbar = 1 unbedeutender Fehler = 2 - 3 mäßig schwerer Fehler = 4 - 6 schwerer Fehler = 7 - 8 äußerst schwerer Fehler = 9 -10	hoch = 1 mäßig = 2 - 3 gering = 4 - 6 sehr gering = 7 - 8 Unwahrscheinlich = 9 -10	hoch <= 1000 ■ mittel <= 250 ☐ gering <= 125 ☐ kein = 1 ☐

Bild 2.21 GW-FMEA Darstellung

Im Anschluss an einer GW-FMEA-Betrachtung werden die Maßnahmen mit dem größten Potenzial umgesetzt. Unter Zuhilfenahme des Fehler-Kritikalitätsindex (Bild 2.22) lassen sich die Ergebnisse vor und nach den Maßnahmen visuell darstellen.

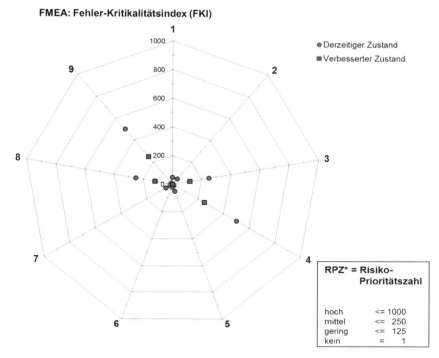

FMEA: Fehler-Kritikalitätsindex (FKI)

Bild 2.22 Visuelle Darstellung von Schwerpunkten aus der GW-FMEA

Durch die optische Darstellung der potenziellen und umgesetzten Maßnahmen wird ein schneller Transparenzgrad erzeugt. Der Transparenzgrad erlaubt es zu assoziieren, inwieweit ein interdisziplinärer Informationsaustausch beginnend mit der FMEA-Risikobetrachtung bis hin zur Maßnahmenumsetzung wirksam ist. Er indiziert das unternehmensweite Know-how-Repertoire und gibt Aufschluss über den qualitativen sowie quantitativen Reifegrad, der u. a. Bedingung für nachhaltige Entscheidungen ist.

2.1.2.4 Berichtswesen / Controlling-Instrumente

Im gewöhnlichen Geschäftsbetrieb lassen sich in den Unternehmen unzählige Zahlen, Daten und Fakten (ZDF[30]) als Informationsquelle erschließen. Die Kunst dabei ist es, die relevanten Informationen für ein GW-Reporting von den allgemeinen Informationen zu trennen. Eine kausale Verbindung zwischen Entstehungs- und Anwendungsort der Daten ist zwingend erforderlich. Ebenfalls ist zu berücksichtigen, dass für die unterschiedlichen Führungs- und Arbeitsebenen nur die maßgeblichen Informationen, die zur Entscheidungsfindung benötigt werden, zur Verfügung gestellt werden. Ein methodisches GW-Reporting unterscheidet die Begriffe der Datengewinnung, -dokumentation, -aufbereitung und Zurverfügungstellung, d. h. dass die Datenmengen aus-

---

[30] https://www.dict.cc/?s=Zahlen+Daten+Fakten+ZDF+%5BZahlen+Daten+Fakten%5D

gewertet und gesondert zu abgestimmten Berichten zusammengefasst werden. Somit ist gewährleistet, dass u. a. dem Management ein Überblick über die relevanten „ZDF" bereitsteht. Insbesondere wird aus der transparenten Darstellung über die Ergebnisse aus der Produktbeobachtung (aktiv/passiv) und der Gewährleistungskostenbetrachtung ein besonderes Interesse abgeleitet bzw. ausgerichtet, da hier mehrdimensional Anspruchsgruppen (s. Kapitel 1) beteiligt sein können. Der zeitlichen Dimensionierung wird man je nach Anspruchsteller unternehmensspezifisch über z. B. Tages-, Monats-, Quartals- oder Jahresberichten gerecht. Die aktuell bereitgestellten Informationen sollen mit Werten aus vorherigen Perioden und den Zielwerten verglichen werden. Prognosen/Hochrechnungen für die Zukunft sind ferner zu berücksichtigen. Herausgehend aus den Abweichungen ist eine Kommentierung der Sachlage bezüglich möglicher Ursachen und Maßnahmen unabdingbar. Diese Transparenz zu schaffen, ist eine der zentralen Aufgaben des GW-Reporting. Formelle Daten wie z. B. die Bereitstellung rückstellungsrelevanter Informationen werden dem Management zur Verfügung gestellt, weswegen ein Teil des GW-Reportings auch Bestandteil der durch das QM-System geforderten Managementbewertung sein sollte.

Bei der Schaffung eines funktionierenden, effektiven und effizienten GW-Reportings sind verschiedene Faktoren zu beachten: Die Berücksichtigung der Anspruchsgruppen beispielsweise spielt eine wesentliche Rolle. Es ist daher zu klären, an wen zu berichten ist, welche Informationsbedürfnisse sie erfüllen und wie sie dementsprechend aufgearbeitet werden müssen. Insbesondere spielt bei der Konzeption die Komplexität der „ZDF" eine erhebliche Rolle, um eindeutige und klare Informationen und dementsprechend Ergebnisse zu erhalten. Grundsätzlich ist ein einheitliches GW-Reporting zu favorisieren, welche durch eine gezielte Ressourcennutzung und Synergiegestaltung wesentliche Vorteile, wie z. B.:

- konvergierende Bezugsquellen,
- einheitliche Datenbasis,
- homogene Berichtsinhalte,
- gleichbleibender Verteilerkreis usw.

ermöglicht.

Grundsätzlich besteht immer eine Gradwanderung zwischen Aufwand und Nutzen, die zu bewältigen ist. Aspekte der Kapazität und Wirtschaftlichkeit können und sollen das zu umfangreiche oder detaillierte Dokumentieren einschränken. In der Regel ist daher eine Standardisierung und Automatisierung zu bevorzugen. Wesentliche Merkmale für das GW-Reporting als einer der Informationsträger zur strategischen und operativen Unterstützung im Unternehmen lassen sich aus den Aufgaben – wie sie im Kapitel 1.2.3 „Methodische Systemintegration und Risikobetrachtung" beschrieben worden sind – ableiten. Beispielhaft sei hier die Darstellung der Schadensfallentwicklung benannt, wie sie visuell aus Bild 2.23 anhand von Schichtlinien[31] abgeleitet werden kann:

---

[31] http://www.boehme-weihs.com/fileadmin/user_upload/datei-archiv

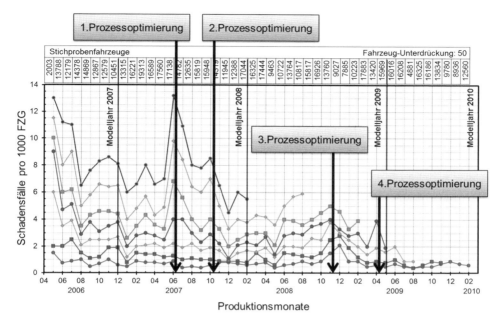

Bild 2.23 Schichtliniendarstellung mit Maßnahmen

Der Schichtlinienverlauf beschreibt den Schadensverlauf (Niveau) von ausgebauten Komponenten. Wie oben beispielhaft dargestellt, werden die Schadenfälle pro 1000 produzierte Fahrzeuge zu den Produktionsmonaten, in der die Komponente und das Fahrzeug hergestellt worden ist, ins Verhältnis gesetzt. Die verschiedenen Schadenverläufe ergeben sich aus der Verweildauer – im Feld z. B. 18 oder 24 Monate kumuliert dargestellt.

2.1.2.5 Nachhaltigkeitsentwicklung durch Audits

Vor dem Hintergrund der Ressourcenknappheit, dem international steigendem Wettbewerbs- und Kostendruck sowie der stetig steigenden Kunden- und Marktanforderungen ist eine nachhaltige Entwicklung unterschiedlichster Unternehmensbereiche unerlässlich. Es kann daher keine Diskussion zur Notwendigkeit und Umsetzung von nachhaltigen determinierenden Rahmenbedingungen (z. B. Best Practice Ansatz, etc.) zugelassen werden, um nicht den langfristigen Erfolg eines Unternehmens zu gefährden. Im Fokus des Gewährleistungsmanagements steht die Notwendigkeit, die Interessen der verschiedenen Anspruchsgruppen mit ihren bestehenden Wechselwirkungen zu berücksichtigen. Der sich daraus resultierende Handlungsbedarf ist dann in unternehmerische Entscheidungen umzusetzen. Einerseits lässt sich der Handlungsbedarf über das Controlling von spezifischen Kennzahlen ermitteln und andererseits bietet sich durch eine Konkretisierung, der wirksamen Umsetzung gewährleistungstechnisch relevanter Fragestellungen die Möglichkeit, weiteres, aufschlussreiches Potenzial zur Entscheidungsfindung zu erhalten. Ein probates Verfahren bildet das klassische Audit oder die technische Revision, in der durch die Verifikation von unternehmensinternen, kundenspezifischen als auch gesetzlichen Anforderungen ein Soll-/Ist-Vergleich aufgezeigt wird. Einhergehend ist die Überprüfung von Aktivitäten, Prozessen und Ergebnissen bzw. die Messung des Erfüllungsgrades bzw. die Einhaltung von vertraglich zugesicherten Prozessanforderungen, z. B. der VDA Schadteilanalyse Feld, den definierten Normen oder Standards. Durch das Audit werden bei den prozessbeteiligten Personen in einem bestimmten zeitlichen Rhythmus oder ereignisorientiert ihre tatsächlichen bzw. versuchten Handlungen überwacht und dokumentiert bzw. protokolliert. Dabei kann die Ausgestaltung von Auditinhalten durchaus unternehmensspezifisch sein. Im Allgemeinen greift man jedoch auf branchentypische Verfahren zurück, wie sie beispielsweise durch den VDA-Band 6.3[32] Anwendung finden. Hilfreich können auch firmenspezifische Checklisten sein, wo durch einen firmeninternen Know-how-Transfer die kritischen Elemente aus Gewährleistungssicht zusammengetragen werden. Anhand einer Tabelle wie in Bild 2.24 werden mögliche relevante Auditaspekte im Gewährleistungsmanagement beispielhaft aufgezeigt.

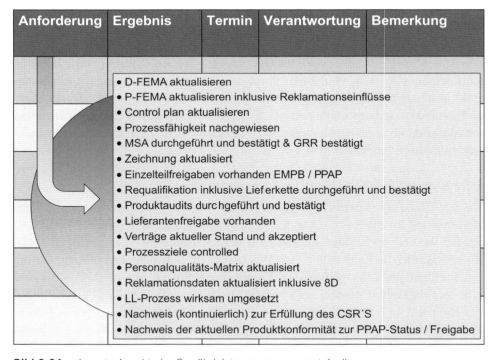

Bild 2.24 relevante Aspekte im Gewährleistungsmanagement-Audit

Durch diese Verifikation lassen sich kritische als auch vertragsrelevante Nichtkonformitäten ableiten. Je nachdem welche Vertragslage vorherrscht, in der Nichtkon-

[32] VDA 6.3 Prozessaudit, 2. Auflage 2010

formitäten ermittelt werden konnten, ist es branchenüblich, sogenannte Auditaufschläge zu generieren bis hin zum Verlust der technischen Analysefähigkeit. Ein Effekt dieser Pönalität[33] wäre die Einlastung eines Sonderregresses oder ein multipler Serienschaden wird angemeldet. Wobei die Definition des Serienschadens durch Kunden oftmals aufgeweicht wird, um eine höhere Regresssumme zu erzielen. Somit besteht allein durch die intrinsische Motivation, im Vorfeld Lücken zu schließen, bevor diese durch eine vom Kunden gelastete Verfahrensüberprüfung aufgedeckt werden. Gleichermaßen zählen diese Gewährleistungsaudits auch als Nachweis der QM-Systemkonformität.

2.1.3 Angewandtes Gewährleistungsmanagement – Felddatenanalyse und Methoden

Herausgehend aus der strategischen und operativen Aufgabenstellung an das Gewährleistungsmanagement gehört es zur Aufgabe, die Vielzahl von Informationsquellen nicht nur zu kennen, sondern darum, diese Informationen für seine Zwecke nutzbar zu machen. Dazu werden in den nachfolgenden Unterpunkten verschiedenste Herangehensweisen und Quellen näher spezifiziert.

2.1.3.1 Kaufmännische Datenanalyse

Die Kosten die sich aus Sach- und Rechtsmängelansprüchen generieren, werden durch den sogenannten „Regress" in der Lieferkette kompensiert. Oftmals richtet sich dabei der finanzielle Ausgleich nicht nach den gesetzlichen Bedingungen, sondern wird über die vertraglichen Vereinbarungen geregelt, die mitunter erheblich von den gesetzlichen Bedingungen abweichen können. Die kaufmännische Nachweisführung wird über die Belastungsanzeigen – auch beispielhaft Kaufteilschreibungslisten (KTL-Listen)[34] genannt – aufgezeigt. Liegen die Belastungsanzeigen vor, so ist vor allem auf die Fristeinhaltung zur Formulierung eines wirksamen kaufmännischen Einspruches zu achten. Vertragliche Regelungen sehen hier einen qualifizierten Einspruch vor, d. h. es ist dezidiert aufzuzeigen, welche einzelne Position in der Belastungsanzeige, die durchaus mehrere tausend Einzelpositionen haben kann, nicht den vertraglichen Konditionen entspricht. Dazu ist zwingend eine transparente Vertragssituation (z. B. Rahmenverträge etc.) in der Lieferkette erforderlich. Es bieten sich auch projektbezogene Vergleichsmatrizen an, mit denen entlang der Lieferkette und bauteilbezogen eine durchgängige, nachvollziehbare und eindeutig differenzierte Vertragssituation abgebildet werden kann. Somit können die relevanten Bedingungen über eine Synonym-Verlinkung eindeutig den Abweichungen zugeordnet werden. In der folgenden Tabelle (Bild 2.25) wird exemplarisch ein Strukturbeispiel für eine Belastungsanzeige abgebildet:

---

[33] BGB § 339

[34] VW AG, Handbuch Regress, Kapitel 5

Hersteller \ Bezeichnung	Fahrgestellnummer	Serienteilnummer (Kunde)	Produktionsdatum	Zulassungsdatum	Reparaturdatum	Kilometerlaufleistung	Technischer Faktor	Reparaturantragsnummer	Zulassungsland	Modeljahr
OEM 1	Fahrg_Nr	S_Teilenummer	Pro_Datum	Zu_Datum	Rep_Datum	km	Faktor			MJ
OEM 2	Fahrg_Nr	S_Teilenummer	Pro_Datum	Zu_Datum	Rep_Datum	km	Faktor			MJ
OEM 3	Fgst-Nr		Prod-Dat	Gw-Start-Dat	Rep-Dat	km-Stand		Antrags-Nr.	ISO-Land	
OEM 4	FIN	Teilenummer	Prod./Einbaudatum	Erstzulassungsdatum	Reparaturdatum	Laufleistung		Beanstandungs-ID	Land	
OEM 5	Fahrgestellnr.	Teile-Nummer eingebaut (Original Teile-Nr.)	Produktionsdatum	Zul.-/Einb.-Datum	Reparaturdatum	Kilometerstand	Technischer Faktor	Antrags Nr.		

Bild 2.25 Darstellung einer herstellerbezogenen Belastungsanzeigenstruktur

Die vertraglich bindenden Kriterien, wie sie in der nachfolgend abgebildeten Strukturtabelle (Bild 2.26) aufgezeigt werden, könnten ein Extrakt aus einer von der Vergleichsmatrix abgeleiteten Vertragssituation sein:

Vertragliche Ablehnungskriterien (AK)

AK	Bedingung	OEM 1	OEM 2	OEM 3	OEM 4
1	Differenz: Reparaturdatum - Zulassungsdatum [1]	> 730	> 1095	> 730	> 760
2	Differenz: Reparaturdatum - Produktionsdatum [1]	> 910		> 910	> 930
3	Laufleistung [2] & (Diff. Reparaturdatum - Zulassungsdatum > 730 Tage)		> 100000		
4	Laufleistung [2] & (Diff. Reparaturdatum - Zulassungsdatum = 0 Tage)			> 1500	
5	nur Laufleistung [2]				
6	doppelte Beanstandungs-ID	X	X	X	X
7	doppelte Fahrgestellnummer bei gleicher Teilenummer und gleichem Reparaturdatum	X		X	
8	doppelte Fahrgestellnummer bei gleicher Laufleistung und unterschiedlichem Reparaturdatum	X	X	X	X
9	Zulassungsdatum < Produktionsdatum	X	X	X	X
10	Reparaturdatum < Produktionsdatum	X	X	X	X
11	Technischer Faktor 100%	X	X		X
12	Lieferanten-Teilenummer 00000000	X	X	X	X
13	kein Produktionsdatum	X	X	X	X
14	kein Zulassungsdatum	X	X	X	X
15	keine Fahrgestellnummer	X	X	X	X
[1] in Tagen [2] in KM					

Bild 2.26 Vergleichsdarstellung von Ablehnungskriterien zu Vertraglichen Gesichtspunkten

Anhand der vorbezeichneten Vergleichsdarstellungen ist es sehr simpel, einen qualifizierten Einspruch darzustellen und aufrechtzuhalten. In der weiteren Prozessfolge definieren sich die Regressforderungen an die Lieferkette. Diese sind unmittelbar zu formulieren, um eine zeitnahe Plausibilität für eine Anspruchsklärung herbeizuführen. Bezogen auf die dann plausibilisierten Daten ist eine Ableitung von Gewährleistungskosten bezogen auf die aktuelle und zukünftige Situation, insbesondere für mögliche rückstellungsrelevante Effekte, notwendig. Ebenfalls ist die transparente Nachweisführung von berechtigten und nicht berechtigten Ansprüchen von Wichtigkeit, wenn es darum geht, im Falle von Serienschäden der Versicherung oder beauftragten Dritten die relevanten Daten zur Verfügung zu stellen. Eine tiefergehende Betrachtung von Regressanalysen wird im folgenden Kapitel entsprechend näher erläutert.

2.1.3.2 Regressdatenanalysen

Eine weitere wesentliche Disziplin im Gewährleistungsmanagement ist die Regressdatenanalyse. Sie ist nicht nur Mittel zur aktiven Feldbeobachtung, sondern in ihr werden die kaufmännischen Daten auf Kausalität analysiert. Dazu werden weitere firmeneigene Daten (z. B. Produktionsdaten, Daten der Wareneingangskontrolle von Lieferanten, Ergebnisse interner Prüfprozesse, Informationen aus Kundenportalen etc.) herangezogen. Die Kausalitätsprüfung vergleicht und bewertet dahingehend die zur Verfügung gestellten Informationen (Einzelfalldaten und Schichtlinien) zum weltweiten Feldausfallgeschehen mit der aus der Teilerücksendung zu analysierenden Stichprobe von Feldschadensteilen. Erkenntnisse aus der Schadteilanalyse schaffen eine Transparenz herausgehend aus der Stichprobe und lassen eine Vergleichbarkeit auf die Gesamtgrundheit aller ausgefallenen Teile zu. Im ersten Schritt werden die Regressdaten um den Teil von Datensätzen reduziert, die nicht im Verantwortungsbereich des Lieferanten sind. Dazu werden die Datensätze mit bekannten Applikationsinformationen, z. B. den Teilenummern, verglichen. Weitere mögliche Reduzierung bieten Informationen zum anzusetzenden Fehlercode, d. h. ein mechanisches Bauteil wird mit einem elektrischen Fehlercode in Verbindung gebracht oder fehlende Basisinformationen, wie beispielsweise eine fehlerhaft zugeordnete Beanstandungsnummer, die eine korrekte Fehlerzuordnung und Abrechnung implizieren kann. Mit der reduzierten Menge von Einzelfalldaten werden nun Schichtlinien gebildet, die aus Lieferantensicht zumindest ein theoretisches „Real Case Szenario" darstellen. Dadurch ist es u. a. möglich, Wirksamkeitsüberprüfung von eingeleiteten Maßnahmen zum Feldausfallgeschehen herausgehend aus der Produktoptimierung zu veranschaulichen. Eine weitere Erkenntnis ist die Beobachtung von vertraglich vereinbarten Zielwertvereinbarungen. Dazu wird beispielsweise die ppm-Eingriffgrenze und deren Abgrenzung bzw. Unterscheidung vom Grundrauschen (unterhalb vom Zielwert) zum Serienschaden (oberhalb vom Zielwert) überprüft. Insbesondere ist dabei auf die Kausalität der in Verhältnis gebrachten Ausfallmengen im Monat und den produzierten Fahrzeugen zu achten. Ausschlaggebend ist dabei die folgerichtige Interpretation einer absoluten oder prozentualen Verhältnismäßigkeit von Ausfällen. Ebenfalls lassen sich Frühausfälle von Spätausfällen in Bezug zu ihrer Verweildauer im Feld unterscheiden. Weitere Analyseschritte wären die Auswertung von Ländercodes zur Eruierung eines ländertypischen Ausfallgeschehens oder eines applikationsuntypischen Einsatzbereiches in einer nicht bekannten Fahrzeugreihe, welcher nicht dem bestimmungsgemäßen Gebrauch entsprechen könnte. Die jahreszeitbezogene Auswertung zur Ermittlung von saisonalen Ausfallphänomenen oder einer Häufung von Ausfällen, die den garantiezeitbezogenen Wartungsintervallen zugesprochen werden können, bilden weitere Ansätze zur Erkenntnisgewinnung. Ferner ist es möglich, eine Unterscheidung des Feldausfallgeschehens verschiedener Lieferstandorte von „sogenannten" Gleichteilen oder Plattformteilen firmenübergreifend zu bewerten. Weiterhin sind plausibilisierte Informationen vom Schadteil für den Zulieferregress von Bedeutung, um hier einen entsprechenden Nachweis der richtigen Zuordnung, z. B. über Fehlercodes, aufzeigen zu können. Gleichermaßen können anhand der Daten Schlussfolgerungen und Ableitungen von zukünftigen Abrechnungskurven eruiert werden, die wiederum Indikator für zukünftige Kundendienstbedarfe, zu verändernde Produktionskapazitäten oder Werkzeugwartungsintervalle sein können. Des Weiteren sind Informationen ableitbar, die Einfluss auf die Endbevorratung von elektronischen Bauteilen haben können. Für die Bildung von Rückstellungen oder die Abrechnung von Serienschäden gegenüber Vertragspartnern sind prognostizierte Ausfallszenarien ebenfalls auf Basis plausibilisierter Datensätze errechenbar und dadurch belastbar. Eine konsequente Auswertung von Regressdaten kann für nachhaltige und ableitbare Entscheidungen, z. B. für die Rückstellungsbildung, dienen. In der Folge, Potenzial zur Abwehr und dem Nachweis von Ansprüchen zu generieren.

2.1.3.3 Marktanalysen

Unter Marktanalysen versteht man nicht nur die Länder oder saisonal bezogenen Auswertungen von Regressdaten, sondern die Eruierung weiterer wichtiger Bausteine, die unter die Produktbeobachtungspflicht fallen. Es sind Methoden zur Produktbeobachtung in der Organisation zu etablieren, die in der Lage sind, sich zeitnah durch Analyse der Vertriebsmärkte einen Überblick darüber zu verschaffen, wie sich die eigenen Produkte in den jeweiligen Märkten verhalten. Dazu zählt beispielsweise die unternehmensinterne Vernetzung von Qualitätsdaten, die Aufschluss über ländertypische Ausfallmechanismen geben können. Weitere Indikatoren in diesem Zusammenhang wären länderspezifische Analysemethoden in den Werkstätten oder spezifische Nutzungsbedingungen, die zum Produktentwicklungszeitpunkt nicht erkannt worden sind. Dadurch ist es möglich, eine systemati-

sche Beseitigung der im Entwicklungsprozess unerkannten und im Kundengebrauch auftretenden Fehlerkomplexität – die erst über eine Langzeitbetrachtung
oder Marktanalyse zum Vorschein kommen – entgegenzuwirken. Eine Verifizierung der vertraglich definierten Stichprobenstrategie versus returnierter Produkte
kann im Hinblick auf ein ländertypisches Ausfallverhalten ebenfalls hinterfragt
werden. Darüber hinaus sind Aufgaben wahrzunehmen, die weiteren Aufschluss
über Markt- oder Käuferverhaltensveränderungen geben können. Man bedient
sich hierzu gerne verschiedenster Informationsquellen. Dazu zählen u. a. Untersuchungen von Käuferverhalten versus Funktionalität, welche in sogenannten „Internet Chatrooms" publiziert werden. In ihnen wird aktiv über Problemstellungen am
Produkt oder über den Werkstattservice berichtet. Weitere Informationsträger sind
auf Online-Seiten der Behörden (KBA, NHTSA etc.) oder privaten Anbietern (ADAC,
Motor Talk etc.) zu finden. Ebenfalls sind Internetverkaufsplattformen wie beispielsweise „eBay" zu beobachten, um Quellen von Produktplagiaten ausfindig zu
machen. Ferner gehört die Analyse einschlägiger Fachliteratur und die Beobachtung des Wettbewerbs bzw. die Analyse von Wettbewerbsprodukten ergänzend zur
Marktanalyse.

■ 2.2 Automotive Methoden in der praktischen Umsetzung

Der Stand der Technik wird nicht auf eine Branche reduziert, sondern kann branchenneutral angewendet werden. Die dahingehend entwickelten Methoden gilt es
in erster Linie zu verstehen und in unternehmenzspezifische Prozesse zu überführen. Je präziser dessen Anwendung und erzielbare Ergebnisse Aussagen über die
Anwendung der Methoden zulassen, desto einfacher ist es den eigenen Anspruch
zu den gesetzten Anforderungen und deren Konformität revisionssicher nachzuweisen. Somit zeigen die nachführend automotiven Methoden nur ansatzweise ein
vollständiges Bild vorherrschender Arbeitsweisen auf und lassen sich in ihrer Ausübung zielgerichtet branchenübergreifend umsetzen. Die Umsetzung des Gewährleistungsmanagement generiert einerseits aus den unternehmensinternen Vorgaben, wie sie beispielhaft in den vorherigen Kapiteln näher beschrieben worden
sind, und dient andererseits – insbesondere in der Analyse von Feldschadensteilen – als fundamentales Gerüst im Gewährleistungsmanagement, durch die kundenspezifisch zu generierenden Abläufe. In der Praxis haben sich die Prozeduren
der VDA Schadteilanalyse Feld als Grundbaustein mit ihren ergänzenden kundenspezifischen Anforderungen als adäquates Verfahren zur nachweislichen und
fähigen Eruierung von Feldproblemen etabliert. Die Verfahren, wie typische Feld-

schadenanalysen durchgeführt werden und in Ergänzung die erweiterte Feldscha-
denanalyse, wie sie aus dem Schulungskonzept zur Field Quality Analysis (FQE)
des Verbandes der Automobilindustrie (VDA) hervorgehen, werden in den nachste-
henden Kapiteln näher beschrieben.

2.2.1 VDA-Schadteilanalyse Feld (SAF)

Der VDA-Band Schadteilanalyse Feld ist ein Standard zur Analyse von Feldschadensteilen, der nicht nur vertragsspezifisch in der Lieferkette als bindend vereinbart
wird, sondern der durchaus als Stand der Technik gerade in der Automobilindustrie
definiert werden kann. Das Bild 2.27 beschreibt das Konzept der VDA-Schadteilanalyse Feld in der Ursprungsform:

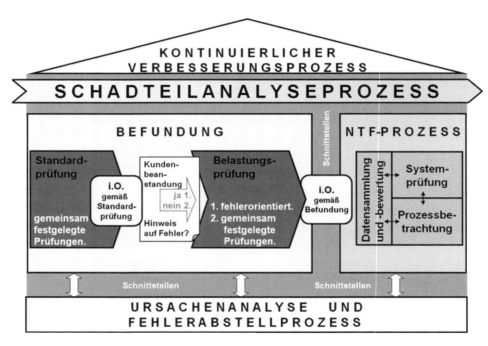

Bild 2.27 Prozessmodel Schadteilanalyse Feld (Quelle: VDA-Schadteilanalyse Feld; 2009)

Ziele dieses Standards sind Werte-Vorstellungen, wie sie folgend aufgelistet werden[35]:

■ Einführung eines methodischen ganzheitlichen Analysekonzeptes

■ gemeinsame, gezielte Nutzung von Know-how

---

[35] VDA SAF Schulungsunterlage 2009

- definierte Anforderungen an den Analyseprozess
- Planungsgrundlage/Einstiegshilfe in den Analyseprozess
- definierte Abläufe
- abgestimmtes und wirtschaftliches Prüfkonzept
- Schadteilanalyse als eine Methode zur Produktbeobachtung
- Vertrauensbasis zwischen Kunde und Lieferant
- Schadensminderung
- Hilfsmittel zur Umsetzung der ISO/TS 16949 und IATF 16949.

Unter Anwendung des Konzeptes zur VDA SAF und der Zielvorstellungen hat sich nachfolgend eine definierte Prüfstrategie für Feldschadensteile etabliert (Bild 2.28):

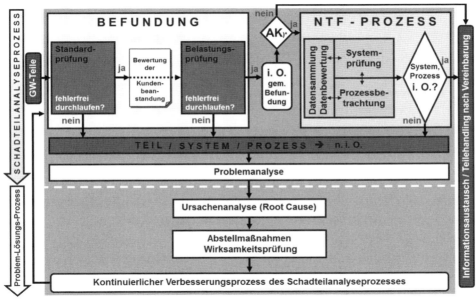

Bild 2.28 Befundkonzept in der Schadteilanalyse (Quelle: VDA-Schadteilanalyse Feld; 2009)

Umzusetzende, produktspezifische Prüfstrategien werden in der Regel in der Lieferkette vereinbart, um eine beidseitige Verpflichtung und Verbindlichkeit von einzuhaltenden Prüfmechanismen zu realisieren. Wesentliche Inhalte aus der Prüfstrategie finden sich in Prüfspezifikationen wieder, in denen relevante Funktionen als zu prüfendes Kriterium definiert werden. Relevante Funktionen beschreiben einen Tausch einer Komponente, die durch eine fehlende oder fehlerhafte Funktion/Eigenschaft zustande gekommen ist[36]. Vergleichend wird das Konzept, wie es

---

[36] VDA SAF Schulungsunterlage 2009

die BMW AG[37] in vereinbarter Art und Weise mit Lieferanten umsetzt, in Bild 2.29 aufgezeigt:

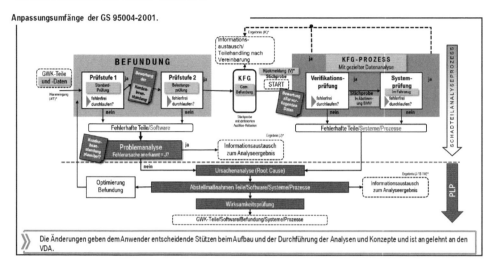

Bild 2.29 Schadteilanalyse nach BMW GS 95004 (Quelle: BMW)

Die Herausforderung von Organisationen besteht hierbei darin, den VDA-Standard zur Schadteilanalyse Feld entweder als federführendes Konzept in der Vertragsge-staltung mit Kunden zu manifestieren oder die ergänzenden Forderungen in die firmeneigene prozessuale Abwicklung zu integrieren, sodass in jedem Fall die kundenspezifischen Forderungen erfüllt werden.

Im Bild 2.30 bis Bild 2.33 wird exemplarisch ein Prozessmodell vereinfacht darge-stellt. Dieses kann nach individueller Anpassung an die Organisationsprozesse als Nachweis zur wirksamen, Integration des VDA Bands Schadteilanalyse Feld und Sicherstellung vertraglich vereinbarter Kriterien dienen.

---

[37] BMW AG; Schadteilanalyseprozess nach GS 95004 – 2001

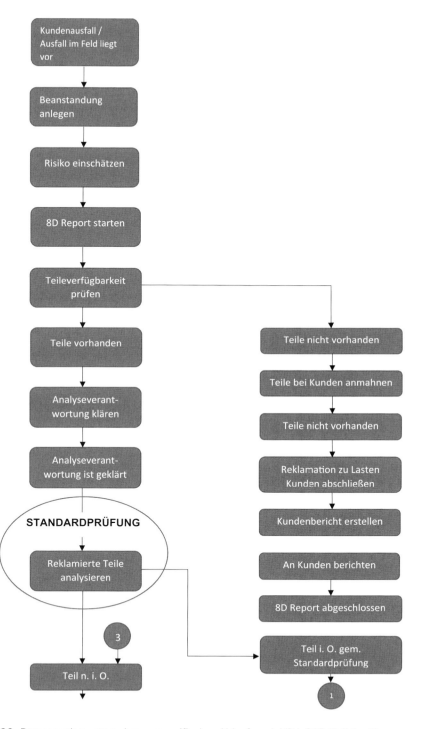

Bild 2.30 Prozessualer unternehmensspezifischer Ablauf nach VDA SAF (Teil 1 v.4)

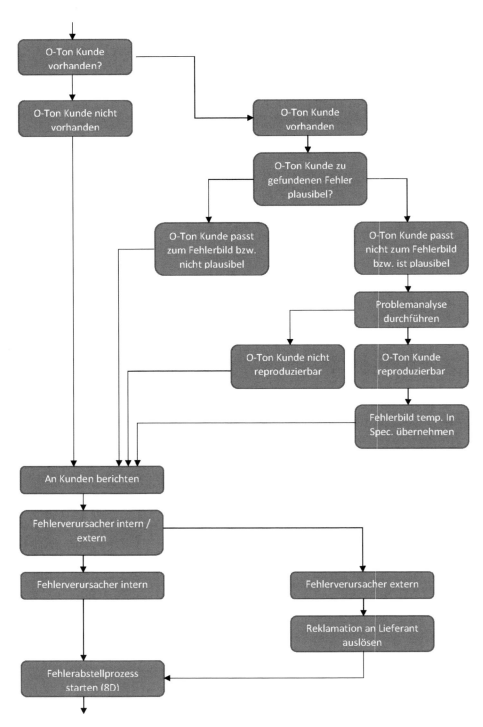

Bild 2.31 Prozessualer unternehmensspezifischer Ablauf nach VDA SAF (Teil 2 v. 4)

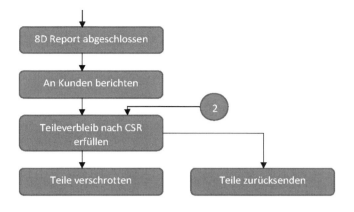

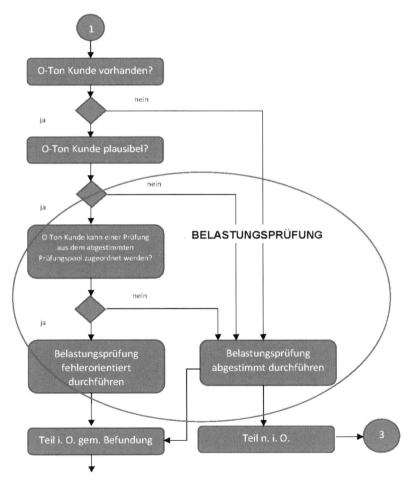

Bild 2.32 Prozessualer unternehmensspezifischer Ablauf nach VDA SAF (Teil 3 v.4)

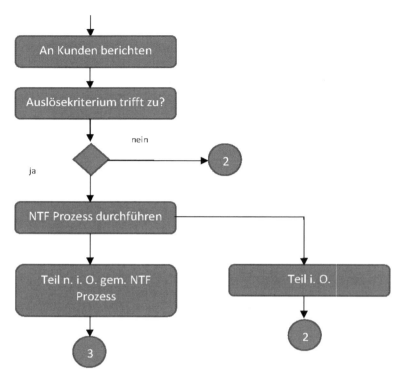

Bild 2.33 Prozessualer unternehmensspezifischer Ablauf nach VDA SAF (Teil 4 v.4)

Die prozessuale Darstellung ist ein wesentlicher Faktor in der Umsetzung und sollte so gestaltet werden, dass diese allgemeinverständlich und nachvollziehbar ist. Des Weiteren beschreibt der VDA-Standard den No-Trouble-Found-Prozess (NTF-Prozess). Dieser setzt an, wenn in der Befundung keine Ursachen zu Problemthemen identifiziert werden können. Organisationsseitig wird dahingehend erwartet, dass im Falle des Erreichens des Auslösekriteriums ein NTF-Prozess gestartet wird[38]. Den Anwender könnte diese Tatsache vor weitere Schwierigkeiten stellen. Nachstehend wurde mit einer Grobstruktur ein Bespiel für Inhalte zur NTF-Leitfadenstruktur dargestellt, welche in der Organisation als Anregung zur Erstellung eines unternehmensspezifischen Ablaufes dienen könnten und mindestens folgende Punkte aufweisen sollten[39]:

- Datensammlung und Bewertung der hausinternen Qualitätsinformationen
- gemeinsame NTF-Untersuchung in der Lieferkette
- Problembeschreibung nachvollziehen

---

[38] VDA Schadteilanalyse Feld, Kapitel 3; 1. Auflage Juli 2009
[39] ZVEI Schadteilanalyse Feld in der Elektronik-Lieferkette, 2014

- Beschreibung des Prüfaufbaus beim Kunden
- Nachstellung des Ausfalls auf geeignetem Prüfaufbau
- Stand der Test- und Applikationsprogramme
- Bezug auf Bauteilspezifikation
- Bauteilstand
- Betriebsdauer
- Felddatenauswertung
- Fahrzeugeinbauort und Umweltbedingungen
- Ausfallzeitpunkt
- Produktlebenslauf
- Ablauf der NTF-Untersuchung (einschließlich Sonderprüfungen)
- Zeitplan für die NTF-Untersuchung
- Prüfplanung und Durchführung der Komponente in der Applikation
- Kriterien für die Beendung der Untersuchung
- Berichtsform
- Eingliederung in die Organisation.

2.2.2 VDA Field Quality Engineer (FQE)

Eine erweiterte Hilfestellung oder Orientierung wird über das Field Quality Engineering, das gleichnamig als Schulungskonzept beim Verband der Automobilindustrie angeboten wird, unterstützt. Das Field Quality Engineering beschreibt ein Ausbildungskonzept zum VDA Field Quality Engineer (FQE). Der FQE ist eine Unterstützungsfunktion in der Organisation, der übergreifend im Feldanalyseprozess seine Bedeutung findet. Seine Aufgaben umfassen u. a. als Spezialist die Steuerung des Prozesses zur Fehler-/Schadteilanalyse und unterstützen die internen sowie externen Schnittstellen mit Datenanalysen[40]. Insbesondere im NTF-Prozess ist es eine wesentliche Aufgabe dahingehend sicherzustellen, dass das duale System zwingend die Betrachtung der Daten- und Bauteilanalyse integriert. Dabei ist die Anwendung der optimalen Methodik für die Ursachenfindung entscheidend. Wie der FQE ein eskalierendes Konzept zur Problemidentifizierung realisiert, ist in Bild 2.34 näher abgebildet:

[40] VDA FQE Schulungsunterlagen, 2014

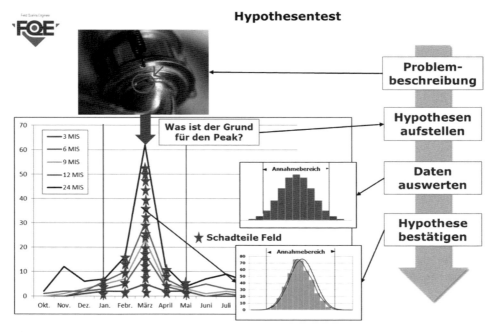

Bild 2.34 Darstellung eines Hypothesenablaufes (Quelle: VDA FQE, 2014)

Grundsätzlich sind die Ergebnisse aus der Schadteilanalyse in ein Monitoring zu implementieren, um nachweislich aufzuzeigen, dass dieser Prozess wirksam ist. Dazu bietet sich ein turnusmäßiges Qualitätsreporting an. Dieser Qualitätsbericht, stellt produkt- und produktgruppenbezogene Informationen speziell zu Feldschadensteilen zur Verfügung. Darüber hinaus sind aussagefähige Qualitätsberichte ebenfalls Bestandteil kundenspezifischer Anforderungen[41]. In Bild 2.35 wird exemplarisch ein simplifizierter Qualitätsbericht aufgezeigt:

---

[41] MBN 10448 2014 – 01 Schadteilanalyse Feld; BMW Schadteilanalyseprozess nach GS 95004

Monat Oktober

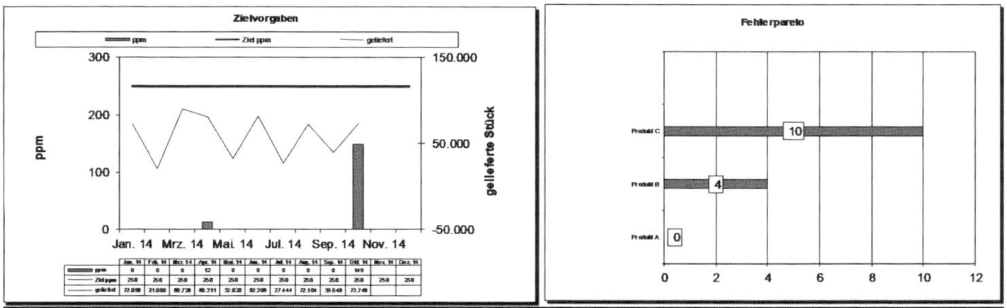

Zielvorgaben

Legende: ppm — Ziel ppm — geliefert

	Jan. 14	Feb. 14	Mrz. 14	Apr. 14	Mai. 14	Jun. 14	Jul. 14	Aug. 14	Sep. 14	Okt. 14	Nov. 14	Dez. 14
ppm	0	0	0	12	0	0	0	0	0	149		
Ziel ppm	250	250	250	250	250	250	250	250	250	250	250	
geliefert	72.098	21.000	85.738	52.311	57.830	92.298	27.444	72.596	38.548	23.749		

Fehlerpareto

Produkt C: 10
Produkt B: 4
Produkt A: 0

(Achse: 0, 2, 4, 6, 8, 10, 12)

0-KM						Produktionsdatum									
P8/Teil/Fehlerbild / Ursache	Jan. 14	Feb. 14	Mrz. 14	Apr. 14	Mai. 14	Jun. 14	Jul. 14	Aug. 14	Sep. 14	Okt. 14	Nov. 14	Dez. 14	Summe	ppm	Maßnahme
Produkt A						0							0	0	Massnahme A
Produkt B				1	3		0						4	7	Massnahmen XYZ
Produkt C										10			10	17	Massnahme B
Gesamt	0			1	0	0	0	0	0	10			11	19	

Einsatz Maßnahme

Bild 2.35 Darstellung einer Qualitätsperformance

Enthalten sind die Informationen zum Produkt, zur Kundenbeanstandung, der Termin zur Maßnahmen-Implementierung, ein Überblick über die Lieferperformance und das Fehlerpareto – um nur einige zu nennen. Diese Art von Berichten kann im Excel Format erstellt werden oder über eine entsprechende CAQ-Anwendung.

2.2.3 VDA-Schadteilanalyse Feld Auditstandard

Eine weitere Möglichkeit als Nachweis zur wirksamen Umsetzung der VDA-Schadteilanalyse Feld bildet der VDA-Schadteilanalyse Feld Auditstandard. Dieser wird einerseits organisationsseitig zur Sicherstellung interner Schadteilanalyseprozesse genutzt. Andererseits bietet er, korrespondierend in der Lieferkette, unternehmensübergreifend ein durchgehendes Konzept zur sicherstellenden Implementierung und dient als Nachweis über die beiderseitige Verpflichtung zur Umsetzung. Der Auditstandard fordert insbesondere die organisationsseitige prozessuale Implementierung sowie die wirksame Umsetzung der Forderungen zur Schadteilanalyse. Als Ergebnis wird ein entsprechendes Ranking vergeben, dass die Analysefähigkeit bestätigen soll. Es ist an dieser Stelle zu erwähnen, dass im Falle eines nicht bestandenen Audits kundenseitig Auditaufschläge auf die zu zahlende Regresssumme verhängt werden können. Dieses setzt jedoch voraus, dass eine vertragliche Basis dafür geschaffen worden ist. Es lassen sich ebenfalls parallelen zur ISO TS 16949 aufzeigen, wie beispielsweise die Forderung 8.5.2.4 „Befundung reklamierter Produkte". In ihr wird explizit gefordert, dass die Organisation Analysen durchzuführen hat, um ein erneutes Auftreten im Feld zu verhindern[42]. Stellt man nun im Schadteilanalyse Feld Audit fest, dass dieser Analyseprozess bei verschiedensten Produkten nicht wirksam ist, so könnte man das Qualitätsmanagementsystem und einhergehend die Zertifizierung infrage stellen. Um die Qualität und die damit verbundene Beeinflussung auf die Auditergebnisse in der Lieferkette sicherzustellen, hängt es von wesentlichen Faktoren zur Qualifikation und Kompetenz der Auditoren ab:

▪ Auditoren benötigen fachliche Kompetenz im Schadteilanalyseprozess

▪ methodische Kompetenz zur Durchführung von Audits

▪ fachbezogene Berufserfahrung.

Diese und andere Anforderungen gelten gleichermaßen für interne und externe Auditoren[43].

2.2.4 Technische Revision

Die globale Vernetzung der Lieferkette führt zu immer komplexeren Entwicklungs- und Produktionsprozessstrukturen. Einhergehend mit einer stetig wachsenden inhärenten Organisations- und Unternehmensentwicklung ist eine zentrale Einflussnahme auf die Produkt- und Prozessqualität im Produktlebenszyklus unerlässlich. Daher ist u. a. die Definition von klaren Berichtslinien unverzichtbar. Umso unerlässlicher sind daher Kontrollmechanismen, die zusätzlich zu einem fachbezogenen Audit, z. B. dem VDA-Schadteilanalyseaudit, sich schnell in neue oder ereignisorientierte Themengebiete und unabhängig von abzustimmenden Verfahrensweisen wie dem Audit[44] einarbeiten. Die technische Revision bietet hier eine Methodik sich möglichen sowie akuten Risikofeldern anzunehmen und zielorientiert über alle Organisationsebenen kritisch zu hinterfragen. Dabei ist die Zielsetzung der technischen Revision genauso wichtig wie die Ableitung von Maßnahmen und Konsequenzen bei einer Risikoidentifikation. Diese Fähigkeit, den Entscheidungsträgern einen transparenten Überblick über operative Themen zu verschaffen, ist die Kernaufgabe der technischen Revision. Strategisch könnte als Output ferner eine Risikomatrix entstehen, sodass planerisch und präventiv Risikowerte für ein Risikomanagement abgeleitet werden. Dadurch wäre nur eine vergangenheitsorientierte Geschäftsprozessanalyse ausgeschlossen. Die adressatengerechte Aufbereitung von Feststellungen durch eine professionelle Visualisierung und die mit den Prozesseignern gemeinsam zu entwickelnden Maßnahmen bilden eine weitere Grundlage, sich auf das Wesentliche zu konzentrieren. Dazu gehört u. a. die Festlegung: an wen berichtet wird, welche Zielgruppen sind mit in die Berichtserfassung einzubezie-

---

[42] ISO TS 16949:2009; IATF 16949:2016; Kap. 10.2.6

[43] VDA Schadteilanalyse Feld Auditstandart, 1. Auflage Oktober 2011

[44] ISO 19011:2011, Kap. 6.3.2

hen, welche Informationen benötigt das Management, die transparente Darstellung des Revisionsprozesses und ihrer Prüfungsergebnisse, welche Synergiepotenziale ergeben sich, wie ist der weitere Informationsaustausch zu gewährleisten und viele weitere Fragestellungen müssten beleuchtet werden. Kritisch sind Themen doloser[45] Handlungen die bei technischen Revisionen gerade im Umfeld des Gewährleistungsmanagements identifiziert werden und ein Organisationsversagen, z.B. bei sicherheitskritischen Feststellungen durch unterlassene Maßnahmeneinleitung bei fehlerhaften Produkten, die in letzter Konsequenz zu einem „Personenschaden" führen können, festgestellt werden. Die organisationsseitige Entlastung derer, die technische Revisionen oder Ähnliches durchführen, ohne sich selbst ggf. zu belasten[46] und angreifbar werden, ist ein wesentliches Kernelement, welches nicht zu vernachlässigen ist. Ebenso eine präventive Einbeziehung von beispielsweise dem Betriebsrat oder der Personalvertretung.

■ 2.3 Risk- und Rückrufmanagement

Das Risk- und Rückrufmanagement bildet einen weiteren Bestandteil des Gewährleistungsmanagements. Zu implementieren ist dazu die organisationseitige Einbindung der identifizierten Risikolandschaft mit den entsprechenden Befugnissen und Ressourcen. Anspruchsgrundlage für das Risk- und Rückrufmanagement ist die wirksame Umsetzung gesetzlicher Pflichten, kundenspezifischer Forderungen und die zu realisierende unternehmensspezifische Selbstverpflichtung. Unternehmen stehen hier nebst der produktseitig zu eruierenden Spezifikationsanforderungen vor der Aufgabe, alle relevanten, anwendbaren Regelungen zu ermitteln und zu integrieren. Es ist dahingehend unerlässlich, ein Unternehmensbewusstsein zu schaffen, dass diese Anforderungen versteht und in rechtssichere Unternehmensprozesse überführen kann. Dadurch ist ein interdisziplinärer präventiver Ansatz notwendig, beispielsweise unterstützt durch die Plan-Do-Study-Act (PDSA)[47]-Methodik, möglichst erschöpfend rechtliche Rahmenbedingungen zu erfassen und in der Lieferkette zu manifestieren. Eine Integration und Bewertbarkeit dieser Anforderungen können Teil eines unternehmerischen Risikomanagements sein und bilden zugleich eine wirksame Umsetzung der sich ergebenden Anforderung aus der DIN EN ISO 9001:2015 hinsichtlich der systematischen Behandlung von Risiken und Chancen in definierten Unternehmensprozessen. Diese Anforderungen ergeben sich für Produkte u.a. durch das Produktsicherheitsgesetz. Demnach sind Her-

---

[45] https://de.m.wikipedia.org/wiki/Dolose_Handlung

[46] LArbG Mainz, 13.01.2011; 10 Sa 456/10

[47] https://deming.org/management-system/pdsacycle

steller und Inverkehrbringer gesetzlich verpflichtet[48], bei erkannten Gefahren durch ihre Produkte Maßnahmen ergreifen zu können, um diese Gefahren angemessen zu beseitigen. Sind diese Produkte bereits in den Markt gebracht, müssen sie je nach Gefährdungsgrad wieder aus dem Markt zurückgeholt werden. Inverkehrbringer von Verbraucherprodukten im Sinne von § 2 Abs. 3 GPSG sind durch § 5 Abs. 1 GPSG hierzu bereits gesetzlich verpflichtet; Hersteller anderer Produkte sind über die produkthaftungsrechtliche Rechtsprechung zu Rückrufen gezwungen. Liegen schwerwiegende Produktmängel mit Gefährdung von Personen oder drohendem erheblichen Sachschaden vor, so muss umgehend und verantwortungsbewusst gehandelt werden. Um unverzüglich und richtig reagieren zu können, bedarf es organisationseitiger Prozesse, die die Abläufe und Verantwortlichkeiten für einen Produktrückruf sowie die vorgelagerten Maßnahmen (Analyse und Bewertung von physischen Schadenmeldungen, Veranlassung von Warnungen oder Ähnliches) regelt. Hier kann eine Schnittstelle zum Reklamationsprozess oder der Schadteilanalyse Feld adäquat sein. Die Maßnahmen zur Beseitigung oder Steuerung einer Gefahr sollen der Gefahr angemessen sein. Eine Rückrufaktion[49] ist dann zu veranlassen, wenn alle anderen Maßnahmen (wie z.B. eine Warnung) nicht zur zuverlässigen Beseitigung der Gefahr geeignet erscheinen. Rückrufe können auch auf behördliche Veranlassung erfolgen, was allerdings aus Sicht des betroffenen Unternehmens nicht wünschenswert sein kann. Produktrückrufe werden i.d.R. in konsequenter Abhängigkeit zur potenziellen Bedrohung und in Abstufungen definiert:

- STUFE I; Warnung/Auslieferungsstop/Sperrung im Handel
- STUFE II; „stiller" Rückruf (Information an den Handel)
- STUFE III; öffentliche Warnung ohne Produktrückruf
- STUFE IV; unverzüglichen öffentlichen Rückruf.

In Abhängigkeit der schwere des Mangels und der anzuwendenden Auslösekriterien sind Sofortmaßnahmen (intern) einzuleiten und zielgerichtete Aktionen (extern) abzuleiten. Dazu sind interdisziplinäre Verantwortlichkeiten zu definieren, die diese Operationen begleiten und durchführen. Der ständige zielführende und aktuelle Informationsfluss in die relevanten Entscheidungsebenen ist zudem sicherzustellen. Essenzieller Bestandteil von Rückrufaktionen sind organisationsseitig definierte Prozessbeschreibungen, die beispielsweise folgende Handlungsfelder abdecken können:

- Feststellungen zur Situationsbewertung (z.B. Welches Produkt ist betroffen? Bezeichnung/Art.-Nr./Chargen-Nr. etc.)
- Sperrung aller betroffenen Fertigwaren (z.B eigene Läger, Fertigware, Rohware, Zwischenlager etc.)

---

[48] ProdSG

[49] ProdSG; § 31 Veröffentlichung von Informationen

- Untersuchung (z. B. Untersuchung von Rückstellmustern bzw. Überprüfung der laufenden Produktion)

- Entscheidung über Maßnahmen zur Abwendung einer Gefahr (Bspw. ist zu prüfen, ob eine Rückrufaktion angemessen ist oder anderweitige Maßnahmen (z. B. Warnung) ausreichend sind. Im Falle eines Rückrufes ist die Versicherung noch vor der Durchführung zu informieren und eine Rückmeldung einzuholen.)

- kurzfristige Ursachenbeseitigung (Bspw. sind angemessene Vorkehrungen für die Beseitigung der Ursachen zu treffen. Prüfung, ob die laufende Produktion gestoppt werden muss etc.)

- Information von Handel, Öffentlichkeit etc. (z. B. Kundendienst, Handel etc. sind zu informieren, dass mangelbehaftete Produkte nicht weiterverkauft werden dürfen)

- weitere Verwendung der Ware (z. B. Prüfung, welches die kostengünstigste Maßnahme ist: Reparatur, Wiederverwendung nach Überprüfung, Verwertung, Beseitigung etc.)

- Controlling und Dokumentation (z. B. Dokumentation der Rückrufaktion. Hierzu ist insbesondere eine Chronologie der Abläufe zu erstellen (inklusive Tages-, Wochen- oder Monatsberichten)

- Wiederholung verhindern (z. B. Maßnahmen zur Nachbereitung im Unternehmen veranlassen zur Umsetzung erkannter Verbesserungsaktionen).

Dieses sind nur einige Aktivitäten die im „Worst-Case-Fall" zur Anwendung kommen können. Vielmehr ist ein präventiver Ansatz zu verfolgen, wie im folgenden Kapitel näher beschrieben wird.

◼ 2.4 Lessons Learned

Der kontinuierliche Verbesserungsprozess ist fester Bestandteil des Qualitätsmanagementsystems[50]. Insofern ist es naheliegend, diesen Ansatz gleichermaßen im Gewährleistungsmanagement zu integrieren, um inhärente Risiken zukünftig auszuschließen. Als eines der zentralen Ziele des QM-Systems lässt sich nur so die Langzeitqualität von Produkten sicherstellen. Um die Langzeitstabilität von Produkten nachhaltig zu beeinflussen, sind u. a. Informationen aus der Feldbeobachtung und die gewonnenen Erkenntnisse aus der Schadteilanalyse produktoptimierend mit den Zielen zur funktionalen Sicherheit, Produktsicherheit und Betriebsfestigkeit bzw. die Funktionsstabilität als auszurichtende kundenorientierte Produkteigenschaft zu realisieren. Eine Gefahr von Verbesserungsprozessen ist

---

[50] ISO TS 16949:2009; Kap. 8.5.1; IATF 16949:2016; Kap. 10

das neu gebildete organisationsseitige Know-how, das unter Umständen im Zuge der Produktverbesserung (z. B. Anpassung von Kundenlastenheften) zum Wettbewerb abwandern könnte. Dieses Wissen gilt es, durch bilaterale Vereinbarungen zu schützen.

Grundsätzlich ist anzumerken, dass Organisationen bei der Umsetzung von Lessons Learned- Maßnahmen die angemessene Praxisorientierung und Praktikabilität nicht verlieren. Ferner ist dieses unter Berücksichtigung der gebotenen Sorgfalt und den zur Verfügung gestellten Ressourcen sicherzustellen. Dabei sind Begrifflichkeiten, Definitionen und Verfahrensweisen als gesteuerte Aktivitäten zu verstehen, die eine Bereicherung darstellen, um eine gezielte Risikominimierung über die Organisationseinheiten bis hin zu Produkt,- Prozess- und Systemverbesserungen zu realisieren. Die Anstrengung der Organisation besteht darin, Zahlen, Daten, Fakten aus Erfahrungswissen und pejorativen Vorgängen (z. B. Reklamationen) als Chance zu verstehen und in bestehende sowie neu zu generierende Produkte und/oder Prozesse einfließen zu lassen. Eine Herausforderung besteht in der richtigen Methodenauswahl zur Eruierung und nachhaltigen Umsetzung von Informationen. Die strukturierte Erfassung sollte daher nach einem einfachen, allgemein verständlichen und etablierten Schema erfolgen (z. B. 8-D-Methodik[51]).

■ 2.5 Einbindung der Lieferkette

Die wirksame Umsetzung von Verträgen und Vereinbarungen, insbesondere deren „vermeintlich" richtige Interpretation und Durchsetzungskraft kommt erst zum Tragen, wenn Fälle wie beispielsweise der „Serienschaden" auf die Tagesordnung kommen. In diesem Falle wird sehr schnell offensichtlich, was, wie, wann und in welcher Höhe tatsächlich in der Lieferkette durchgesetzt werden kann. Um grundsätzlich bereits im Vorhinein Irrtümern oder Missverständnissen vorzubeugen, ist die Lieferkette unter Anwendung etablierter Methoden[52] frühzeitig in den Gewährleistungsmanagementprozess einzubinden. Gleichermaßen ist sicherzustellen, dass das Was vertragsseitig gefordert, auch entsprechend in der Lieferkette umgesetzt wird. Dazu ein Beispiel: Der Käufer erwartet von seinem Lieferanten eine Deckungssumme für Produkthaftpflichtschäden über 5 Mio. Euro. Der Lieferant bestätigt über ein Schreiben der Versicherung diese entsprechend dem Käufer. Wurden seitens des Käufers auch die Bedingungen zur Deckungszusage, die er ggf. im Schadenfall der Versicherung des Lieferanten klar und deutlich darstellen

---

[51] VDA Standardisierter Reklamationsprozess; 1. Auflage Oktober 2009; Kap. 2.4

[52] VDA Reifegradabsicherung für Neuteile; 1. Auflage November 2006

muß, berücksichtigt? Allein dieses kleine Beispiel soll sensibilisieren, welches Risiko im Detail steckt. Methoden, wie sie diesem Risikopotenzial begegnen könnten, wurden im Kapitel „Methodische Systemintegration und Risikobetrachtung" verdeutlicht und sind ebenfalls Bestandteil einer partnerschaftlichen Zusammenarbeit[53]. Allen etablierten Prinzipien zum Trotz, liegt die Herausforderung in der unternehmensseitigen Integration dieser Methoden. Dazu gewinnen nachfolgende Handlungsfelder im Einkauf von der strategischen Lieferantenauswahl bis hin zur Lieferanten-Substitution zunehmend an Bedeutung und ermöglichen einen konzentrierten Blick auf wesentliche, beeinflussende Kriterien durch externe Bezugsquellen auf und in die Organisation:

- Vernetzung der Organisationseinheiten mit dem Ziel der Vermeidung von Ressourcenverschwendung und dem entsprechenden Know-how-Transfer. Dazu bedarf es in der Organisation einer gemeinsamen Zielvereinbarung aller Einkaufseinheiten, standardisierte Eskalationsprozesse bzw. die abgestimmte Steuerung der Lieferantennetzwerke, integrierte Wertschöpfungsstrategien und gemeinsam sich ergänzende Kompetenzen, die eine intensive Zusammenarbeit zum gegenseitigen Nutzen (Kleeblattstrategie) fördern. Eine umfangreiche Vernetzung von Aktivitäten beispielsweise in der Problemlösung und die Integration von Wissen, die im Zusammenspiel aus der Lieferkette generiert werden kann.

- Strategische Komponenten in einer vernetzten Einkaufsorganisation sind die gemeinsame Ausrichtung der Risikoteilung- und Bewältigung durch globale Strategiegespräche mit Lieferanten. Zielvereinbarungen sind im Hinblick auf die individuelle Lieferantenperformance als auch auf die vergleichswertbildende Portfolioperformance zu treffen. Schwerpunkte bilden sowohl die Eruierung von Entwicklungspotenzialen durch On-Site-Lieferanten-Überwachung (SWOT-Analysen[54]) als auch die Vertragsgestaltung in der Lieferkette (z. B. juristisch durchsetzbares Vertragswerk, Warrantymanagement[55]).

- Partnerschaftliche Zusammenarbeit auf Augenhöhe durch einen Lieferantenzulassungsprozess der beidseitig verstanden, umgesetzt und mit allen möglichen Konsequenzen akzeptiert wird. Darüber hinaus sind unternehmensweit harmonisierte Zulassungsprozesse zu generieren, die eine Verlässlichkeit für die Organisationseinheiten bieten. Methoden zur Potenzialanalyse[56] als Fähigkeitsbewertung für neue sowie bestehende Lieferanten – im Falle einer Kompetenzerweiterung wie etwa durch den Einsatz neuer Fertigungstechnologien – sind entsprechend anzuwenden. Wesentlich für Organisationen ist die Klärung der gegenseitigen Abhängigkeitssituation sowie die Fähigkeit, Lieferanten zu substituieren. Des Weiteren gilt es zu erkennen, beispielsweise als Konsequenz aus der Lieferan-

---

[53] VDA Risikominimierung in der Lieferkette; 1. Auflage 2011

[54] http://wirtschaftslexikon.gabler.de/Definition/swot-analyse.html

[55] IATF 16949; Kap. 10.2.5

[56] VDA 6.3 Prozessaudit; 2. Auflage 2010

tenperformance, weitere Eskalationsprinzipien zu generieren. Dazu zählt u. a. die Durchsetzung des „New Business on Hold Status" für Lieferanten. Einhergehend damit wäre eine Änderung im Lieferantenportfolio und eskalierend durch eine „sogenannte" Meldung beim QM-Zertifizierer des betroffenen Lieferanten. Entweder durch die vertraglich festgelegte Selbstanzeige durch den Lieferanten oder durch die bewertende Organisation. Die Aufgabe der Zertifizierungsstelle[57] ist, eine Konformitätsbewertung[58] für deren Klienten vorzunehmen und etwaige Abweichungen, die entweder beim Zertifizierungsaudit entstehen oder durch Beschwerden von Interessensgruppen[59] (z. B. Kunden), nachzugehen und Lösungen herbeizuführen. Somit kann zusätzlicher Druck in Sachen Problemlösung durch Dritte erzeugt werden.

- Die Umsetzung der Unternehmensstrategie und gesamthaften Risikobewertung ist eine substanzielle Aufgabe, die bei der Lieferantenauswahl konsequent realisiert werden muss. Beim Lieferantenauswahlprozess sind daher einheitliche Nominierungsprozesse als auch harmonisierte Kriterien zur Lieferantenauswahl anzuwenden. Dieser führt dann mit der etablierten Lieferantenperformance und dem Nominierungsverfahren durch z. B. die Kleeblattsystematik (multilaterale[60] Zusammensetzung von internen Anspruchstellern) zur Auftragsentscheidung. Dadurch ist eine ganzheitliche, abteilungsübergreifende Risikobetrachtung in der Kombination Unternehmensstrategie – Lieferantenperformance – Produkt- und Prozessrealisierungsfähigkeit zentraler Erfolgsfaktor.

- Eine aussagefähige Lieferantenperformance ist nicht nur für den Lieferantenzulassungsprozess von Bedeutung, sondern bedarf einer kontinuierlichen Lieferantenbewertung – getragen durch ein transparentes Kennzahlen- und Maßnahmenmanagement. Die harmonisierte und konsequente Leistungsdatenerfassung und -bewertung (z. B. abgeschlossener u. offener Reklamationsverfahren, Anlieferqualität etc.) ist nicht nur periodisch sicherzustellen, sondern erfordert einen Zug-um-Zug-Bewertungsmechanismus, um ad hoc aussagefähig zu sein. „Quality is Speed", gerade in der agilen Auseinandersetzung mit Leistungsdaten und ihrer ableitbaren Entscheidungen. Anzuwenden gleichermaßen im Lieferanten- und Warengruppen-Benchmarking als Abgleich der Performancedaten (Historie) versus dem Lieferanten-Leistungspotenzial (Zukunft) und der grundsätzlichen Trendbetrachtung. Ein weiterer Abgleich, wie mit den „harmonisierten" Bewertungsmechanismen in der Praxis verfahren wird, sollte auf Organisationsebene erfolgen. Hierzu ist ein Vergleich von lokalen Bewertungen mit globalen Bewertungen und ableitbarer Aussagen anzustreben, um den Harmonisierungsgedanken nebst der einheitlichen Außendarstellung in Richtung Lieferanten gerecht

---

[57] https://de.wikipedia.org/wiki/Zertifizierungsstelle

[58] https://de.wikipedia.org/wiki/Konformit%C3%A4tsbewertung

[59] IATF-Zertifizierungsvorgaben; 5. Ausgabe 2016; Kap. 2.9

[60] https://de.wikipedia.org/wiki/Multilateralität

zu werden. Die Bewertung synchroner Produktentstehungsprozesse mit einem globalen/lokalen Eskalationsmanagement in multilateraler Abstimmung bis hin zum Schadensmanagement aus Produkthaftungssicht und deren Bewältigung in der permanenten Schadensabwicklung sind weitere Attribute. Festzuhalten wäre, dass jegliche Art und Weise in der Anwendung von Bewertungskriterien durch eine belastbare Objektivität sichergestellt wird.

- Konsequente Lieferantenbewertungen sind ebenso von partnerschaftlicher Notwendigkeit geprägt wie auch die enge Bindung der Lieferanten an die Organisation zum beiderseitigen Nutzen. Gerade in wiederkehrenden Krisen, beispielsweise durch Naturkatastrophen, wird diese Partnerschaft unweigerlich auf eine Bewährungsprobe gestellt. Möchte man präventiv agieren und sich den reaktiven Mechanismen nicht unterwerfen, so ist die Lieferantenqualifizierung und -befähigung zur Sicherstellung gleichbleibender Qualität von Materialien, Produkten, Dienstleistungen und verfahrenstechnischer Abwicklungsprozeduren (z.B. Systemintegrierung[61]) unentbehrlich. Ausschlaggebend ist eine effiziente Vertragsgestaltung und GAP-Schließung in der Lieferkette, indem man individuell wirksame Vereinbarungen mit Lieferanten in Form von

- Qualitätssicherungsvereinbarung (QSV),
- Leistungsschnittstellenvereinbarung (LSV),
- Projektvereinbarungen (PV) und weitere

abschließt.

Des Weiteren ist es unabdingbar sich zu vergegenwärtigen, dass eine durchgehende und transparente Darstellung bereits bestehender Forderungen etabliert und wirksam in der Lieferkette verankert ist (Bsp. VW-Formel Q-Konkret[62]: Benennung Produktsicherheitsbeauftragter in der L-Kette, zertifizierte Prozessauditoren nach VDA[63] etc.). Durch diese beschriebenen Konstellationen kann eine Risikoabgrenzung zwischen den Leistungsschnittstellen in der Lieferkette abgeleitet werden. Kritisch hingegen ist die Setzteilproblematik, wo Kunden Lieferanten setzen oder empfehlen. Diese besondere Problematik besteht in der Einbindung von Setzteillieferanten[64] in der Lieferkette. Ein Setzteillieferant ist ein Lieferant von Bauteilen oder Komponenten, die u. a. vom OEM der Organisation vorgeschrieben wurden. Auch hier beschreibt die ISO TS 16949 im Kapitel 7.4.1.3: vom Kunden freigegebene Bezugsquellen entbinden die Organisation nicht von der Qualitätsverantwortung beschaffter Produkte. Nachteile beispielsweise für den Feldfehlerabstellprozess sind möglicherweise keine klaren Vertragsverhältnisse, die den Fall eines Feldschadens regeln. Die Schadensabwicklung entlang der Lieferkette kann

---

[61] https://de.wikipedia.org/wiki/Integration_(Soziologie)

[62] Volkswagen AG; Formel Q-Konkret; 5. Auflage April 2015; Kap. 4.2

[63] Volkswagen AG; Formel Q-Fähigkeit; 8. Auflage Juni 2015; Kap. 3.2

[64] VDA Band 2; 5. Auflage 2012

zu Verzögerungen im Fehlerabstellprozess führen. Im Regressfall eines Setzteileherstellers bleibt das Risiko beim Direktlieferanten des OEM; im Notfall muss dieser unterstützen. Setzteillieferanten als Wettbewerber von Direktlieferanten können die Herausgabe von internen Entwicklungs- und Produktionsdaten sowie spezifischen Fertigungsprozessen verweigern (Know-how-Verlust). Insbesondere die Beweislastumkehr ist im Reklamationsfall problematisch, da der Direktlieferant unter Umständen weder vertiefende Produkt- noch Prozesskenntnis hat[65]. In diesen Fällen der Setzteilproblematik sind grundsätzlich Leistungs- Schnittstellen-Vereinbarung (LSV) zu treffen. Bestandteil der LSV ist die eineindeutige Zuordnung von „Wer, macht was, bis wann". Konkret regelt die LSV die Zuständigkeiten und Verantwortlichkeiten für Entwicklung, Erprobung und Freigabe der Einzelkomponenten und Schnittstellen in der Lieferkette. Des Weiteren kann z. B. über den Abschluss von Gewährleistungs-Abtretungsvereinbarungen von Setzteil-Lieferanten an den Kunden das Risiko relativiert werden. Entwicklungspotenziale bei Lieferanten können durch unternehmensspezifische Verbesserungsprogramme zur Angleichung unterschiedlicher Qualifikationsniveaus durch einen kontinuierlichen und bedarfsgerechten Know-how- u. Wissens-Transfer realisiert und durch Audits bzw. technischer Revisionen abgesichert werden. Wesentlich hingegen ist die Ermittlung der Innovationsfähigkeit durch Wertstromanalysen[66] und/oder SWOT-Analysen in der Lieferkette zur Aufrechterhaltung der Wettbewerbsfähigkeit[67] und Risikominimierung.

Die dargestellten Kerngedanken sollen veranschaulichen, dass eine nachhaltige Einbindung von Lieferanten – partnerschaftlich ausgelegt – zu gemeinschaftlichen Wachstum und klarem Chancenausgleich führen könnte.

---

[65] VDA FQE Schulungsunterlagen, 2014

[66] http://www.sixsigmablackbelt.de/wertstromanalyse-value-stream-mapping/

[67] http://www.wirtschaftslexikon24.com/d/wettbewerbsfaehigkeit/wettbewerbsfaehigkeit.htm

3 Die Haftung für fehler-hafte und mangelhafte Produkte

3.1 Einleitung

Wie eingangs ausgeführt, umschreibt der Begriff der Gewährleistung die Einstands-pflicht für eine mangelhafte Leistung, insbesondere verursacht durch einen Sach- oder Rechtsmangel. Als Ausgangspunkt für die Implementierung eines entspre-chenden Managementsystems muss daher zunächst das Wissen darüber vorhanden sein, woraus sich die Einstandspflicht für eine mangelhafte Leistung ergibt und in welchem Umfang eine solche Verpflichtung besteht.

Die Entstehung einer Einstandspflicht für eine mangelhafte Leistung kann zum einen ihre Grundlage in einem zwischen dem Verkäufer und Käufer abgeschlosse-nen Vertrag haben und zum anderen auf Gesetz beruhen. Soweit die Parteien ei-nen Vertrag geschlossen haben, dienen die gesetzlichen Regelungen als Ergänzung für die von den Parteien ungeregelten Fragen und daneben aber auch als Korrek-tiv, sofern die Vereinbarung zwischen dem Verkäufer und Käufer die Grenzen des zulässigen Rechtsrahmens überschreitet.

Herkömmliche Gewährleistungsmanagementsysteme sind indes nicht auf die durch Vertrag begründete Einstandspflicht für mangelhafte Produkte beschränkt, sondern weisen oftmals als Bezugspunkt die Einstandspflicht für die durch das Unternehmen hergestellten Produkte in einem weiteren Umfang auf. Die Einstands-pflicht für ein mangelhaftes Produkt findet ihre Grundlage darin, dass der Käufer für die gezahlte Vergütung keine äquivalente Gegenleistung erhält. Allerdings können durch ein nicht ordnungsgemäßes Produkt andere Interessen und Rechts-güter des Käufers/Produktnutzers und Interessen und Rechtsgüter weiterer Perso-nen betroffen sein, sofern das Produkt auf ihre durch die Rechtsordnung geschütz-ten Interessen und Rechtsgüter in nachteiliger Weise einwirkt oder einzuwirken geeignet ist. Da diese Aspekte im Rahmen von Gewährleistungsmanagementsyste-men ebenfalls Berücksichtigung finden, sollen diese im Folgenden ergänzend ei-ner Betrachtung unterzogen werden.

Mit der Betrachtung möglicher Ansprüche des Käufers und/oder Dritter geht einher, dass im nachfolgenden der Fokus auf die mögliche zivilrechtliche Haftung des Herstellers/Verkäufers gelegt wird und andere Rechtsbereiche ausgeklammert werden. Die Verantwortung des Herstellers/Verkäufers für ein mangelhaftes/fehlerhaftes Produkt ist nicht auf eine zivilrechtliche Haftung beschränkt. Neben der zivilrechtlichen Einstandspflicht besteht auch eine strafrechtliche und öffentlich-rechtliche Produktverantwortung. Insbesondere durch öffentlich-rechtliche Regelungen sind die Inverkehrgabe und der Vertrieb eines Produkts an verschiedene Voraussetzungen geknüpft. Die Anforderungen sind vielfältig und dienen der Sicherstellung verschiedener öffentlich-rechtlicher Interessen. Im Falle des Gesetzes über die Bereitstellung von Produkten im Markt, besser bekannt als Produktsicherheitsgesetz, dienen die Anforderungen als Teil der öffentlich-rechtlichen Gefahrenabwehr zur Sicherstellung, dass in Verkehr gebrachte Produkte die Sicherheit und Gesundheit der Verwender oder Dritter nicht beeinträchtigen. In § 23 KrWG[1] wird dagegen die Verantwortung des Herstellers zur Gestaltung seines Produkts unter Beachtung der in § 1 KrWG definierten umweltpolitischen Zielsetzungen geregelt.

Sowohl strafrechtliche als auch öffentlich-rechtliche Anforderungen werden im Nachfolgenden jedoch nicht näher behandelt. Dies ist dem Umstand geschuldet, dass die sich aus diesen Rechtsbereichen ergebenden Anforderungen nicht als Gegenstand des Gewährleistungsmanagements angesehen werden. Öffentlich-rechtliche Produktanforderungen beeinflussen teilweise jedoch unmittelbar oder mittelbar auch die berechtigten Erwartungen von Anspruchsstellern, sodass auf diese an geeigneter Stelle zumindest vereinzelt Bezug genommen wird.

■ 3.2 Inhalt der (vertraglichen und außervertraglichen) Produkthaftung

Wenn es um die zivilrechtliche Haftung im Zusammenhang mit fehlerhaften Produkten geht, wird häufig der Begriff „Produkthaftung" verwendet. Die Produkthaftung – im eigentlichen Sinne – meint die Pflicht, für solche Schäden zivilrechtlich haften zu müssen, die sich aus der Benutzung bestimmter Produkte ergeben. Diese Haftung betrifft vor allem den Hersteller eines Produkts. Sie kann sich sowohl als sog. Produzentenhaftung aus dem Deliktsrecht (§§ 823 ff. BGB) als auch aus dem Produkthaftungsgesetz ergeben. Produzentenhaftung und Produkthaftung nach dem ProdHaftG weisen im Hinblick auf ihre Voraussetzungen

---

[1] Gesetz zur Förderung der Kreislaufwirtschaft und Sicherung der umweltverträglichen Bewirtschaftung von Abfällen

Gemeinsamkeiten, aber auch Unterschiede auf. Beiden gemeinsam ist jedoch, dass sie auf den Schutz des Integritätsinteresses gerichtet sind, d. h. auf das Interesse, nicht durch die Handlungen eines anderen, eine Verletzung eigener Rechtsgüter (z. B. eine Körperverletzung) erleiden zu müssen. Aus dieser Schutzrichtung ergibt sich auch, wer einen solchen Anspruch geltend machen kann. Anspruchsinhaber kann nämlich nicht nur der jeweilige Vertragspartner, sondern auch jeder Dritte sein, der durch ein fehlerhaftes Produkt in geschützten Rechtsgütern verletzt wird.

Hingegen schützt die vertragliche Gewährleistung für ein mangelhaftes Produkt vorrangig das Äquivalenzinteresse. Die Mangelfreiheit eines Produkts beurteilt sich nach der Gebrauchs- und Funktionsfähigkeit der Sache unter Berücksichtigung des Äquivalenzinteresses, das darin besteht, für den aufgewendeten Preis einen Gegenwert in Gestalt der Kaufsache zu bekommen. Diese Sachmängelhaftung ist eine vertragliche Haftung und damit von vornherein auf das Verhältnis zwischen den jeweiligen Vertragspartnern – Käufer und Verkäufer – beschränkt. Sie wird oftmals auch als die sog. vertragliche Produkthaftung bezeichnet, wenn auch es sich hierbei nicht um eine Produkthaftung im eigentlichen Sinne handelt. Die Produkthaftung im eigentlichen Sinne bezeichnet man dann in Abgrenzung zu der vertraglichen Produkthaftung als außervertragliche Produkthaftung, da eine Anspruchsentstehung eben nicht das Vorhandensein einer vertraglichen Beziehung zwischen Anspruchsteller und Anspruchsgegner voraussetzt.

Bild 3.1 Übersicht Haftung für fehlerhafte und mangelhafte Produkte

■ 3.3 Deliktsrechtliche Produzentenhaftung

Bei der Produzentenhaftung handelt es sich nicht um ein eigenständiges Rechtsgebiet. Vielmehr ist die Produzentenhaftung Teil des im Bürgerlichen Gesetzbuch geregelten Deliktsrechts. Anknüpfungspunkt für die deliktsrechtliche Produzentenhaftung ist dabei § 823 Abs. 1 BGB.[2] Dieser lautet:

§ 823 Abs. 1 BGB

„Wer vorsätzlich oder fahrlässig das Leben, den Körper, die Gesundheit, die Freiheit, das Eigentum oder ein sonstiges Recht eines anderen widerrechtlich verletzt, ist dem anderen zum Ersatz des daraus entstehenden Schadens verpflichtet.“

Die Rechtsprechung hat die in § 823 Abs. 1 BGB enthaltenen tatbestandlichen Voraussetzungen für den Bereich der Produzentenhaftung im Laufe der Jahre fortwährend konkretisiert. Diese betreffen zum einen die einen Hersteller betreffenden Pflichten und zum anderen die Beweislast, d. h. die Frage, wer in einem Prozess den Beweis für eine Tatsache erbringen muss.

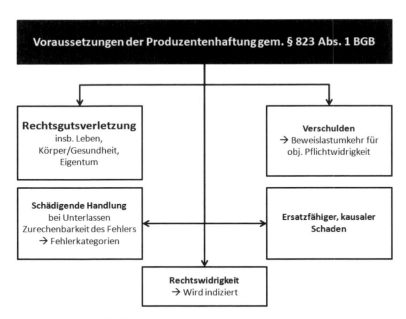

Bild 3.2 Voraussetzungen für Produzentenhaftung

---

[2] Als weitere mögliche deliktsrechtliche Anspruchsgrundlagen, jedoch mit untergeordneter Bedeutung, kommen im Rahmen der Produzentenhaftung § 831 BGB oder § 823 Abs. 2 BGB in Verbindung mit einem Schutzgesetz zur Anwendung. Als Schutzgesetze kommen insbesondere das Produktsicherheitsgesetz, das Gesetz über den Verkehr mit Arzneimitteln (AMG) oder das Gesetz über Medizinprodukte (MPG) in Betracht.

3.3.1 Anspruchsverpflichteter

Haftbar ist zunächst der Hersteller des Produkts. Hierunter fällt auch der Zulieferer sowie derjenige, der das Endprodukt – aus verschiedenen Zulieferteilen – herstellt. Die Fertigung von Produkten erfolgt regelmäßig jedoch nicht durch eine einzelne natürliche Person, sondern durch Unternehmen, welche entweder in der
Form einer Personenmehrheit (z. B. OHG, KG) oder einer juristischen Person (z. B.
GmbH, AG) durch Einsatz von Mitarbeitern und Sachmitteln eine Herstellung vornehmen. Die Haftung des Unternehmens, das das End- oder Zulieferprodukt herstellt, ist daher regelmäßig nicht ohne Weiteres gegeben, sondern abhängig davon,
dass dem jeweiligen Unternehmensinhaber entweder selbst ein Pflichtverstoß zur
Last gelegt oder ihm das Verhalten der zum Unternehmen zugehörigen Personen
zugerechnet werden kann. Neben dem Unternehmen ist auch eine eigene Haftung
der Geschäftsleitungsorgane gegenüber dem Geschädigten gegeben, sofern die
Verletzung der Verkehrssicherungspflichten im Zusammenhang mit der Herstellung des Produkts sich als Folge der Verletzung betrieblicher Organisations- und
Kontrollpflichten darstellt.[3] Eine mögliche Haftung ist aber nicht auf das Unternehmen und dessen Geschäftsleitungsorgan beschränkt. Sie kann vielmehr jeden Mitarbeiter treffen, der durch sein Tun oder Unterlassen dazu beigetragen hat, dass
fehlerhafte Produkte in den Verkehr gelangen und die Möglichkeit hatte, die Entstehung einer Gefahrenlage zu verhindern.[4]

Nicht als Produzent anzusehen sind hingegen Importeure und Quasihersteller, die
ein fremdes Produkt unter eigenem Namen vermarkten oder etwa Händler, da
diese an dem Herstellungsvorgang nicht beteiligt sind. Die fehlende Verantwortung ist damit zwar für etwaige Fehler bei der Konstruktion und Fabrikation der
Produkte ohne Weiteres zu bejahen, allerdings kann sich eine Haftung der lediglich am Vertrieb beteiligten Personen, im Zusammenhang mit der Instruktion oder
Produktbeobachtung ergeben. Darauf wird später noch einmal eingegangen.

3.3.2 Rechtsgutsverletzung

Diese deliktsrechtlichen Ansprüche setzen zunächst eine Rechtsgutverletzung voraus. Nach § 823 Abs. 1 BGB macht sich derjenige schadensersatzpflichtig, der vorsätzlich oder fahrlässig das Leben, den Körper, die Gesundheit, die Freiheit, das
Eigentum oder ein sonstiges Recht eines anderen widerrechtlich verletzt.

---

[3] So formuliert der Bundesgerichtshof in seinem Urteil vom 05. Dezember 1989 – VI ZR 335/88 (BGHZ 109,
297–306) ausdrücklich: „Die von der GmbH zum Schutz absoluter Rechtsgüter zu beachtenden Pflichten können
auch ihren Geschäftsführer in einer Garantiestellung aus den ihm übertragenen organisatorischen Aufgaben
treffen und bei Verletzung dieser Pflichten seine deliktische Eigenhaftung auslösen."
[4] Foerste in Foerste/Graf von Westphalen, Produkthaftungshandbuch, 3. Auflage 2012, § 25, 268 ff. mit weiteren
Nachweisen.

Von besonderer Bedeutung für die Produzentenhaftung sind zum einen Verletzungen des Körpers als Verletzungen der äußeren Integrität sowie Verletzungen der Gesundheit als jedes Hervorrufen oder Steigern eines von den normalen körperlichen Funktionen abweichenden nachteiligen Zustandes unabhängig von dem Auftreten von Schmerzen. Gesundheits- und Körperverletzungen gehen häufig ineinander über. Eine Abgrenzung beider Begriffe voneinander erübrigt sich indes, weil die Rechtsfolge identisch ist.

Neben Verletzungen dieser Rechtsgüter spielen zum anderen Verletzungen des Eigentums eine praktische Rolle. Eine Mangelhaftigkeit des Produkts ist allerdings nicht mit einer Eigentumsverletzung gleichzusetzen, etwa wenn der Käufer von vornherein nur Eigentum an einem mangelhaften Produkt erworben hat. Danach wäre der Käufer auf seine Gewährleistungsrechte beschränkt. Die Rechtsprechung hat allerdings dem Käufer in den sog. „Weiterfresser"-Schadensfällen einen deliktischen Schadensersatzanspruch zugestanden: Wenn durch ein defektes Teil der übrige, ursprünglich mangelfreie Kaufgegenstand beschädigt wird, ist ein deliktischer Schadensersatz unter Umständen zu bejahen. Wann dies tatsächlich der Fall ist, hängt indes vom Einzelfall ab. Erforderlich ist stets, dass Mangel und Schaden nicht stoffgleich sind, ein Austausch des mangelhaften Teils also auch ohne Zerstörung der gesamten Sache möglich ist, und zudem die Mangelbehebung auch wirtschaftlich vertretbar ist.

 Beispiel: Der Maschinenhersteller verkauft an einen Unternehmer eine Reinigungsanlage mit elektrisch beheizten Drähten. Der Heizstrom sollte bei Flüssigkeitsmangel durch einen Schwimmschalter im Wert von wenigen DM unterbrochen werden. Da dieser jedoch nicht funktionierte, kam es zu einem Brand, der die gesamte Reinigungsanlage im Wert von mehreren Tausend DM zerstörte (sog. Schwimmschalter-Fall, BGHZ 67, 359 ff.).

Obwohl hier ein Vertrag zwischen dem Maschinenhersteller und dem Unternehmer bestand, hat der BGH die deliktische Produzentenhaftung mangels Stoffgleichheit bejaht.

Kein Recht i.S.v. § 823 Abs. 1 BGB ist jedoch das Vermögen. Reine Vermögensschäden, wie z.B. der entgangene Gewinn, können hierüber also nicht verlangt werden.

3.3.3 Schädigende Handlung

Die Rechtsgutsverletzung muss zudem durch eine Handlung (Tun oder Unterlassen) des Schädigers entstanden sein. Die Entwicklung der Produzentenhaftung durch die Rechtsprechung ist dabei von folgendem Gedanken geprägt: Wer ein Produkt herstellt und/oder es anderen überlässt, es also in den Verkehr bringt, schafft für die Personen, welche mit dem Produkt in Verbindung kommen können, eine Gefahrenlage. Daraus entspringt eine Verkehrssicherungspflicht des Herstellers und der weiteren Anspruchsverpflichteten, welche diese dazu verpflichten, die aus dem Produkt entstehenden anderen drohenden Gefahren so gering wie möglich zu halten. Unterlässt er dies schuldhaft, so haftet er gegenüber jedem, der befugter Weise in den Gefahrenkreis der Sache gekommen ist. Die den Produzenten betreffenden Verkehrssicherungspflichten wurden im Laufe der Jahre durch Gerichte fortlaufend konkretisiert. Im Rahmen dessen bildeten sich entlang des Produktentstehungs- und -lebenszyklus verschiedene Fallgruppen heraus, die nachfolgend einer näheren Betrachtung unterzogen werden:

Bild 3.3 Haftungsrelevante Pflichtverletzungen im Rahmen der Produzentenhaftung

3.3.3.1 Konstruktionspflichten

Der Produzent ist verpflichtet, vermeidbare Konstruktionsfehler, die sich dadurch auszeichnen, dass der Produktmangel der ganzen Serie anhaftet, zu verhindern. Er muss daher sein Produkt so konzipieren und den Herstellungsvorgang so planen und einrichten, dass das Produkt bei fach- und bestimmungsgemäßer Benutzung und darüber hinaus selbst bei in der Praxis verbreiteter und daher vorhersehbarer unsachgemäßer Verwendung so sicher ist, wie es der zum Zeitpunkt des Inverkehrbringens des Produkts zu beachtende Stand von Wissenschaft und Technik ermöglicht.[5]

Nicht selten ergeben sich in der Praxis Schwierigkeiten bei der Frage nach dem anzuwendenden Stand von Wissenschaft und Technik. Soweit für bestimmte Produkteigenschaften Sicherheitsstandards durch technische Normen (z. B. DIN, VDE) vorhanden sind, müssen diese durch den Hersteller beachtet werden. Eine Nichtbeachtung indiziert eine Verletzung der dem Hersteller obliegenden Konstruktionspflichten.[6] Es ist jedoch zu beachten, dass der durch technische Normen festgelegte Sicherheitsstandard lediglich einen Mindeststandard darstellt, dessen Einhaltung den Vorwurf der Verletzung der Konstruktionspflicht nicht ausschließt. Dies ist insbesondere dann denkbar, wenn der durch technische Standards festgelegte Sicherheitsmaßstab mittlerweile überholt ist oder dieser alle für die Konstruktion eines bestimmten Produkts relevanten Sicherheitsaspekte regelt.

Eine weitere Konkretisierung der zu beachtenden Anforderungen findet sich in einem Urteil des Bundesgerichtshofs vom 16. Juni 2009. Erforderlich sind demnach die Sicherungsmaßnahmen, die nach dem im Zeitpunkt des Inverkehrbringens des Produkts vorhandenen neuesten Stand der Wissenschaft und Technik konstruktiv möglich sind und als geeignet und genügend erscheinen, um Schäden zu verhindern. Wichtig ist dabei die Erkenntnis, dass der maßgebliche Stand der Wissenschaft und Technik nicht mit Branchenüblichkeit gleichgesetzt werden darf. Die in der jeweiligen Branche tatsächlich praktizierten Sicherheitsvorkehrungen können durchaus hinter der technischen Entwicklung und damit hinter den rechtlich gebotenen Maßnahmen zurückbleiben. Der Bundesgerichtshof erkennt aber an, dass allein neuere Erkenntnisse noch nicht ausreichen. Notwendig ist vielmehr, dass nach gesichertem Fachwissen der einschlägigen Fachkreise praktisch einsatzfähige Lösungen zur Verfügung stehen. Hiervon kann grundsätzlich erst dann ausgegangen werden, wenn eine sicherheitstechnisch überlegene Alternativkonstruktion zum Serieneinsatz reif ist. Den Hersteller also nicht verpflichtet, Si-

---

[5] BGH, Urteil vom 16. Juni 2009 – VI ZR 107/08 –, BGHZ 181, 253–268; BGH, Urteil vom 28. September 1984 – V ZR 43/83.

[6] BGH, Urteil vom 17. Januar 1984, VI ZR 35/83; VersR 1984, 270; OLG Karlsruhe, Urteil vom 10. Oktober 2001–7 U 117/99 –, juris

cherheitskonzepte umzusetzen, die bisher nur „auf dem Reißbrett erarbeitet" oder noch in der Erprobung befindlich sind.[7]

Konstruktionspflichten sind Herstellerpflichten. Soweit sich ein Hersteller für die Herstellung seines Produkts Vorprodukten von Lieferanten bedient und diese ihre Vorprodukte auf Weisung oder Vorgaben des Endherstellers fertigen, liegt auch in Bezug auf die Vorprodukte die Konstruktionsverantwortung beim Endhersteller. Liegt die Konstruktionsverantwortung für ein Vorprodukt ganz oder teilweise beim Lieferanten, ist der Endhersteller verpflichtet, die Vorprodukte dahingehend zu prüfen, inwieweit sie sich für einen sicheren und bestimmungsgemäßen Gebrauch seines Produkts eignen.

Lieferanten von Vorprodukten trifft die Konstruktionspflicht für die von ihnen hergestellten Produkte. Sie sind aber nicht ohne Weiteres auch dafür verantwortlich, dass ihre Vorprodukte für den Einsatz in einem Endprodukt geeignet sind und insbesondere hierdurch keine Risiken für die Rechtsgüter des Produktverwenders oder Dritter entstehen. Seine Verantwortung hängt insoweit maßgeblich davon ab, ob und inwieweit er gegenüber dem Endhersteller die Eignung seines Produkts für einen bestimmten Einsatzzweck beworben hat oder in die Prüfung und Beurteilung der Eignung für den bestimmten Einsatzzweck mit einbezogen wurde.

3.3.3.2 Fabrikationspflichten

Die Verkehrspflicht zur Vermeidung von Fabrikationsfehlern beinhaltet die Verpflichtung des Herstellers, durch Organisation und Kontrolle sicherzustellen, dass möglichst jedes einzelne Produkt den Sicherheitsanforderungen entspricht. Die dabei vorzunehmenden Kontrollmaßnahmen müssen dem neuesten Stand der Technik entsprechen und sind umso strenger zu bewerten, je größer der Schaden ist, der im Falle eines Produktfehlers droht. Im Bereich der industriellen Fertigung sind typische Ursachen für Fabrikationsfehler der Verschleiß von Maschinen und/oder Werkzeugen sowie fehlerhafte Bedienung von Maschinen.

Trotz Anwendung der größtmöglichen Sorgfalt, insbesondere der Ausstattung der für die Fertigung notwendigen Maschinen und Anlagen nach modernstem Stand, dem Einsatz und der fortwährenden Kontrolle von fachkundigem Personal, kurzum – dem Einsatz aller gebotenen Möglichkeiten, erscheint es möglich, dass ein Produkt oder zumindest eine geringe Anzahl von Produkten unerkannt fehlerhaft gefertigt wird. Für solche Fälle eines sog. Ausreißers wird eine Pflichtverletzung mehrheitlich abgelehnt. Es ist zwar in vielen Fällen – selbst bei industrieller Produktion einer Vielzahl von Produkten – theoretisch möglich, dass selbst Ausreißer entdeckt werden. Die hierfür zu treffenden Vorkehrungen und im Besonderen damit einhergehenden Kosten erweisen sich jedoch zumeist als unverhältnismäßig. Unter Berücksichtigung der Tatsache, dass auch nach Ansicht der

---

[7] So ausdrücklich: BGH, Urteil vom 16. Juni 2009 – VI ZR 107/08 –, BGHZ 181, 253–268

Rechtsprechung keine absolute Sicherheit verlangt werden kann[8], kann sich der Hersteller auf die gebotenen Vorkehrungen beschränken, ohne Gefahr zu laufen, auch für Ausreißer haften zu müssen. Diese Einschränkung gilt jedoch nur für die deliktsrechtliche (verschuldensabhängige) Produzentenhaftung, nicht jedoch für eine etwaige Haftung nach dem (verschuldensunabhängigen) Produkthaftungsgesetz.

 Ein sog. Ausreißer, d. h. ein Fabrikationsfehler, zu dem es trotz angemessener Organisation und Kontrolle kommt, stellt daher keine Verkehrspflichtverletzung dar und führt nicht zu einer deliktischen Haftung des Produzenten. Davon unberührt bleibt aber ggf. die Haftung nach dem Produkthaftungsgesetz. ∎

In Bezug auf das von ihm hergestellte Einzelteil treffen den Zulieferer in gleichem Umfang Fabrikationspflichten wie einen Endhersteller.

Sofern man eine Ausgangskontrolle des Produkts vor Auslieferung an den Endkunden von der Fabrikationspflicht noch als erfasst ansieht, können auch Importeuren und Händlern im Rahmen ihrer eigenen Verkehrssicherungspflichten Fabrikationspflichten obliegen. Eine solche Verpflichtung wird jedoch nur im Ausnahmefall anzunehmen sein, sofern beim Distributor aufgrund vorangehender Schadensfälle Anlass zu der Sorge besteht, dass durch eine mögliche Fehlerhaftigkeit des Produkts Risiken für Produktverwender und/oder Dritte drohen.[9]

3.3.3.3 Instruktionspflichten

Die weitere Fallgruppe der Instruktionspflicht beinhaltet die Verpflichtung des Herstellers, den Produktnutzer zunächst über den ordnungsgemäßen Umgang mit dem Produkt zu instruieren, welches diesem eine Nutzung des Produkts ohne Gefährdung seiner Rechtsgüter ermöglicht. Im Weiteren lassen sich allein durch zumutbare und wirtschaftlich gebotene, konstruktive Maßnahmen nicht alle Gefahren beseitigen, welche mit der Nutzung des Produkts einhergehen. Der Hersteller ist daher verpflichtet, den Produktnutzer vor verbleibenden Gefahren, welche mit der Produktnutzung einhergehen, zu warnen und ihn über die notwendigen Maßnahmen zur Abwehr der Gefahr zu informieren. Die Warnpflicht erstreckt sich dabei im Besonderen in Bezug auf einen naheliegenden, vorhersehbaren Miss- oder Fehlgebrauch. Gebrauchsanweisungen, Anleitungen oder Warnungen müssen dabei inhaltlich klar, vollständig und allgemein verständlich erfolgen.

---

[8] So auch der Bundesgerichtshof in seinem Urteil vom 17. März 2009 – VI ZR 176/08 –, NJW 2009, 1669–1671: „Eine völlige Gefahrlosigkeit kann der Verbraucher nicht erwarten. Das Maß der Verkehrssicherheit, das von einem Produkt berechtigterweise erwartet werden kann, hängt u. a. von seiner Darbietung (§ 3 Abs. 1 lit. a ProdHaftG), also von der Art und Weise ab, in der es in der Öffentlichkeit präsentiert wird."

[9] OLG Zweibrücken, Urteil vom 27. April 1987–4 U 153/86 – NJW 1987, 2684.

Die Instruktionspflichten des Zulieferers gehen zunächst dahin, seinen Kunden über die Leistungsfähigkeit und Leistungsgrenzen seines Produkts umfassend zu informieren, damit diesem eine Bewertung über die Eignung des Vorprodukts für den gedachten Einsatzzweck im Endprodukt ermöglicht wird. Sofern der Einsatz seines Vorprodukts im Endprodukt im Weiteren davon abhängt, dass Produktverwender oder Dritte auf bestimmte Gefahren gesondert hingewiesen werden müssen, ist er verpflichtet, dem Endhersteller über die Weitergabe der Gefahrenhinweise an seine Abnehmer zu informieren.

Eine Instruktionspflicht von Händlern und Importeuren kommt regelmäßig dann in Betracht, sofern diese vom Hersteller des Produkts mit der Instruktion beauftragt sind. Denkbar ist dies etwa in dem Fall, dass ein ausländischer Hersteller dem Importeur die Pflicht auferlegt, die ihm in ausländischer Sprache überlassenen Gebrauchsanweisungen, Anleitungen oder Warnungen in die Sprache des Einfuhrlandes zu übersetzen oder mit entsprechenden landesüblichen Piktogrammen zu versehen.

3.3.3.4 Produktbeobachtungspflichten

Nach Inverkehrbringen des Produktes obliegt dem Hersteller auch die Pflicht, das Produkt auf mögliche gefährliche Entwicklungen hin zu beobachten. Ihn trifft dabei nicht nur eine passive Beobachtungspflicht, innerhalb derer Beanstandungen zu überprüfen sind, sondern auch die Pflicht zur aktiven Beobachtung im Sinne einer Beschaffung und Auswertung gezielt gesuchter Informationen und zum Aufbau einer entsprechenden Betriebsorganisation.

Diese Produktbeobachtungspflicht betrifft indes nicht nur gefährliche Entwicklungen, sondern verpflichtet den Hersteller auch dazu, den ggf. eintretenden Wirkungsverlust eines bereits in den Verkehr gebrachten Produktes zu beobachten und ggf. entsprechend zu reagieren.

Beispiel: Ein Erzeuger von Spritzmitteln zur Bekämpfung von Pilzen ist danach verpflichtet, sein auf den Markt bestehendes Produkt weiterhin zu beobachten. Wird das ursprünglich wirkungsvolle Produkt wirkungslos, weil sich ein neuartiger Pilz ausbreitet, der gegen dieses konkrete Spritzmittel resistent ist, ist der Hersteller zu einer entsprechenden Warnung verpflichtet (BGHZ 80, 186–199).

Ob den Zulieferer eine passive Produktbeobachtungspflicht trifft, ist bislang nicht höchstrichterlich geklärt und auch in der juristischen Literatur umstritten. Gegen eine passive Produktbeobachtungspflicht lässt sich einwenden, dass der Zulieferer ohne unmittelbare Anbindung an den Markt der Endabnehmer über keine Möglichkeiten verfügt, sich darüber zu informieren, ob und in welcher Weise sich sein Produkt am Markt bewährt. Darüber hinaus hat er in der Regel auch nur beschränktes Wissen über die genaue Wirkungsweise seines Einzelteils im Produkt des Endherstellers, was ihm auch die Ermittlung der Ursache eines möglichen Ausfalls des von ihm hergestellten Einzelteils erschwert. Gänzlich ausschließen können wird man jedoch eine passive Produktbeobachtungspflicht des Herstellers nicht. Vielmehr wird man auch den Zulieferer als verpflichtet ansehen müssen, die Bewährung seiner Produkte im Markt durch Beanstandungen seiner Abnehmer zu prüfen und auszuwerten.

Eine eigenständige passive Produktbeobachtungspflicht des Händlers oder Importeurs kommt in der Regel nicht in Betracht. Allerdings sind auch insoweit Ausnahmefälle denkbar, etwa dann, wenn der inländische Importeur für das Produkt eines ausländischen Herstellers über eine Monopolstellung für den inländischen Markt verfügt oder eine inländische Vertriebsgesellschaft eines ausländischen Herstellers dessen einziger Repräsentant auf dem inländischen Markt ist.[10]

3.3.3.5 Gefahrabwendungspflichten

Hat der Hersteller Gefahren festgestellt, die durch die Verwendung des Produkts drohen – sei es aufgrund eines Produktionsfehlers oder nachträglicher Erkenntnisse –, muss er für deren Vermeidung sorgen. Dies kann von einer geeigneten Warnung bis hin zum Rückruf des Produktes reichen.

Im Rahmen des Rückrufs auf der Grundlage der Produktbeobachtungspflicht stellt sich die Frage, ob der Hersteller bei erkannter Produktgefahr, nach Ablauf der Gewährleistungsfrist oder bei fehlender unmittelbarer Vertragsbeziehung zu dem Produktverwender, dazu verpflichtet sein kann, im Rahmen eines Rückrufs einen (kostenlosen) Austausch alt gegen neu vorzunehmen. In Betracht kommt in diesen Fällen, dass er sich zur Abwendung der Gefahrensituation mit weniger kostenintensiven Maßnahmen begnügen kann, wie etwa eine Warnung. Mit dieser Frage hatte sich der Bundesgerichtshof in seinem sog. Pflegebettenurteil[11] zu beschäftigen. In dem Fall nahm die Klägerin, eine gesetzliche Pflegekasse, die Beklagte als Herstellerin von Pflegebetten auf Ersatz von Nachrüstungskosten in Anspruch, nachdem bekannt wurde, dass bei Nutzung der Pflegebetten Lebens- und Gesundheitsgefahren durch Eintritt von Feuchtigkeit und Einklemmungen bestehen. Die Gewährleistungsfrist für die Pflegebetten war bereits abgelaufen und die Herstellerin hatte eine kostenlose Nachrüstung verweigert. Die Klage wurde vom Bundesgerichtshof in letzter Instanz abgewiesen. Die Grundsätze der Entscheidung lauten wie folgt:

- Die Sicherungspflichten des Warenherstellers enden nicht mit dem Inverkehrbringen des Produkts. Er muss es auf noch nicht bekannte schädliche Eigen-

---

[10] BGH, Urteil vom 09. Dezember 1986 – VI ZR 65/86 –, BGHZ 99, 167–181; OLG Frankfurt, Urteil vom 10. Februar 1998 – 22 U 58/96 – RuS 1999, 369

[11] BGH, Urteil vom 16. Dezember 2008, Az.: VI ZR 170/07 – NJW 2009, 1080–1083.

schaften hin beobachten und sich über seine sonstigen, eine Gefahrenlage schaffenden Verwendungsfolgen informieren.

- Wie weit die Gefahrabwendungspflichten des Herstellers gehen, lässt sich nur unter Berücksichtigung aller Umstände des Einzelfalls entscheiden.

- Auch in Fällen erheblicher Gefahren kann vielfach genügen, dass der Hersteller die betreffenden Abnehmer über die Notwendigkeit einer Nachrüstung oder Reparatur umfassend informiert.

- Die Sicherungspflichten des Warenherstellers nach Inverkehrbringen seines Produkts sind jedoch nicht notwendig auf die Warnung vor etwaigen Gefahren beschränkt. Sie können etwa dann weitergehen, wenn Sie nicht hinreichend deutlich und detailliert erfolgt, den Benutzern des Produkts nicht ausreichend ermöglicht, die Gefahren einzuschätzen und ihr Verhalten darauf einzurichten.

- Ferner kommen weitergehende Sicherungspflichten dann in Betracht, wenn die Warnung zwar ausreichende Gefahrenkenntnisse bei den Benutzern des Produkts herstellt, aber Grund zu der Annahme besteht, diese würden sich – auch bewusst – über die Warnung hinwegsetzen und dadurch Dritte gefährden. In solchen Fällen kann der Hersteller aufgrund seiner Sicherungspflichten aus § 823 Abs.1 BGB verpflichtet sein, dafür Sorge zu tragen, dass bereits ausgelieferte gefährliche Produkte möglichst effektiv aus dem Verkehr gezogen oder nicht mehr benutzt werden.

- Wertungen des Gewährleistungsrechts dürfen nicht unterlaufen werden.

Nach dem Urteil wurde vorschnell davon ausgegangen, dass zumindest nach Ablauf der Gewährleistungsfrist ein Rückruf unter kostenlosem Ersatz oder Nachrüstung nicht mehr geschuldet ist. In dieser Deutlichkeit wurde dies vom Bundesgerichtshof aber nicht festgestellt. Vielmehr wurde lediglich festgehalten, dass die Frage, wie weit die Gefahrabwendungspflichten des Herstellers gehen, sich nur unter Berücksichtigung aller Umstände des Einzelfalls entscheiden lässt. Je nach Lage des Falles sollte auch eine Aufforderung zur Nichtbenutzung oder Stilllegung gefährlicher Produkte, gegebenenfalls in Verbindung mit einer öffentlichen Warnung und der Einschaltung der zuständigen Behörden als geeignete Maßnahme zum Schutz vor drohenden Gefahren in Betracht kommen und ausreichend sein. Es ist zwar somit davon auszugehen, dass im Regelfall eine Warnung als ausreichend angesehen werden kann, es ist aber nicht damit zugleich festgestellt, dass dieses Ergebnis für jeden Einzelfall zutrifft. Die Entscheidung des Bundesgerichtshofs, es zumindest im Grundsatz bei einer Warnung zu belassen, erscheint indes verständlich: Sinn und Zweck der deliktsrechtlichen Produzentenhaftung ist es, den Verwender als auch Dritte vor möglichen Gefahren für ihre Rechtsgüter zu schützen. Sofern dies durch eine Warnung ebenso gut möglich einzusehen ist, ist nicht ersichtlich, warum der Hersteller verpflichtet sein soll, einen Austausch auf eigene Kosten vorzunehmen.

3.3.4 Rechtswidrigkeit

Der Verstoß gegen eine der genannten Verkehrssicherungspflichten begründet zugleich die Rechtswidrigkeit als weitere Tatbestandsvoraussetzung der §§ 823 ff. BGB.

3.3.5 Verschulden

Die deliktische Haftung setzt zudem immer ein Verschulden voraus. Nach § 276 Abs. 1 BGB kann diese Voraussetzung durch vorsätzliches oder fahrlässiges Handeln erfüllt sein. Von einem fahrlässigen Handeln spricht man, wenn die im Verkehr erforderliche Sorgfalt, die durch die jeweiligen Verkehrssicherungspflichten bestimmt wird, außer Acht gelassen wird (§ 276 Abs. 2 BGB).

Hier hat die Rechtsprechung im Rahmen der Produzentenhaftung jedoch Besonderheiten entwickelt. Grundsätzlich muss der Geschädigte alle Anspruchsvoraussetzungen darlegen und beweisen. Mit Blick auf den Nachweis des Verschuldens wäre dies für den Geschädigten indes mit erheblichen Schwierigkeiten verbunden. Da er üblicherweise keinen Einblick in die betriebliche Organisation des Herstellers hat, wird ihm regelmäßig der Beweis, dass der Hersteller vorsätzlich oder fahrlässig seine Verkehrssicherungspflichten verletzt hat, kaum gelingen können. Diese Zwangslage erkennend, hat die Rechtsprechung für den Bereich der Produzentenhaftung eine Beweislastumkehr eingeführt. Da der Produzent „näher daran" ist, den Sachverhalt aufzuklären, weil er die Produktionssphäre überblickt, den Herstellungsprozess und die Auslieferungskontrolle der fertigen Produkte bestimmt und organisiert, ist es an ihm, sich zu entlasten. Gelingt ihm das nicht, trifft ihn das Risiko der Nichterweislichkeit seiner Schuldlosigkeit.

Diese Beweislastumkehr gilt sowohl im industriellen als auch im handwerklichen Bereich und ist auch von Inhabern von Kleinbetrieben zu beachten!

Fall: Ein Tierarzt impfte Hühner einer Hühnerfarm gegen Hühnerpest. Aufgrund von Verunreinigungen im Impfstoff brach wenige Tage später auf der Farm die Hühnerpest aus, bei der mehr als 4000 Hühner verendeten. Der BGH hat dem Schadensersatzanspruch des Hühnerhalters gegen den Hersteller des Impfstoffes stattgegeben. Der Geschädigte musste lediglich nachweisen, dass der Schaden durch einen Fehler des Produktes verursacht worden war. Die Geflügelpest also bei seinen Hühnern ausgebrochen war, weil der Impfstoff von der Beklagten stammte und bei seiner Auslieferung aktive Viren enthielt. Da der Hersteller keinen Entlastungsbeweis erbracht hat, stand dem Hühnerhalter ein Anspruch zu. (BGHZ 51, 91 ff.)

3.3.6 Anspruchsberechtigte

Anknüpfungspunkt für die deliktsrechtliche Produzentenhaftung ist das Unterlassen einer Verkehrssicherungspflicht. Die Verkehrssicherungspflicht beinhaltet die Pflicht, andere vor den Gefahren zu schützen, welche sich aus der Nutzung eines Produktes ergeben können. Diese Verpflichtung des Herstellers besteht, wie auch andere Verkehrssicherungspflichten, gegenüber jedermann, der aufgrund der geschaffenen Gefahrenquelle zu Schaden kommen kann. Folgerichtig ist auch jeder Geschädigte anspruchsberechtigt und zwar unabhängig davon, ob er Abnehmer des Produktes ist oder ein unbeteiligter Dritter.

■ 3.4 Haftung nach dem Produkthaftungsgesetz

Das seit 1990 bestehende Produkthaftungsgesetz[12] geht auf eine Richtlinie des Rates der Europäischen Gemeinschaft[13] zurück, mit der Wettbewerbsverfälschungen und Hindernisse für den freien Warenverkehr – durch die in den Mitgliedstaaten unterschiedlichen Haftungsregimes für fehlerhafte Produkte – abgebaut und der Verbraucherschutz durch Einführung einer verschuldensunabhängigen Haftung verbessert werden sollte.

Das Produkthaftungsgesetz begründet eine Haftung für Personen- und Sachschäden, welche durch ein fehlerhaftes Produkt verursacht werden. Anders als die Produzentenhaftung handelt es sich um eine reine Gefährdungshaftung; sie ist also vom Verschulden des Herstellers unabhängig. Im Einzelnen bestehen nach dem Produkthaftungsgesetz folgende Voraussetzungen:

---

[12] Gesetz über die Haftung für fehlerhafte Produkte vom 15.12.1989 (BGBl I 1989, 2189).

[13] Richtlinie 85/374/EWG des Rates vom 25.07.1985 zur Angleichung der Rechts- und Verwaltungsvorschriften der Mitgliedstaaten über die Haftung für fehlerhafte Produkte, Abl. EG L 210, S. 29.

Bild 3.4 Voraussetzungen der Produkthaftung nach dem Produkthaftungsgesetz

3.4.1 Produkt

Ausgangspunkt der Produkthaftung ist gem. § 2 ProdHaftG das Vorliegen eines Produktes. Wird die Produkteigenschaft einer Sache verneint, lässt dies die Haftung nach dem Produkthaftungsgesetz entfallen. Allerdings ist der Begriff des Produktes sehr weit. Erfasst werden nämlich alle beweglichen Sachen, auch wenn sie einen Teil einer anderen beweglichen Sache oder einer unbeweglichen Sache bilden, sowie Elektrizität.

3.4.2 Fehler

Ein Produkt hat einen Fehler, wenn es nicht die Sicherheit bietet, die berechtigterweise erwartet werden kann (§ 3 ProdHaftG). Das Gesetz selbst benennt in § 3 Abs. 1 a) bis c) ProdHaftG drei Kriterien zur Beurteilung der Fehlerhaftigkeit, ohne sie aber auf diese Kriterien zu beschränken, wie sich aus dem Wort „insbesondere" ergibt. Dies sind die Darbietung des Produkts, der billigerweise zu erwartende Gebrauch, der sowohl den bestimmungsgemäßen als auch den vorhersehbaren Fehlgebrauch des Produkts umfasst, sowie als maßgeblichen Zeitpunkt für die Beurteilung der Fehlerhaftigkeit den Zeitpunkt des Inverkehrbringens des Produktes.

Dies kann dazu führen, dass bei Produkten, welche über einen längeren Zeitraum in Serie gefertigt werden, sich aufgrund zwischenzeitlich neuerer Erkenntnisse für neuere Produkte der Serie eine abweichende Beurteilung ergeben kann. Allerdings verpflichten solche neueren Erkenntnisse den Hersteller nach dem Produkthaftungsgesetz nicht zu Maßnahmen bezogen auf bereits in Verkehr gebrachte Produkte. Eine Produktbeobachtungspflicht – und daraus folgend die Pflicht zu Gefahrabwendungsmaßnahmen – insbesondere also zur Warnung oder zum Produktrückruf – besteht also nicht.

Von dieser Ausnahme abgesehen können die im Rahmen der Produzentenhaftung entwickelten Fehlerkategorien zur Beurteilung, ob ein Fehler vorliegt, herangezogen werden. Auch im Rahmen der Produkthaftung kann das haftungsauslösende Sicherheitsdefizit des Produkts also auf mangelhafter Konstruktion oder Fabrikation bzw. auf falscher oder unzureichender Instruktion des Geschädigten beruhen.

3.4.3 Hersteller und diesem gleichgestellte Personen

Die Haftung trifft gem. § 4 ProdHaftG in erster Linie den Hersteller. Dieser Begriff ist weit zu verstehen und erfasst jeden, in dessen Organisation eine bewegliche Sache als Endprodukt, Teilprodukt oder Grundstoff entstanden ist.

 Da es auf die Art und Weise der Anfertigung oder Erzeugung des Produktes nicht ankommt, werden Industrie und Handwerk ebenso wie Landwirtschaft und Urproduktion oder auch die künstlerische Herstellung vom Produkthaftungsgesetz erfasst.

Eine Herstellung ist zu bejahen für:

- das Assembling, d. h. dem Zusammenbau von ausschließlich vorgefertigten Teilen zu einem vom Assembler konstruierten und vermarkteten Endprodukt
- die Generalüberholung bzw. die Erzeugung eines neuen Recyclingartikels, da dies Einfluss auf die Sicherheitseigenschaften der Sache hat; anders verhält es sich indes bei bloßen Instandsetzungsarbeiten.

Keine Herstellung ist

- die bloße Dienstleistung in Bezug auf das Produkt
- das bloße Verpacken und Abfüllen, sofern nicht zugleich die chemische und physikalische Beschaffenheit des Verpackungs- bzw. Füllgutes so verändert wird, dass wirtschaftlich betrachtet ein neues Produkt entsteht

- die Wartung oder Reparatur einer Sache
- das bloße Portionieren/Abfüllen etwa von Essig, Ölen etc. in Feinkostgeschäften oder dem Portionieren von langen Seilen
- die bloße Weiterleitung eines unveränderten Produkts wie Gas, Wasser, Fernwärme oder Elektrizität durch das eigene Netz bzw. einer eigenen Leitung.

Hersteller ist aber auch der sog. Quasihersteller, der der sich durch das Anbringen seines Namens, seiner Marke oder eines anderen unterscheidungskräftigen Kennzeichens als Hersteller ausgibt.

Damit können sich zum einen Versandhäuser und Handelsketten nach dem ProdHaftG haftbar machen, wenn sie Konsumgüter durch anonym bleibende Hersteller produzieren lassen und dann später unter eigener Marke oder Kennzeichen vertreiben. Zum anderen wird auch der Franchisenehmer erfasst, der die selbst produzierte Ware mit dem Kennzeichen des Franchisegebers versieht.

Neben dem Hersteller kann auch der Importeur haften (§ 4 Abs. 2 ProdHaftG). Die in § 4 Abs. 2 ProdHaftG normierte Haftung des Importeurs bezweckt eine erleichterte Rechtsverfolgung des Geschädigten, wenn das Produkt außerhalb des Europäischen Wirtschaftsraumes hergestellt worden ist.

Kann der Hersteller des Produkts nicht festgestellt werden, kann ersatzweise auch der Lieferant gem. § 4 Abs. 3 ProdHaftG in Anspruch genommen werden. Dieser Ersatzpflicht kann er nur entkommen, wenn er innerhalb eines Monats, nach entsprechender Aufforderung durch den Geschädigten, diesem den Hersteller oder Lieferanten benennt.

3.4.4 Geschützte Rechtsgüter

Ebenso wie die Produzentenhaftung erfasst das ProdHaftG Personenschäden und zwar durch Tötung eines Menschen oder durch Körper- oder Gesundheitsverletzungen. Durch das Zweite Gesetz zur Änderung schadensersatzrechtlicher Vorschriften (SchErsRÄndG 2) vom 19.07.2002 wurde in § 8 Satz 2 ProdHaftG zudem ein Entschädigungsanspruch für erlittene immaterielle Schäden eingeführt, sodass nunmehr auch auf Basis des Produkthaftungsgesetzes Schmerzensgeldansprüche geltend gemacht werden können.

Daneben sieht das Produkthaftungsgesetz auch eine Entschädigungspflicht für den Fall vor, dass durch ein fehlerhaftes Produkt eine andere Sache beschädigt oder zerstört wird. Im Unterschied zur Produzentenhaftung ist jedoch eine Ersatzpflicht auf Basis des Produkthaftungsgesetzes nur dann gegeben, wenn die andere Sache für den privaten Ge- oder Verbrauch bestimmt ist. Privater Ge- oder Verbrauch liegt vor, wenn die Verwendung der Sache der Befriedigung persönlicher und nicht beruflicher oder gewerblicher Interessen dient. Ob eine Sache ihrer Art nach gewöhnlich für den privaten Ge- oder Verbrauch bestimmt ist, beurteilt sich nach der Verkehrsauffassung.[14]Das Abstellen auf die Verkehrsauffassung mit Blick auf die Gattung bedeutet zugleich, dass es keine Relevanz hat, ob der Hersteller der anderen Sache den Verwendungszweck lediglich für den gewerblichen oder beruflichen Bereich festlegt oder als solchen bezeichnet. Entscheidend ist allein, ob die Sache ihrer Gattung nach im privaten Bereich Verwendung findet oder nicht.

Durch den fehlerhaften Akku des Mobiltelefons gerät das Firmenfahrzeug eines Selbständigen in Brand. Im Kofferraum des Fahrzeugs befand sich zu diesem Zeitpunkt im Weiteren die Golfausrüstung des Geschädigten, da er nach Feierabend noch an einem Golfturnier teilnehmen wollte. Sowohl das Fahrzeug als auch die Golfausrüstung werden durch den Brand vollständig zerstört. Von einer etwaigen Ersatzpflicht nach dem Produkthaftungsgesetz wäre von vornherein nur der durch die Zerstörung der Golfausrüstung entstandene Schaden erfasst, nicht jedoch der Schaden aufgrund des zerstörten Fahrzeugs. Unberührt bleibt aber eine mögliche Ersatzverpflichtung des Herstellers des Mobiltelefons nach den Grundsätzen der Produzentenhaftung.

3.4.5 Haftungshöchstbeträge und Selbstbehalt

Die Haftung für Personenschäden durch ein Produkt oder gleiche Produkte mit demselben Fehler wird nach § 10 Abs.1 ProdHaftG auf einen Höchstbetrag von 85 Millionen Euro beschränkt.

Für Sachschäden sieht das Produkthaftungsgesetz keine Haftungshöchstgrenzen vor. Allerdings existiert für Sachschäden ein Selbstbehalt in Höhe von 500 € gemäß § 11 ProdHaftG.

3.4.6 Haftungshöchstdauer

Zu beachten ist, dass nach § 13 ProdHaftG der Ersatzanspruch nach § 1 ProdHaftG zehn Jahre nach dem Zeitpunkt erlischt, in dem der Hersteller das Produkt, das den Schaden verursacht hat, in den Verkehr gebracht hat, sofern zu diesem Zeitpunkt nicht über den Anspruch ein Rechtsstreit oder ein Mahnverfahren anhängig ist. Für den Hersteller besteht somit Gewissheit, dass er zumindest nach Ablauf der Zehn-Jahres-Frist nicht mehr aufgrund der verschuldensunabhängigen Haf-

---

[14] BT-Drs. 11/2447.

tung des Produkthaftungsgesetzes in Anspruch genommen werden kann. Zu beachten ist dabei, dass es bei der Berechnung der Ausschlussfrist auf die Inverkehrgabe des Produkts durch den Hersteller ankommt. Für den Zulieferer als Hersteller eines Teilprodukts beginnt die Frist somit durch Ablieferung des Produkts bei seinem Abnehmer zu laufen. Für den Abnehmer beginnt die Frist sodann mit Inverkehrgabe seines Produkts also entweder, sofern er nicht Endhersteller ist, mit Ablieferung wiederum an seinen Abnehmer oder, sofern es sich um den Endhersteller handelt, sobald das Produkt den Herstellungsprozess verlassen hat und in einen Prozess der Vermarktung eingetreten ist.

■ 3.5 Wesentliche Unterschiede von Produzentenhaftung und Produkthaftung

Die Haftung für fehlerhafte Produkte nach dem Produkthaftungsgesetz und die Produzentenhaftung weisen einige Gemeinsamkeiten auf; es bestehen jedoch auch gewichtige Unterschiede:

- Die Haftung nach dem Produkthaftungsgesetz ist als sog. Gefährdungshaftung verschuldensunabhängig, der Hersteller hat daher aber keine Entlastungsmöglichkeit etwa im Falle von nicht vermeidbaren Fehlern an einem Einzelstück (sog. Ausreißer). Hingegen setzt die Produzentenhaftung ein Verschulden (Vorsatz oder Fahrlässigkeit) voraus. Um Nachweisschwierigkeiten zu begegnen, ist hier allerdings eine Beweislastumkehr zulasten des Herstellers entwickelt worden.

- Das Produkthaftungsgesetz erfasst nicht die Verletzung von Produktbeobachtungspflichten. Diese kann nur zu einer Ersatzpflicht nach der deliktischen Produzentenhaftung führen.

- Während § 4 ProdHaftG den Kreis der möglichen Anspruchsverpflichteten abschließend festlegt, kann Haftungsadressat der Produzentenhaftung jeder sein, dem im Rahmen der Verkehrssicherungspflichten ein eigener Pflichtenkreis zugeordnet werden kann.

- Die deliktische Produzentenhaftung kennt weder Selbstbehalte noch Höchstbeträge. Nach dem Produkthaftungsgesetz hingegen besteht für Sachschäden ein Selbstbehalt in Höhe von 500 €. Bei Personenschäden ist die Haftung nach dem Produkthaftungsgesetz auf 85 Mio. € beschränkt.

- Das Produkthaftungsgesetz sieht lediglich einen Ersatz für Schäden an Sachen vor, die für den privaten Ge- oder Verbrauch bestimmt sind und auch für diesen Zweck hauptsächlich verwendet worden sind. Die Produzentenhaftung erstreckt sich zudem auf eine Haftung für die schadensstiftende Sache selbst (sog. Weiterfresserschäden).

▪ Ansprüche nach dem Produkthaftungsgesetz erlöschen 10 Jahre nach Inverkehr-bringen des schadensstiftenden Produktes. Ansprüche im Rahmen der Produzentenhaftung unterliegen hingegen lediglich einer Verjährungsfrist.

◼ 3.6 Vertragliche Haftung aufgrund fehlerhafter Produkte

Wie eingangs angesprochen, können Hersteller bzw. Verkäufer sich im Zusammenhang mit fehlerhaften oder mangelhaften Produkten auch vertraglichen Haftungsansprüchen ausgesetzt sehen. Diese vertragliche Haftung umfasst zum einen die Gewährleistungshaftung. Diese beinhaltet die Haftung wegen Sach- oder Rechtsmängel des Produktes und ist auf den Schutz des Äquivalenzinteresses des Vertragspartners gerichtet. Diese wird im nächsten Kapitel eingehend dargestellt.

Zum anderen wird über § 280 Abs. 1 BGB als Anspruchsgrundlage die Verletzung von Pflichtverletzungen sanktioniert. Diese Pflichten – es handelt sich um sog. Nebenpflichten – zielen auf die Verpflichtung des Schuldners, Rücksicht auf die Rechte, Rechtsgüter und Interessen des Gläubigers zu nehmen (§ 241 Abs. 2 BGB). Hieraus können sich in dem einzelnen Vertragsverhältnis ebenfalls Beratungs-, Aufklärungs- und Hinweispflichten sowie Produktbeobachtungspflichten ergeben. In dieser Funktion dient der Schadensersatzanspruch des § 280 Abs. 1 BGB auch der Wahrung des Integritätsinteresses des Gläubigers.

◼ 3.7 Anspruchskonkurrenz

Wegen ihrer verschiedenen Schutzrichtungen und den sich hieraus ergebenden unterschiedlichen Voraussetzungen besteht zwischen der vertraglichen Gewährleistungshaftung, der Haftung nach § 280 Abs. 1 BGB i. V. m. § 241 Abs. 2 BGB, der Haftung nach dem Produkthaftungsgesetz und der Produzentenhaftung eine sog. Anspruchskonkurrenz. Der Geschädigte hat daher ggf. die Wahl, welchen Anspruch er geltend macht. Die vertragliche Haftung ist zumeist gegenüber der deliktischen Haftung für den Anspruchsteller vorteilhafter, da bei einer Pflichtverletzung das Verschulden, also fahrlässiges oder vorsätzliches Handeln, gesetzlich vermutet wird (§ 280 Abs. 1 Satz 2 BGB) und es somit dem Schuldner obliegt, sein fehlendes Verschulden nachzuweisen. Aufgrund der dargestellten Beweislastumkehr bei der Produzentenhaftung wiegt dieser Vorteil aber nicht besonders schwer.

4 Vertragliche Mängelhaftung

■ 4.1 Systemtische Einordnung der Ansprüche des Kunden

Sofern keine (wirksamen) abweichenden Vereinbarungen zwischen den Vertragsparteien getroffen wurden, ist die vertragliche Haftung für mangelhafte Produkte im sog. Gewährleistungsrecht geregelt.

Das allgemeine Leistungsstörungsrecht ist im Bürgerlichen Gesetzbuch einheitlich geregelt und als Allgemeiner Teil den einzelnen Vertragstypen vorangestellt. Die Voraussetzungen etwa, unter denen eine zur Leistung verpflichtete Person in Verzug kommt oder die andere Partei sich wegen des Verzugs vom Vertrag lösen kann, sind somit identisch und zwar unabhängig davon, ob nun die Parteien einen Kauf- oder Werkvertrag geschlossen haben. Dies gilt im Weiteren etwa auch für eine etwaige Unmöglichkeit, die Leistung zu erbringen.

Das Bürgerliche Gesetzbuch kennt allerdings kein einheitliches Gewährleistungsrecht. Vielmehr existieren für den jeweiligen Vertragstyp gesonderte Gewährleistungsregeln, die zwar einige Gemeinsamkeiten aufweisen, aber auch den Besonderheiten des jeweiligen Vertrages angepasst sind.

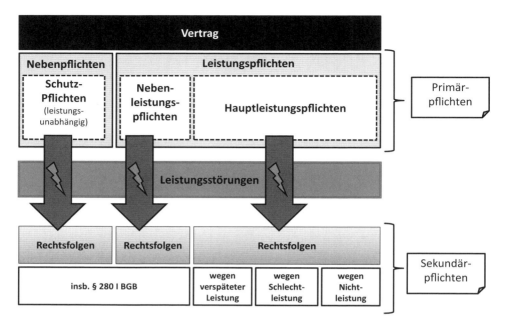

Bild 4.1 Pflichten aus einem Vertragswerk

Für die Frage, wann und welches Gewährleistungsrecht greift, sind die jeweiligen (Primär-)Pflichten der Vertragsparteien herauszuarbeiten. Der Vertrag, das Schuldverhältnis, legt den Parteien eine Reihe verschiedener Pflichten auf. Hierbei handelt es sich auf der einen Seite um sog. Leistungspflichten, die selbstständig einklagbar sind, und auf der anderen Seite um sog. Schutzpflichten (Sorgfalts-, Nebenpflichten, § 241 Abs. 2 BGB), die vornehmlich dem Integritätsinteresse dienen und daher den anderen Teil vor Schäden bewahren sollen, die ihm aus der Durchführung des Schuldverhältnisses entstehen.

Zu den Leistungspflichten gehören insbesondere die Hauptleistungspflichten (primäre Leitungspflichten). Mit den Primärpflichten meint man die eigentliche, beim Vertrag versprochene bzw. vertragstypische Leistung. So ist bei einem Kaufvertrag der Verkäufer zur Übereignung und Übergabe der Sache in mangelfreiem Zustand verpflichtet (§ 433 Abs. 1 BGB) und der Käufer zur Zahlung des Kaufpreises (§ 433 Abs. 2 BGB).

Die Sekundärpflichten hingegen sind solche, die im Falle der „programmwidrigen" Störung von Primärpflichten relevant werden können. Diese können an die Stelle der gestörten Primärpflichten treten (z. B. „Schadensersatz statt der Leistung" nach §§ 280 Abs. 3, 281 ff., § 311a Abs. 2 BGB) oder auch neben sie (z. B. Anspruch auf Ersatz des Verzugsschadens gemäß §§ 280 Abs. 2, 286 BGB).

Vielfach fällt im Zusammenhang mit der Gewährleistung das Wort „Garantie", weil der Leistende sinngemäß eine mangelfreie Leistung „garantiert" habe. Hier ist strikt zu unterscheiden:

- „Echte Garantie": Es kann ein eigenständiger Garantievertrag vorliegen, bei dem der Schuldner verspricht, für einen bestimmten Erfolg einzustehen bzw. ein bestimmtes Schadensrisiko übernimmt (BGH ZIP 2001, 1496).

- Es kann im Sinne der §§ 442–445, 477 BGB eine Garantie als strengere verschuldensunabhängige Haftung des Schuldners gemeint sein. Der abdingbare Grundsatz ist nämlich, dass der Schuldner nur Vorsatz und Fahrlässigkeit zu vertreten hat (§ 276 BGB). Durch Vertrag können die Parteien diese gesetzliche Mängelhaftung verschärfen. So kann der Schuldner beispielsweise eine Garantie für die Beschaffenheit der Sache übernehmen oder dafür, dass die Sache für eine bestimmte Dauer diese Beschaffenheit behält.

- Mit dem Begriff „Garantie" kann auch das Einstehen des Garantiegebers für einen Erfolg verstanden werden, der über etwaige Sachmängel hinausgeht, z. B. dadurch, dass verschuldensunabhängig die Haftung für künftige Schäden übernommen wird (Lenz, Produkthaftung, § 3 Rn. 4).

- Häufig werden aber mit „Garantie" nur die Verlängerung der Sachmängel-Haftungsfristen gemeint sein („unselbständige Garantie").

- Je nachdem, was gemeint war, sind unterschiedliche Voraussetzungen (so sind beispielsweise die Anforderungen an die Annahme einer echten Garantie von der Rechtsprechung strenger) und v. a. unterschiedliche Rechtsfolgen zu beachten.

4.2 Abgrenzung der verschiedenen Vertragstypen

Viele Vertragstypen sind entsprechend ihrer praktischen Bedeutung im BGB teils sehr ausführlich geregelt. Dies gilt insbesondere für den Kauf-, Dienst- oder den Werkvertrag. Allerdings sind die im BGB geregelten Vertragstypen nicht abschließend. Vielmehr steht es den Parteien grundsätzlich frei, den Inhalt ihrer Verträge selbst zu bestimmen, ohne dass sie an die Vertragstypen des BGB gebunden wären.

Solche Verträge lassen sich danach unterscheiden, ob sie ihrem Inhalt nach unter keinen der im Gesetz geregelten Vertragstypen geordnet werden können oder ob sie sich aus Tatbestandsmerkmalen verschiedener geregelter und/oder nicht geregelter Vertragstypen zusammensetzen.

 Beispiel: So enthält etwa der Pflegevertrag bei Software Elemente des Dienstvertrags (Hotline, Beratung), des Kaufvertrags (Update) und des Werkvertrags (Fehlerbehebung, neue Funktionen).

Zu den gemischten Verträgen gehören ferner z. B. der Automatenaufstellungsvertrag, der Baubetreuungsvertrag, der Bauträgervertrag, der Lieferungsvertrag mit Montageverpflichtung, die Qualitätssicherungsvereinbarung.

Die weichenstellende Frage bei diesen Verträgen ist, welche Rechtsnormen Anwendung finden. Hierauf kann es keine allgemeingültige Antwort geben. Vielmehr muss dies unter besonderer Berücksichtigung der von den Parteien gestalteten jeweiligen Interessenlage und den besonderen Umständen des Einzelfalles jeweils ermittelt werden (BGH, BGHZ 173, 344). Ausgehend von Parteiwille, Sinn und Zweck des Vertrages ist im Einzelfall ein interessengerechter Ausgleich zu suchen.

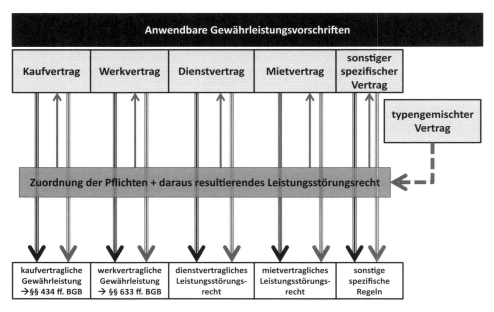

Bild 4.2 Anwendbare Gewährleistungsvorschriften

4.2.1 Kaufvertrag

Der Kaufvertrag ist ein gegenseitiger Vertrag. Hauptpflicht des Verkäufers ist nach § 433 Abs. 1 BGB, dem Käufer die Kaufsache zu übergeben und ihm das Eigentum daran zu verschaffen, während der Käufer nach § 433 Abs. 2 BGB den vereinbarten Kaufpreis zu zahlen und die Kaufsache abzunehmen hat.

Eine Definition der Sache befindet sich in § 90 BGB. Danach sind Sachen alle körperlichen Gegenstände, ohne dass es auf deren Aggregatzustand ankommt. Nicht relevant ist demnach auch, ob die Sache beweglich oder – etwa im Falle eines Grundstücks – unbeweglich ist. Rechte sind demzufolge als weitere große Gruppe der Rechtsobjekte mangels Körperlichkeit keine Sachen. Dies heißt aber nicht, dass sich Kaufverträge lediglich auf Sachen beziehen können. Vielmehr finden die §§ 433 ff. BGB auch auf den Kauf von Rechten und sonstigen Gegenständen entsprechend Anwendung (§ 453 BGB).

Beispiele für einen Kaufvertrag sind daher auch Energielieferungsverträge oder der Erwerb gewerblicher Schutzrechte (Patente, Marken).

Im Unterschied hierzu verpflichtet der Werkvertrag einerseits zur entgeltlichen Herstellung eines Werks, nicht aber zur Übereignung einer Sache andererseits. Während der Besteller eines Werks dieses im Wege der Abnahme billigen muss, muss der Käufer diese nur entgegennehmen.

Die Kaufsache kann im Kaufvertrag individuell bestimmt sein (Stückkauf). Es genügt aber auch eine Bezeichnung nach allgemeinen Merkmalen (Gattungskauf, § 243 BGB). Es können auch mehrere Sachen zusammengehörend, Gegenstand eines einheitlichen Kaufvertrags sein (Sachgesamtheit). In Erfüllung des Kaufvertrags müssen diese Sachen aber jeweils einzeln durch einen eigenständigen dinglichen Vertrag (§§ 929 ff) übereignet werden. Die Gegenleistung des Käufers muss in Geld bestehen.

4.2.2 Werkvertrag

Der Werkvertrag enthält gem. § 631 Abs. 1 BGB zwei Hauptpflichten: die Herstellungspflicht des Unternehmers sowie die Vergütungspflicht des Bestellers. Charakteristisches Merkmal des Werkvertrags ist seine Erfolgsbezogenheit. Im Unterschied zum Dienstvertrag werden beim Werkvertrag nicht lediglich Dienste oder Arbeit geschuldet, sondern vielmehr ein messbarer und mängelfreier Arbeitserfolg. Erst wenn der Unternehmer das gewünschte Arbeitsergebnis erzielt hat, schuldet der Besteller den Werklohn.

Innerhalb dieses „allgemeinen" Werkvertragsrechts gibt es die verschiedensten „spezifischeren" Vertragstypen, auf die die §§ 631 ff. BGB grundsätzlich Anwendung finden, die teilweise aber auch in Spezialgesetzen Konkretisierungen erfahren haben. Dies gilt im besonderen Maße für das Transportrecht sowie für den Bauvertrag. Letzterer erfasst sowohl die Errichtung eines Bauwerks im Ganzen als auch Verträge über Bauhandwerkerleistungen. Im Rahmen von Bauverträgen werden häufig die sog. „Allgemeinen Vertragsbedingungen für die Ausführung von Bauleistungen Teil B", VOB/B) vereinbart. Hierbei handelt es sich um Allgemeine Geschäftsbedingungen besonderer Art, die innerhalb des deutschen Vergabe- und Vertragsausschusses (DVA) von den Spitzenorganisationen der im öffentlichen Bauauftragswesen tätigen Unternehmen sowie den Bauaufträge vergebenden öffentlichen Dienststellen vereinbart worden sind.

Der Unternehmer hat das versprochene Werk herzustellen, es dem Besteller zu verschaffen und es ihm zur Abnahme (§ 640 BGB) anzubieten. Im Unterschied zum Dienstvertrag ist der Unternehmer beim Werkvertrag allerdings nicht zur persönlichen Tätigkeit verpflichtet, er kann vielmehr auch Subunternehmer einschalten. Für diese sog. Erfüllungsgehilfen hat der Unternehmer jedoch grundsätzlich einzustehen. Je nach Vertragsinhalt können weitere Nebenpflichten des Unternehmers hinzukommen. Dies können etwa sein:

- eine Gebrauchseinweisung
- die Aufklärung über Bedienung und Wartung des hergestellten Werkes
- die Mitteilung von Bedenken gegen unerprobtes Material oder unerprobte Technik
- die Prüfung der Vorarbeiten anderer Werkunternehmer auf die Brauchbarkeit zur Weiterverwendung für die eigenen werkunternehmerischen Zwecke.

Der Besteller seinerseits ist zur Entrichtung des vereinbarten Werklohns (§ 631 Abs. 1 BGB) sowie zur Abnahme des Werks (§ 640 BGB) verpflichtet. Das BGB selbst definiert den Begriff der Abnahme nicht. In der Praxis hat sich daher folgende Definition entwickelt: Abnahme ist danach die körperliche Entgegennahme des Werkes und seine Billigung durch den Besteller als im Wesentlichen vertragsgemäß (BGHZ 48, 257, 262 f.). Einer Abnahme steht es zudem gleich, wenn der Besteller das Werk trotz bestehender Verpflichtung nicht innerhalb einer ihm vom Unternehmer bestimmten angemessenen Frist abnimmt (§ 640 Abs. 1 Satz 3 BGB). Im Gegensatz zum Kaufvertragsrecht ist für die Abnahme nicht nur die körperliche Entgegennahme erforderlich, sondern auch und vor allem dessen Billigung. Der Besteller muss das Werk selbstverständlich nicht vorbehaltlos abnehmen. Tut er dies jedoch, sind an diese Abnahme weitreichende Konsequenzen geknüpft:

- Das Stadium der Vertragserfüllung und damit die Vorleistungspflicht des Unternehmers werden beendet.
- Der Vergütungsanspruch des Herstellers wird fällig.

- Statt des vor der Herstellung gegebene Primäranspruches auf Erfüllung stehen dem Besteller nunmehr nur noch die Gewährleistungsrechte zu.
- Die Verjährungsfristen für die in § 634a BGB geregelten Mängelrechte werden in Gang gesetzt.
- Die Beweislast für die Mangelfreiheit kehrt sich um: Während vor der Abnahme der Unternehmer die Mangelfreiheit zu beweisen hat, trifft nach der Abnahme den Besteller die Beweislast dafür, dass das hergestellte Werk einen Mangel hat.
- Bei vorbehaltsloser Abnahme trotz Kenntnis der Mängel verliert der Besteller die meisten seiner Mängelrechte; lediglich die Schadensersatzansprüche werden nicht ausgeschlossen.

Da § 641 Abs. 1 BGB die Fälligkeit des Werklohns an die Abnahme knüpft, ist grundsätzlich also keinerlei Rechnungslegung oder gar eine prüffähige Rechnung des Herstellers erforderlich. Den Vertragsparteien steht es aber frei, eine solche zu vereinbaren. Bei Bauleistungen und im industriellen Anlagenbau, auf die die VOB/B Anwendung findet, ist die Fälligkeit des Werklohnanspruchs allerdings von der Erstellung einer prüffähigen Schlussrechnung nach § 14 VOB/B abhängig.

Im Hinblick auf die Wirkungen der Abnahme ist die Vereinbarung eines Sicherheitseinbehalts nicht unüblich. Zur Absicherung seines Anspruchs auf mangelfreie Herstellung des Werkes ist der Besteller berechtigt, einen Sicherheitseinbehalt von dem vereinbarten Werklohn vorzunehmen, dessen Auszahlung erst nach Beseitigung aller festgestellten Mängel erfolgen soll.

4.2.3 Dienstvertrag

Im Gegensatz zum Werkvertrag verpflichtet der Dienstvertrag (§§ 611 ff. BGB) den einen Vertragspartner zu Diensten beliebiger Art und den anderen zu einer Vergütung. Häufig ist dieser gegenseitige Vertrag als Dauerschuldverhältnis ausgestaltet. Klassisches Beispiel des Dienstvertrags ist der Arbeitsvertrag. Aber auch bei vielen freien Berufen finden die Regeln zum Dienstvertragsrecht Anwendung.

4.2.4 Werklieferungsvertrag

§ 651 BGB regelt einen Mischvertrag explizit. Von einem sog. Werklieferungsvertrag spricht man bei einem Vertrag, der zu Lieferung beweglicher Sachen verpflichtet, die erst noch herzustellen oder zu erzeugen sind. § 651 S. 1 BGB bestimmt, dass auf einen solchen Vertrag das Kaufrecht Anwendung findet.

Die Anwendung dieser Vorschrift beschränkt sich auf bewegliche Sachen, d. h. auf alle Sachen, die nicht Grundstücke, den Grundstücken gleichgestellt oder Grundstücksbestandteile sind. Verträge, die zur Errichtung eines Gebäudes verpflichten, sind damit nicht auf die Lieferung beweglicher, sondern unbeweglicher und § 651 BGB nicht unterfallender Gegenstände gerichtet. Darauf findet allein das Werkvertragsrecht (§§ 631 ff. BGB) Anwendung. Hingegen sind Verträge, die allein die Lieferung von herzustellenden beweglichen Bau- oder Anlagenteilen zum Gegenstand haben, nach Kaufrecht zu beurteilen.

 Beispiel: Ein Vertrag über die Verpflichtung zur Herstellung und Lieferung der einzelnen Bauteile, die für eine Siloanlage benötigt werden, ist nach Kaufrecht zu beurteilen (BGH, NJW 2009, 2877).

Auch bei der Herstellung oder Veränderung unbeweglicher Sachen oder unkörperlicher Gegenstände wie eine Planung oder Begutachtung handelt es sich um Werkvertrag.

Kernunterscheidungen bei den gängigen Vertragstypen				
Kaufvertrag	gegenseitiges Schuldverhältnis	Herstellung <u>nicht</u> geschuldet	Erfolg geschuldet (Übereignung Kaufsache)	
Werkvertrag		Herstellung geschuldet	Erfolg geschuldet (Herstellung Werk)	Besteller besorgt „Material", <u>nicht</u> Unternehmer
Dienstvertrag	Leistung gegen Entgelt	Herstellung <u>nicht</u> geschuldet	Erfolg <u>nicht</u> zugesichert	
Werklieferungs-vertrag		Herstellung geschuldet	Erfolg geschuldet (Herstellung Werk)	Unternehmer muss Stoff zur Herstellung selbst besorgen

Bild 4.3 Kernunterscheidungen bei gängigen Vertragstypen

Abzugrenzen ist der Werklieferungsvertrag von einem *Kaufvertrag mit Montageverpflichtung*. Für die Einordnung eines Vertragsverhältnisses als Kaufvertrag mit Montageverpflichtung oder als Werkvertrag kommt es darauf an, auf welcher der beiden Leistungen bei der gebotenen Gesamtbetrachtung der Schwerpunkt liegt. Soweit es sich bei der Montage lediglich um eine Nebenleistungspflicht handelt, die neben Übergabe und Übereignung iSv § 433 Abs. 1 S. 1 BGB von nur untergeordneter Bedeutung ist, ist der Vertrag als Kaufvertrag mit Montageverpflichtung zu qualifizieren, auf den originär die Vorschriften über Kaufverträge

(§ 433 ff. BGB) Anwendung finden. Um einen solchen Vertrag handelt es sich regelmäßig, wenn die Montage grundsätzlich auch vom Käufer selbst vorgenommen werden könnte, aber als „Serviceleistung" gesondert vom Verkäufer angeboten wird.

 Beispiel: Bei einem Vertrag über die Lieferung und Montage einer Solaranlage kommt es für dessen rechtliche Einordnung als Kaufvertrag (mit Montageverpflichtung) oder als Werkvertrag darauf an, auf welcher der beiden Leistungen bei der gebotenen Gesamtbetrachtung der Schwerpunkt liegt. Dabei ist vor allem auf die Art des zu liefernden Gegenstandes, das Wertverhältnis von Lieferung und Montage sowie auf die Besonderheiten des geschuldeten Ergebnisses abzustellen (BGH MDR 2004, 737).

Beispiel: Ein EDV-Vertrag über Hardware und Standardsoftware ist danach ein Kaufvertrag, während spezielle Software hergestellt wird und damit dem Werksvertragsrecht unterworfen ist.

§ 651 S. 2 BGB stellt ergänzend fest, dass Mängelansprüche gemäß § 442 Abs. 1 S. 1 BGB auch dann ausgeschlossen sind, wenn vom Besteller gelieferte Stoffe die Ursache von Mängeln an der hergestellten und zu liefernden beweglichen Sache sind

■ 4.3 Kaufrechtliche Gewährleistung

Nach § 433 Abs. 1 Satz 2 BGB muss die Sache frei von Sach- und Rechtsmängeln sein. Ist dies nicht der Fall, wird der Kaufvertrag nicht erfüllt. Der Käufer behält also seinen Erfüllungsanspruch. Dies wirkt sich maßgeblich dahingehend aus, dass der Käufer die Kaufpreiszahlung verweigern kann, solange die Gegenleistung, d. h. die Erfüllung mit einem mangelfreien Gegenstand, nicht erbracht ist (§ 320 Abs. 1 Satz 1 BGB). Entsteht ihm durch die verspätete Erfüllung ein Schaden, kann der Käufer verlangen, dass ihm der Verkäufer den Schaden ersetzt, der durch die Verzögerung der Lieferung einer mangelfreien Sache entsteht (§§ 280 Abs. 1, 2, 286 BGB). Kommt der Verkäufer seiner Verpflichtung, eine mangelfreie Sache zu liefern, auch nach einer Nachfristsetzung nicht nach, hat der Käufer zudem die Möglichkeit, über § 281 BGB Schadensersatz statt der Leistung zu verlangen; das sind beispielsweise die Kosten für einen notwendig werdenden Deckungskauf. Dem Käufer steht aber auch die Möglichkeit offen, die mangelhafte Sache als Erfüllung zu akzeptieren. In diesem Fall stehen ihm Gewährleistungsansprüche und -rechte zu, die im Einzelnen in § 437 BGB geregelt sind.

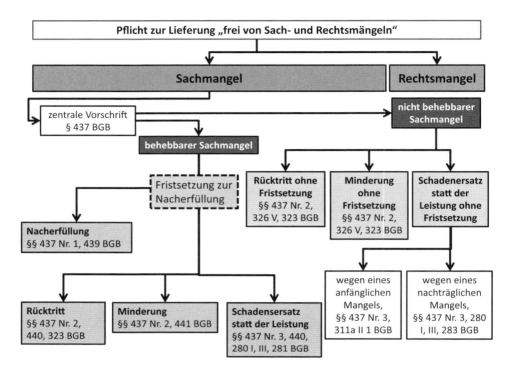

Bild 4.4 Mögliche Konsequenzen bei Mängellieferung

Gleiches gilt, wenn er den Mangel bei Übergabe der Kaufsache gar nicht bemerkt oder der Mangel sich erst zu einem späteren Zeitpunkt bemerkbar macht.

4.3.1 Vorliegen eines Mangels

Das Gesetz entscheidet zwischen dem Sachmangel (§ 434 BGB) und dem Rechtsmangel (§ 435 BGB). Die Rechtsfolgen für beide Mängelarten sind indes gleich.

Insgesamt definiert das Gesetz sechs Mangelarten. Ausgangspunkt für die Beurteilung, ob ein Sachmangel vorliegt, ist dabei zunächst § 434 Abs. 1 BGB. Die Vorschrift definiert, wann eine Sache frei von Sachmängeln ist und ermöglicht, durch einen Umkehrschluss festzustellen, wann ein Sachmangel vorliegt. Die Vorschrift nennt drei Kriterien, die in einem Stufenverhältnis zueinander stehen. Vorrangig ist für die Beurteilung, ob die Kaufsache mit einem Sachmangel behaftet ist, die vertraglich vereinbarte Beschaffenheit ausschlaggebend (§ 434 Abs. 1 S. 1 BGB). Soweit keine Beschaffenheit vereinbart wurde, kommt es auf die vertraglich vorausgesetzte Verwendung an (§ 434 Abs. 1 S. 2 Nr. 1 BGB). Soweit auch keine besondere Verwendung vereinbart wurde, auf die Eignung für die gewöhnliche Verwendung und die übliche und vom Käufer zu erwartende Beschaffenheit (§ 434

Abs. 1 S. 2 Nr. 2 BGB), welche wiederum durch öffentliche Äußerungen des Verkäufers oder des Herstellers beeinflusst werden kann (§ 434 Abs. 1 S. 3 BGB). Ergänzt wird diese Definition des Sachmangels in § 434 Abs. 1 BGB durch die Sonderfälle der mangelhaften Montage sowie der mangelhaften Montageanleitung (§ 434 Abs. 2 BGB), der Falschlieferung sowie der Zuweniglieferung (§ 434 Abs. 3 BGB).

4.3.1.1 Die vertraglich vereinbarte Beschaffenheit

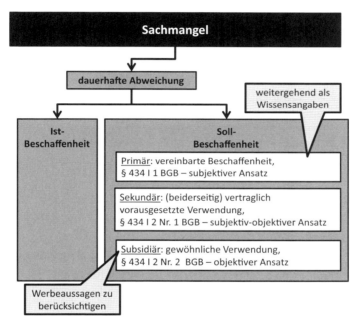

Bild 4.5 Sachmangel aus Differenz von Soll-Beschaffenheit zur Ist-Beschaffenheit

In erster Linie ist entscheidend, ob die Kaufsache die vereinbarte Beschaffenheit hat (§ 434 Abs. 1 S. 1 BGB). Ein Mangel liegt vor, wenn die tatsächliche Beschaffenheit („Ist-Zustand") der Sache von der Beschaffenheit abweicht, die die Parteien bei Abschluss des Kaufvertrags vorausgesetzt haben („Soll-Zustand"). Auf eine Definition des Begriffs der Beschaffenheit hat der Gesetzgeber bewusst verzichtet.

Zu ihr zählen

- die physischen Eigenschaften der Kaufsache (z. B. nicht funktionsfähige Teile eines Geräts)
- die Beziehungen der Sache zur Umwelt (Altlast eines Grundstücks)
- Verhältnisse rechtlicher Art wie etwa Benutzungsbeschränkungen (z. B. das Fehlen einer Betriebserlaubnis)

- öffentlich-rechtliche Bebauungsbeschränkungen (z. B. eines Grundstücks)
- die Herkunft der Kaufsache, soweit sie sich auf die Beschaffenheit der Kaufsache auswirkt (z. B. Lebensmittel aus biologischem Anbau; nachgeahmte Markenartikel; Frage des Vorliegen eines Importfahrzeugs)
- das Alter der Kaufsache, das zumeist unmittelbare Auswirkung auf die physische Eigenschaft der Kaufsache hat.

Nicht zu der Beschaffenheit der Kaufsache zählen hingegen Umsätze und Erträge, die sich mit der Sache erzielen ließen oder erzielen lassen werden. Auch der Wert der Sache ist keine Eigenschaft der Sache.

Die vereinbarte Beschaffenheit ist Bestandteil des Kaufvertrags. Unterliegt dieser also einem bestimmten Formerfordernis, wie dies etwa bei einem Kaufvertrag über ein Grundstück der Fall ist (§ 311b BGB), so muss auch die Beschaffenheitsvereinbarung diese Form wahren. Grundsätzlich gilt jedoch im Rahmen des Kaufvertragsrechts Formfreiheit, sodass dann auch die Beschaffenheitsvereinbarung durch konkludentes, d. h. schlüssiges Verhalten vereinbart werden kann. Sie kann daher auch aus einer Verkehrsübung oder einem Handelsbrauch resultieren. Gegebenenfalls muss durch Vertragsauslegung (§§ 133, 157 BGB) ermittelt werden, was im Einzelnen als Beschaffenheit vereinbart worden ist.

4.3.1.2 Der vertraglich vorausgesetzte Verwendungszweck

Ist eine Beschaffenheit, wie zumindest bei alltäglichen Geschäften häufig, nicht vereinbart, ist auf zweiter Stufe gemäß § 434 Abs. 1 S. 2 Nr. 1 BGB darauf abzustellen, ob sich die Sache für die nach dem Vertrag vorausgesetzte Verwendung eignet. Dabei kommt es darauf an, welche Eigenschaften beide Parteien gemeinsam voraussetzen. Insgeheime Erwartungen des Käufers sind selbstverständlich nicht schutzwürdig.

4.3.1.3 Gewöhnlicher Verwendungszweck und/oder gewöhnliche Beschaffenheit

Nur wenn die Parteien weder eine Beschaffenheit noch einen besonderen Verwendungszweck der Kaufsache vereinbart haben, kommt es auf dritter Stufe darauf an, ob sich die Kaufsache zu der gewöhnlichen Verwendung eignet (§ 434 Abs. 1 S. 2 Nr. 2 BGB). Dies ist der Fall, wenn sie sich für Zwecke eignet, für die Güter der gleichen Art gewöhnlich gebraucht werden. Gleiches gilt, wenn sie eine Beschaffenheit aufweist, die bei Sachen gleicher Art üblich ist und die ein durchschnittlicher Käufer nach der Art der Sache erwarten kann. Soweit technische Normen vorhanden sind, können diese zur Bestimmung des Üblichen herangezogen werden.

Ebenso können auch Erwartungen des Käufers berücksichtigt werden, die sich auf öffentliche Äußerungen oder Werbung stützen. § 434 Abs. 1 Satz 3 BGB ergänzt somit § 434 Abs. 1 S. 1 Nr. 2 BGB, indem zur üblichen Beschaffenheit auch Eigenschaften gehören, die der Käufer nach den öffentlichen Äußerungen des Verkäufers, Herstellers, Importeurs (i. S. v. § 4 Abs. 1 und 2 ProdHaftG) oder seines Gehilfen, insbesondere in der Werbung oder bei Kennzeichnung über konkrete Eigenschaften der Sache, z. B. in Form von Aufdrucken oder Katalogbeschreibungen, erwarten kann. Um eine öffentliche Äußerung handelt es sich schon dann, wenn die Werbung an einen geschlossenen Personenkreis, z. B. Fachhändler, gerichtet ist. Leidglich Äußerungen in individuellen Verkaufsgesprächen werden nicht hiervon erfasst.

§ 434 Abs. 1 S. 3 BGB hat drei Ausnahmen, die den Verkäufer entlasten: Entweder kannte er die Werbeaussage nicht und musste sie auch nicht kennen oder sie war beim Vertragsschluss bereits korrigiert oder sie konnte den Kaufabschluss nicht beeinflussen.

4.3.1.4 Montagefehler oder fehlerhafte Montageanleitung

§ 434 Abs. 2 BGB stellt Montagefehler ausdrücklich einem Sachmangel gleich. Hierbei werden zwei Situationen erfasst:

§ 434 Abs. 2 S. 1 BGB betrifft die fehlerhafte Montage durch den Verkäufer oder seinen Erfüllungsgehilfen. Dies kann dazu führen, dass eine an sich mangelfrei gelieferte Sache dadurch mangelhaft wird, dass der Verkäufer sie unsachgemäß montiert bzw. aufstellt. Die Vorschrift findet aber auch auf die Fälle Anwendung, in denen allein die Montage fehlerhaft ist, ohne dass dies gleichzeitig zu einer Beeinträchtigung der verkauften Sache führt.

Ein Sachmangel liegt bei einer zur Montage bestimmten Sache auch dann vor, wenn aufgrund einer unsachgemäßen Montageanleitung die Montage selbst fehlerhaft durchgeführt wurde. Denn die Montageanleitung soll den Durchschnittskäufer in die Lage versetzen, die Kaufsache nach Maßgabe der Anleitung zusammenzubauen. Ausnahmsweise greift die Haftung nicht ein, wenn die Sache trotz fehlerhafter Montageanleitung – aufgrund entsprechender Sachkunde oder durch Zufall – richtig montiert worden ist, was vom Verkäufer zu beweisen ist.

4.3.1.5 Falsch- oder Zuweniglieferung

§ 434 Abs. 3 BGB ordnet *Falsch- oder Zuweniglieferungen* ausdrücklich als Sachmangel ein. Für das Auslösen der Gewährleistungsrechte ist auch hier entscheidend, ob der Käufer die gelieferte Sache, etwa weil er die Falschlieferung oder Mengenabweichung nicht sofort bemerkt, als Erfüllung angenommen hat. Weist er hingegen die Leistung zurück, so behält er weiterhin seinen ursprünglichen Erfüllungsanspruch, ohne zugleich in Annahmeverzug zu geraten.

Liefert der Verkäufer hingegen lediglich aus Versehen eine andere als die vertraglich vereinbarte Kaufsache, tritt mit der Übergabe an den Käufer keine Erfüllungswirkung ein. Vielmehr kann der Verkäufer den irrtümlich falsch gelieferten Gegenstand zurückfordern.

Hingegen führt eine *Zuviellieferung* nicht zu einem vertraglichen Anspruch des Verkäufers gegen den Käufer. Es kommt grundsätzlich kein Vertrag bzgl. der Übermenge zustande. Vielmehr ist diese nach Bereicherungsrecht herauszugeben. Auch von der Genehmigungsfiktion des § 377 Abs. 2 und 3 HGB wird die Zuviellieferung nicht erfasst.

4.3.1.6 Exkurs: Mangelverdacht

Auch der *Mangelverdacht* kann selbst ein Sachmangel sein, wenn er qualitätsmindernd ist und ein gewisses Maß an Erheblichkeit aufweist. Bejaht wurde dies beispielsweise für einen Salmonellenverdacht bei Lebensmitteln, aber auch bei unklarer Ursache von Geräuschen im Motorbereich eines Neufahrzeugs.

4.3.1.7 Gefahrübergang als maßgeblicher Zeitpunkt

Die in § 437 BGB genannten Gewährleistungsrechte bei mangelhafter Kaufsache sind ab dem *Gefahrübergang* (§ 446 BGB) anwendbar. Dieser liegt grundsätzlich mit Übergabe der Kaufsache, d. h. mit deren Ablieferung, vor. Gewährleistungsansprüche des Käufers für Sachmängel, die bei Gefahrübergang noch nicht vorhanden waren, sind ausgeschlossen. Der Verkäufer haftet allein für Mängel, die bereits vor Gefahrübergang existent waren. Später auftretende Mängel fallen hingegen in den Risikobereich des Käufers.

Eine Sonderregel enthält § 447 BGB für den Versendungskauf i. S. e. Schickschuld. Hier wird der Zeitpunkt des Gefahrübergangs noch weiter vorverlegt. Entscheidend ist nicht erst die Übergabe der verkauften Sache an den Käufer, sondern bereits ihre Auslieferung an die Transportperson. Allerdings findet § 447 BGB keine Anwendung auf den sog. Verbrauchsgüterkauf zwischen einem Verbraucher (§ 13 BGB) und einem Unternehmer (§ 14 BGB).

§§ 446, 447 BGB bewirken über die Definition des für das Gewährleistungsrecht maßgeblichen Gefahrübergangs ferner, dass bis zum Eintritt des Gefahrübergangs die Gefahr des zufälligen Untergangs der Sache beim Verkäufer liegt (sog. Sachgefahr). Erst mit ihrer Übergabe geht die Gefahr auf den Käufer über, d. h. der Käufer muss den Kaufpreis auch dann bezahlen, wenn die Sache nach der Übergabe an ihn zerstört wird (sog. Preisgefahr).

4.3.2 Rechtsmangel

Ein *Rechtsmangel* ist gegeben, wenn der Verkäufer dem Käufer nicht die Rechtsstellung am Kaufgegenstand verschaffen kann, die nach dem Vertrag vorgesehen ist, sondern vielmehr Dritte Rechte gegen den Käufer geltend machen können. Nicht davon erfasst ist der Fall, dass der Verkäufer dem Käufer gar kein Eigentum an der Kaufsache verschaffen kann. Da die Eigentumsverschaffung zu den Hauptpflichten des Verkäufers gehört, liegt anfängliche Unmöglichkeit nach § 311a BGB oder nachträgliche Unmöglichkeit nach § 275 BGB vor, wenn der Verkäufer dem Käufer definitiv kein Eigentum an der Kaufsache verschaffen kann. Die Ansprüche des Käufers richten sich in diesem Fall nicht nach Gewährleistungsrecht.

Rechtsmängel können insbesondere sein:

- dingliche Rechte wie das Pfandrecht, der Nießbrauch, die Anwartschaft sowie die Grundpfandrechte und die Vormerkung
- obligatorische Rechte, soweit sie hinsichtlich des Kaufgegenstandes gegen den Käufer geltend gemacht werden können wie etwa Miet- und Pachtrechte eines Dritten, aber auch Rückgewähransprüche, die aufgrund einer Insolvenz- oder Gläubigeranfechtung gegen den Käufer geltend gemacht werden können
- Veräußerungsverbote gem. §§ 135, 136 BGB
- Verfügungsbeschränkungen des Vorerben nach §§ 2112–2115 BGB
- Immaterialgüterrechte wie das Patentrecht, das Gebrauchsmusterrecht, das Geschmacksmusterrecht, Kennzeichenrechte wie Marken, Firmenrechte und Namensrechte, wettbewerbsrechtlich geschützte Leistungspositionen, Urheberrechte, Verlagsrechte, Persönlichkeitsrechte.

Maßgeblicher Zeitpunkt für die Beurteilung der Rechtsmängelfreiheit ist die Vollendung des Erwerbs. Die Beseitigungspflicht des Verkäufers bezieht sich damit auch auf Rechte, welche nach Kaufabschluss begründet werden. Es steht den Parteien aber frei, eine andere Risikoverteilung zu vereinbaren. So kann etwa festgelegt werden, dass nur für Rechte gehaftet werden soll, die bis zum Gefahrübergang begründet worden sind.

4.3.3 Die einzelnen Gewährleistungsrechte des Käufers

Wird dem Käufer eine mangelhafte Sache geliefert, stehen ihm verschiedene Gewährleistungsrechte zu. Diese sind in § 437 BGB geregelt:

- Nacherfüllung (§§ 437 Nr. 1, 439 BGB)
- Rücktrittsrecht (§§ 437 Nr. 2, 323, 326 V, 440 BGB)
- Minderungsrecht (§§ 437 Nr. 2, 441 BGB)
- Schadensersatzanspruch (§§ 437 Nr. 3, 280 ff. BGB)
- Ersatz vergeblicher Aufwendungen (§§ 437 Nr. 3, 284 BGB).

Allerdings kann er nicht frei zwischen ihnen wählen, sondern muss hierbei die Abstufung beachten, die § 437 BGB vorgesehen hat, auch wenn diese sich erst auf

dem zweiten Blick erschließt. Der Käufer ist nämlich zuerst auf einen Nacherfüllungsanspruch verwiesen und kann die anderen, in § 439 BGB genannten Rechte
erst geltend machen, wenn der Nacherfüllungsanspruch – aus welchem Grund
auch immer – gescheitert ist.

4.3.3.1 Der Nacherfüllungsanspruch

Dem Käufer steht zunächst ein Anspruch auf Nacherfüllung (§§ 437 Nr. 1, 439
BGB) zu. Die Nacherfüllung soll die Kaufsache in den vereinbarten Zustand versetzen und die gerügten Mängel vollständig und dauerhaft beseitigen. Als „modifizierte Fortsetzung" des Erfüllungsanspruchs besteht dieser Anspruch unabhängig
davon, ob der Verkäufer den Mangel zu vertreten hat. Auch die Geringfügigkeit eines Mangels steht der Geltendmachung des Anspruchs nicht entgegen.

Bild 4.6 Anspruch auf Nacherfüllung

Der Vorrang der Nacherfüllung – in diesem Zusammenhang findet sich auch der Ausdruck des Rechts zur zweiten Andienung – soll dem Verkäufer auch ermöglichen, die
(mutmaßlich) mangelhafte Sache selber darauf zu untersuchen, ob der behauptete
Mangel besteht, ob er bereits im Zeitpunkt des Gefahrübergangs vorgelegen hat, auf

welcher Ursache er beruht sowie ob und auf welche Weise er beseitigt werden kann und hierzu gegebenenfalls Beweise zu sichern (BGH, BGHZ 162, 219 ff).

§ 439 Abs. 1 BGB lässt dem Käufer im Rahmen seines Nacherfüllungsanspruchs die freie Wahl zwischen einer Mängelbeseitigung und der Lieferung einer mangelfreien Sache. Mit Erklärung gegenüber dem Verkäufer entscheidet sich der Käufer für eine Art der Nacherfüllung. An diese Wahl ist er zwar nicht unwiderruflich gebunden, möchte der Käufer jedoch, nachdem er einmal gegenüber dem Verkäufer seine Wahl getroffen hat, die Art der Nacherfüllung ändern, muss er die Grundsätze von Treu und Glauben (§ 242 BGB) beachten. Diese können etwa gebieten, dem Verkäufer eine angemessene Frist zu setzen, um sich auf den Wechsel einzustellen.

Tipp: Der Nacherfüllungsanspruch setzt zwar keine Fristsetzung voraus, sondern lediglich die Geltendmachung des Mangels verbunden mit der Aufforderung zur Behebung. Dennoch ist eine Fristsetzung empfehlenswert, um im Falle einer gescheiterten Nacherfüllung ohne Verzögerung die weiteren Rechte nach § 437 BGB geltend machen zu können.

Der Käufer verliert jedoch sein Wahlrecht, wenn eine der Varianten (Nachbesserung oder Ersatzlieferung) unmöglich und damit nach § 275 Abs. 1 BGB ausgeschlossen ist. Der Verkäufer schuldet in einem solchen Fall nur die verbleibende Form der Nacherfüllung. Ist die Nacherfüllung insgesamt unmöglich, weil beide Arten des § 439 Abs. 1 BGB gemäß § 275 Abs. 1 BGB ausscheiden, kann der Käufer – allerdings ohne Nachfristsetzung – die weiteren Rechte wie Rücktritt, Minderung und Schadensersatz statt der Leistung geltend machen, sofern deren Voraussetzungen vorliegen.

Bei der Stückschuld ist der Nacherfüllungsanspruch i. d. R. auf die Nachbesserung beschränkt, wobei die Rechtsprechung auch die Nacherfüllung durch Ersatzlieferung beim Stückkauf zulässt, wenn es sich um eine Sache handelt, die einer vertretbaren Sache wirtschaftlich entspricht und das Ersatzstück geeignet ist, das Leistungsinteresse des Käufers zufrieden zu stellen (BGH NJW 2006, 2839).

Exkurs: Abgrenzung Gattungskauf/Stückkauf

Bei dem Gattungskauf legen die Parteien den Leistungsgegenstand nicht individuell fest, sondern bestimmen ihn nur nach seinen Gattungsmerkmalen (z. B. Fernseher des Typs ...). Es ist demnach kein bestimmter Gegenstand geschuldet, sondern eine vertretbare Sache, die von mittlerer Art und Güte (§ 243 BGB) sein muss. Bei der Stückschuld wird dagegen der Gegenstand individualisiert (z. B. „dieser alte Volvo XC 90 mit der Fahrzeugnummer ..."). Mithin wäre demnach eine Ersatzlieferung streng genommen ausgeschlossen, da es sich nicht mehr um die (individualisierte) gekaufte Sache handelt.

Der Käufer kann auch dem Verkäufer die Wahl der Nacherfüllung überlassen. Hiervon kann ausgegangen werden, wenn der Käufer, ohne dies zu spezifizieren, Nacherfüllung verlangt.

Bei seiner Wahl muss der Käufer grundsätzlich keine Rücksicht auf die Interessen des Verkäufers nehmen. Jedoch kann der Verkäufer unter den Voraussetzungen des § 439 Abs. 3 BGB die vom Käufer gewählte Art der Nacherfüllung verweigern. Hiernach ist er dann nicht zu der vom Käufer gewählten Form der Nacherfüllung verpflichtet, wenn diese mit unverhältnismäßigen Kosten verbunden ist. Dies ist allerdings nicht schon dann der Fall, wenn die vom Käufer gewählte Art der Nacherfüllung teurer ist als die andere Variante, da andernfalls das Wahlrecht des Käufers ad absurdum geführt werden würde. Vielmehr liegt eine Unverhältnismäßigkeit i. S. v. § 439 Abs. 3 BGB erst dann vor, wenn die Kosten der gewählten Art der Nacherfüllung außer Verhältnis zu den Kosten der anderen Art der Nacherfüllung stehen, soweit beide Arten der Nacherfüllung gleich effektiv sind (sog. relative Unverhältnismäßigkeit bzw. „interner Kostenvergleich"). Hierfür wird in der Regel eine Grenze von 10 % angenommen. Verbleibt nur eine Form der Nacherfüllung, ist dem Verkäufer ein höheres Maß an Kosten zuzumuten (sog. absolute Unverhältnismäßigkeit). Nach einer Faustformel soll die verbleibende Form der Nacherfüllung jedenfalls dann unverhältnismäßig sein, wenn die insgesamt erforderlichen Kosten 150 % des Werts der mangelfreien Sache oder 200 % des mangelbedingten Minderwerts betragen.

Liegen die Voraussetzungen der Nacherfüllung vor, hat der Verkäufer nach § 439 Abs. 2 BGB deren Kosten zu tragen. Den Verkäufer trifft nicht nur die Pflicht, die Nachbesserung kostenlos durchzuführen; vielmehr hat dieser auch die hierzu erforderlichen Aufwendungen zu tragen. Hierzu gehören beispielsweise Transport-, Wege-, Arbeits- und Materialkosten, aber auch Verpackungs- und Versendungskosten, die dem Käufer für die Rücksendung der Ware entstehen.

Wählt der Käufer die Nachlieferung, muss er die mangelhafte Sache zurückgeben. Sofern es sich nicht um einen Verbrauchsgüterkauf handelt, schuldet er dem Verkäufer in diesem Fall Nutzungsentschädigung und Wertersatz, falls er die Sache durch Nichtbeachtung eigenüblicher Sorgfalt beschädigt hat.

Die Nacherfüllung durch den Verkäufer hat grundsätzlich an dem Ort zu erfolgen, an dem sich die Kaufsache bestimmungsgemäß befindet (sog. Belegenheitsort). Mangels anderweitiger Absprachen der Parteien ist die Nachbesserung im Zweifel dort zu erbringen, wo sich das nachzubessernde Werk vertragsgemäß befindet.

Anders als beim Werkvertrag sieht das BGB kein Selbstvornahmerecht des Käufers zur Mängelbeseitigung vor. Der Käufer kann den Mangel dennoch selbst oder durch einen Dritten beseitigen lassen. Die Kosten dafür kann er allerdings nur als Schadensersatz vom Verkäufer ersetzt verlangen, was allerdings das Verschulden des Verkäufers voraussetzt. Zudem muss dem Verkäufer vor der Selbstvornahme die Möglichkeit zur Nacherfüllung gegeben worden sein.

4.3.3.2 Sonderproblem Ein- und Ausbaukosten

Nach § 439 Abs. 2 BGB hat der Verkäufer die zum Zwecke der Nacherfüllung erforderlichen Aufwendungen zu tragen. Hierzu gehören beispielsweise Transport-, Wege-, Arbeits- und Materialkosten, die § 439 Abs. 2 BGB beispielhaft benennt; aber auch Verpackungs- und Versendungskosten, die dem Käufer für die Rücksendung der Ware entstehen.

Eine in den letzten Jahren verstärkt geführte Diskussion betraf die Frage, ob und inwieweit die vom Verkäufer zu tragenden Nacherfüllungskosten auch Aufwendungen für einen Ausbau einer mangelhaften Sache und den Einbau einer mangelfreien Sache umfassen. Diese Frage stellt sich sowohl für den B2C-Bereich als auch für den B2B-Bereich: Ein Verbraucher, der Parkettstäbe erwirbt, tut dies ersichtlich mit dem Zweck, diese einzubauen. Sofern sich nun nach Einbau ein Mangel der erworbenen Parkettstäbe zeigt, entstehen ihm Kosten durch den Ausbau der mangelhaften Parkettstäbe und sodann Kosten für den Einbau der nachgelieferten mangelfreien Parkettstäbe. Weitaus wichtiger ist die Beantwortung dieser Frage im Verhältnis zwischen dem Zulieferer und dem Endhersteller, da bestimmungsgemäßer Einsatz des Zulieferteils nahezu immer dessen Einbau in das Endprodukt ist.

Die Frage ist dabei nicht nur von theoretischer Bedeutung. Sofern es sich bei den Ein- und Ausbaukosten um Nacherfüllungskosten handelt, sind diese vom Verkäufer verschuldensunabhängig zu tragen. Sofern es sich dabei nicht um Nacherfüllungskosten handelt, sind die Aufwendungen vom Verkäufer nur verschuldensabhängig zu erstatten und somit nur, wenn er nicht nachweisen kann, dass ihn an dem Mangel des Produkts kein Verschulden trifft.

Bis zum 1. Januar 2018 war diese Frage auf der Grundlage der gesetzlichen Regelung des § 439 BGB nicht eindeutig zu beantworten. Von den Gerichten wurde diese Frage dahingehend beantwortet, dass im Bereich des Verbrauchsgüterkaufs[1] die Ein- und Ausbaukosten als Teil der Nacherfüllungskosten vom Verkäufer verschuldensunabhängig zu ersetzen sind. Im B2B-Bereich, also im Falle, dass der Verkauf eines Produkts an einen Unternehmer erfolgt, war eine Erstattung der Ein- und Ausbaukosten von dem Bestehen eines Schadensersatzanspruchs abhängig.

Der Gesetzgeber hat nun zum 1. Januar 2018 durch das Gesetz zur Reform des Bauvertragsrechts, zur Änderung der kaufrechtlichen Mängelhaftung, zur Stärkung des zivilprozessualen Rechtsschutzes und zum maschinellen Siegel im

---

[1] Vgl. zu dem Begriff Ziffer 5.1

Grundbuch- und Schiffsregisterverfahren vom 28.04.2017 diese Frage für alle Kaufverträge neu geregelt. Der neue § 439 Abs. 3 BGB lautet nunmehr wie folgt:

„(3) Hat der Käufer die mangelhafte Sache gemäß ihrer Art und ihrem Verwendungszweck in eine andere Sache eingebaut oder an eine andere Sache angebracht, ist der Verkäufer im Rahmen der Nacherfüllung verpflichtet, dem Käufer die erforderlichen Aufwendungen für das Entfernen der mangelhaften und den Einbau oder das Anbringen der nachgebesserten oder gelieferten mangelfreien Sache zu ersetzen. § 442 Absatz 1 ist mit der Maßgabe anzuwenden, dass für die Kenntnis des Käufers an die Stelle des Vertragsschlusses der Einbau oder das Anbringen der mangelhaften Sache durch den Käufer tritt.“

Aufgrund der Neuregelung sind somit auch im Verhältnis zwischen Unternehmen die Ein- und Ausbaukosten vom Verkäufer als Teil der Nacherfüllungskosten (verschuldensunabhängig) zu ersetzen. Auf die Frage, ob und in welchem Umfang der Verkäufer den Mangel zu vertreten hat, kommt es nicht (mehr) an. Interessant und abzuwarten bleibt, wie eng oder weit die Gerichte den Begriff der erforderlichen Aufwendungen auslegen werden.

4.3.3.3 Die weiteren Gewährleistungsrechte als Rechte auf zweiter Stufe

Aus dem Vorrang der Nacherfüllung ergibt sich, dass die weiteren Gewährleistungsrechte des Käufers, die das ursprüngliche Vertragsverhältnis verändern, davon abhängig sind, dass er dem Verkäufer zuvor erfolglos eine angemessene Frist zur Nacherfüllung gesetzt hat.

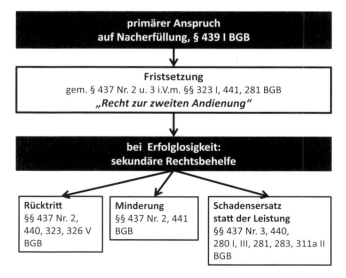

Bild 4.7 Primärer Anspruch auf Nacherfüllung

Dabei darf sich der Käufer nicht darauf beschränken, den Verkäufer mündlich oder schriftlich unter Fristsetzung zur Nacherfüllung aufzufordern, er muss vielmehr bereit sein, dem Verkäufer die Kaufsache zur Überprüfung der erhobenen Mängelrügen für eine entsprechende Untersuchung zur Verfügung zu stellen. Somit ist der Verkäufer nicht verpflichtet, sich auf ein Nacherfüllungsverlangen des Käufers einzulassen, bevor dieser ihm nicht Gelegenheit zu einer solchen Untersuchung der Kaufsache gegeben hat.

Der Käufer verliert also seine Mängelrechte, wenn er dem Verkäufer keine Gelegenheit gibt, die Kaufsache auf den gerügten Mangel hin zu untersuchen. Gleiches gilt, wenn er selbst den Mangel beseitigt, ohne dem Verkäufer eine Frist zur Nacherfüllung gesetzt zu haben. Da das Gewährleistungsrecht die Folgen eines Mangels abschließend regelt, kann der Käufer den Beseitigungsaufwand auch nicht aus anderen Anspruchsgrundlagen vom Verkäufer verlangen.

Nur ausnahmsweise ist eine Fristsetzung nach dem Gesetz entbehrlich.

4.3.3.4 Rücktritt und Minderung

Nach § 437 Nr. 2 BGB kann der Käufer wegen eines Sachmangels auch vom Kaufvertrag zurücktreten oder den Kaufpreis mindern. Zwischen diesen beiden Rechten hat er die Wahl.

Sowohl Rücktritt als auch Minderung sind Gestaltungsrechte. Als solches hat der Käufer die Macht, alleine, d. h. ohne Mitwirkung oder Einverständnis des Verkäufers, auf eine bestehende Rechtslage einzuwirken; er muss also nicht – wie im Falle des Schadensersatzes – einen Anspruch geltend machen. Sowohl die Minderung als auch den Rücktritt übt der Käufer daher durch eine unwiderrufliche Erklärung gegenüber dem Verkäufer aus.

Wie bereits dargestellt, setzen Rücktritt und Minderung grundsätzlich eine erfolglose Frist zur Nacherfüllung voraus.

In folgenden Fällen ist eine Fristsetzung indes entbehrlich:

- Bei einer ernsthaften und endgültigen Verweigerung der Nacherfüllung durch den Verkäufer (§ 323 Abs. 2 Nr. 1 BGB)
- bei Vereinbarung eines Fixgeschäftes, bei dem der Kauf mit der pünktlichen mangelfreien Lieferung stehen und fallen soll (§ 323 Abs. 2 Nr. 2 BGB)
- bei Vorliegen besonderer Gründe, die unter Abwägung der beiderseitigen Interessen den sofortigen Rücktritt rechtfertigen (§ 323 Abs. 2 Nr. 3 BGB)
- bei einer berechtigten Verweigerung beider Arten der Nacherfüllung durch den Verkäufer (§§ 439 Abs. 3, 440 Satz 1 BGB)
- bei Fehlschlagen der vom Verkäufer geschuldeten Art der Nacherfüllung, wovon das Gesetz nach dem zweiten erfolglosen Versuch ausgeht (§ 440 S. 1 und 2 BGB)

- bei Unzumutbarkeit der Nacherfüllung für den Käufer (§ 440 Satz 1 BGB), etwa bei zunächst vehementen Bestreiten des Mangels durch den Verkäufer oder gravierenden Ausführungsfehlern beim ersten Nachbesserungsversuch
- bei Unmöglichkeit der Nacherfüllung (§§ 326 Abs. 5, 275 BGB).

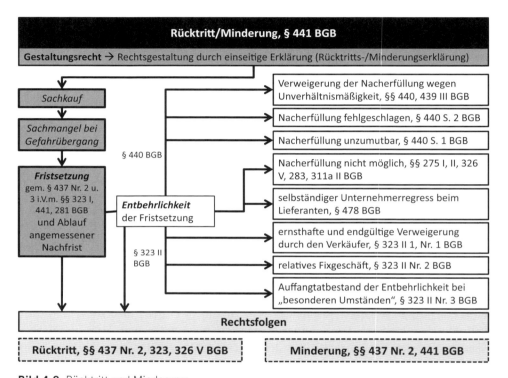

Bild 4.8 Rücktritt und Minderung

Auch beim Verbrauchsgüterkauf ist wohl keine Fristsetzung erforderlich. Diese Frage ist allerdings noch nicht höchstrichterlich entschieden.

Das Rücktrittsrecht ist in zwei Fällen ausgeschlossen:

- Die Pflichtverletzung des Verkäufers in Gestalt des Sachmangels ist unerheblich (§ 437 Nr. 2 i. V. m. § 323 Abs. 5 S. 2 BGB); dies ist der Fall, wenn der Sachmangel die Brauchbarkeit der Kaufsache nur wenig mindert.
- Der Käufer hat den Sachmangel allein oder überwiegend zu verantworten (§ 437 Nr. 2 i. V. m. § 323 Abs. 6 BGB).

Mit Zugang der Rücktrittserklärung beim Verkäufer wird der Rücktritt wirksam und verwandelt das vertragliche Kaufverhältnis in ein gesetzlich geregeltes Rückgewährschuldverhältnis (§§ 346 ff. BGB). Die vertraglichen Erfüllungsansprüche nach § 433 Abs. 1 und 2 BGB erlöschen. Bereits ausgetauschte Leistungen müssen

nach § 346 Abs. 1 BGB zurückgewährt werden. Dies umfasst auch die Gebrauchs-
vorteile, d.h. der Käufer muss für die Zeit, in der er den Kaufgegenstand nutzen
konnte, eine Nutzungsentschädigung leisten. Diese errechnet sich unter Zugrun-
delegung der Lebensdauer des Kaufgegenstandes und -preises. Kann der Käufer
die Kaufsache aus irgendeinem Grund nicht mehr (unversehrt) zurückgeben,
schuldet er Wertersatz. Nutzungsentschädigung und Wertersatz werden auch beim
Verbrauchsgüterkauf geschuldet.

Der Käufer kann nach einem Rücktritt noch zum Schadensersatz übergehen (§ 325
BGB) und bspw. unter Geltendmachung der Kosten für einen Ersatzkauf die man-
gelhafte Kaufsache zurückgeben oder diese doch behalten und seine zusätzlichen
Aufwendungen wie Reparaturkosten oder Mindererlöse beim Weiterverkauf dem
Verkäufer in Rechnung stellen.

Die Minderung unterliegt den gleichen Voraussetzungen wie der Rücktritt. Im Gegensatz zum diesem ist die Minderung allerdings auch bei einem unerheblichen
Mangel möglich, weil hier die Interessen des Verkäufers nicht so stark berührt
werden wie beim Rücktritt.

Ebenso wie beim Rücktritt muss der Käufer sein Minderungsrecht durch Erklärung gegenüber dem Verkäufer ausüben. Diese muss die Erklärung enthalten, den
Kaufpreis wegen eines bestimmten Mangels zu mindern, muss aber, weil der konkrete Minderungsbetrag häufig schwierig zu bestimmen ist, nicht den konkreten
Minderungsbetrag enthalten.

Wird das Minderungsrecht durch entsprechende Erklärung ausgeübt, reduziert
sich der Kaufpreis um den Minderungsbetrag. Gemindert wird der vereinbarte
Kaufpreis grundsätzlich nach folgender Formel (BGH NJW 1990, 902):

$$Geminderter\ Kaufpreis = \frac{vereinbarter\ Kaufpreis \times Wert\ der\ mangelhaften\ Sache}{Wert\ der\ Sache\ ohne\ Mangel}$$

Die Höhe des Minderungsbetrags ist im Einzelfall zu schätzen (§ 441 Abs. 3 S. 2
BGB). Anhaltspunkt kann etwa der Marktwert der mangelhaften Kaufsache sein;
in diesem Fall ergäbe sich der Minderungswert aus der Differenz zwischen Kaufpreis und diesem Wert. Ggf. kann auch auf einen fiktiven Reparaturaufwand abge-
stellt werden.

Hat der Käufer den vollen Kaufpreis schon bezahlt, kann er den Minderungsbetrag
zurückfordern (§§ 441 Abs. 4, 346 Abs. 1 BGB).

4.3.3.5 Anspruch auf Schadensersatz und Ersatz der vergeblichen Aufwendungen

Gem. § 437 Nr. 3 BGB kann der Käufer auch Schadensersatz verlangen. Dabei verweist die Vorschrift auf das allgemeine Leistungsstörungsrecht und erfasst verschiedene Schadensersatzansprüche. Sie alle setzen zwar ein Verschulden i.S. ei-

nes vorsätzlichen oder fahrlässigen Handelns (§ 276 BGB) voraus, § 280 Abs. 1 Satz 2 BGB enthält allerdings eine Beweislastumkehr zulasten des Verkäufers.

Der sog. *einfache Schadensersatz* (oder Schadensersatz neben der Leistung, §§ 437 Nr. 1, 280 Abs. 1 BGB) erfasst nur sog. Begleit- bzw. Mangelfolgeschäden, die der Käufer außerhalb der (mangelhaften) Kaufsache an seiner Gesundheit, an seinem Eigentum oder an sonstigen Rechtsgütern erleidet. Hierunter fallen auch die Kosten eines Gutachtens über Ursache und Umfang eines Mangels. Ein Mangelfolgeschaden liegt auch vor, wenn die Kaufsache durch eine fehlende Information mangelhaft wird. Dieser Schadensersatzanspruch kann unabhängig von einem Nacherfüllungsanspruch geltend gemacht werden, da der einmal entstandene Schaden durch die Nacherfüllung nicht beseitigt werden könnte.

Leistet der Verkäufer nicht rechtzeitig, kann der Käufer nach den allgemeinen Vorschriften den Verzögerungsschaden geltend machen (§§ 280 Abs. 1, 2, 286 BGB). Aber auch nach Ablieferung der Kaufsache, d. h. nach Gefahrübergang, kann es zu einem Verzögerungsschaden kommen, wenn etwa der Käufer die Kaufsache aufgrund des Mangels nicht oder nicht ordnungsgemäß nutzen oder weiterveräußern kann. In diesem Fall kann etwa ein Produktions- und Gewinnausfall bis zur Beseitigung des Mangels über §§ 437 Nr. 3, 280 Abs. 1, 2, 286 BGB als *Verzögerungsschaden* geltend gemacht werden.

Der *Schadensersatz statt der Leistung* (§§ 437 Nr. 3, 280 Abs. 1, 281 BGB) soll den Käufer so stellen, wie er bei ordnungsgemäßer Vertragserfüllung stehen würde (sog. Erfüllungsinteresse). Für den Ersatz des Mangelschadens kann der Käufer zwischen dem sog. großen und kleinen Schadensersatz wählen: Entweder er behält die mangelhafte Sache und verlangt Ersatz des Geldbetrages, den er für die Beseitigung des Mangels aufwenden musste (kleiner Schadensersatz) oder er gibt die mangelhafte Kaufsache zurück und liquidiert seinen gesamten Mangelschaden (großer Schadensersatz).

Ferner verweist § 437 Nr. 3 BGB auf die Schadensersatzansprüche wegen Unmöglichkeit gem. § 283 BGB (Unmöglichkeit der Lieferung einer mangelhaften Sache, die erst nach Vertragsschluss eintritt) bzw. § 311a Abs. 2 BGB (Unmöglichkeit schon bei Vertragsschluss). Auch hierbei handelt es sich in beiden Fällen um einen Schadensersatz statt der Leistung: Der Verkäufer haftet für das Erfüllungsinteresse und muss bspw. die Kosten für einen Deckungskauf tragen.

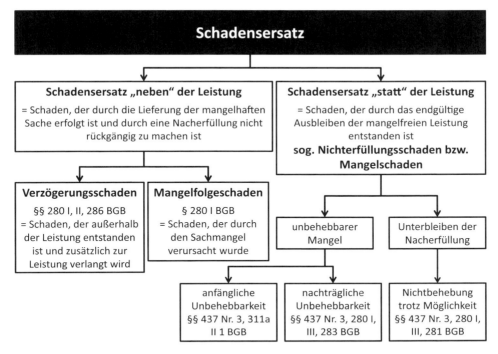

Bild 4.9 Schadensersatz

Schließlich kann der Besteller wegen eines Werkmangels anstelle des Schadensersatzes statt der Leistung *Ersatz seiner Aufwendungen* fordern, die er im Vertrauen auf eine mangelfreie Werkleistung gemacht hat und billigerweise machen durfte (§§ 437 Nr. 3, 284 BGB). Dies können Vertrags-, Beurkundungs-, Versand-, aber auch Finanzierungskosten sein.

4.3.4 Die Einwendungen und Einreden des Verkäufers im kaufrechtlichen Gewährleistungsrecht

Macht der Käufer Gewährleistungsrechte geltend, kann der Verkäufer diesen auf zwei verschiedenen Wegen begegnen. Er kann zum einen die Behauptungen des Käufers bestreiten und diesen damit zum Beweis zwingen. Zum anderen gibt ihm das Gesetz einige Einwendungen und Einreden, für die er freilich beweisbelastet ist. Weit verbreitet sind auch vertragliche Bestimmungen über den Ausschluss oder die Beschränkung von Gewährleistungsansprüchen (sog. Freizeichnungsklauseln).

Den Gewährleistungsrechten des Käufers oder Bestellers kann der Verkäufer bzw. Hersteller ggf. Gegenrechte entgegenhalten, die im folgenden Abschnitt vorgestellt werden sollen. Hierbei kommt ein gesetzlicher oder vertraglicher Ausschluss der Mängelhaftung in Betracht.

Beachte: Durch eine entsprechende Vereinbarung in Bezug auf die Leistung (Vereinbarung über die Sollbeschaffenheit der Kaufsache / des Werkes) kann das Risiko einer potenziellen Abweichung der Ist-Beschaffenheit minimiert werden (sodass bei der Vertragsgestaltung zur Vermeidung von Gewährleistungshaftung vordringlich auf die Leistungsbeschreibung zu achten ist). Die nachfolgenden Gegenrechte stellen insofern die „zweite Verteidigungslinie" dar.

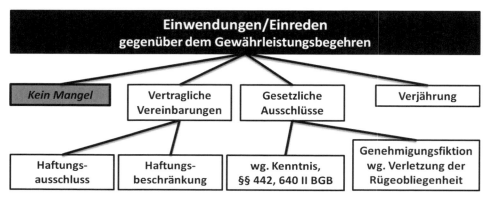

Bild 4.10 Einwendungen bei Gewährleistungsbegehren

4.3.4.1 Vertraglich vereinbarte Haftungsbeschränkungen und Haftungsausschlüsse

Den Vertragsparteien ist es grundsätzlich. möglich, die Mängelhaftung durch eine individuelle Vereinbarung einzuschränken oder völlig auszuschließen. Dies ergibt sich aus einem Umkehrschluss aus § 444 BGB, der zugleich die Grenzen des Zulässigen festlegt.

Haftungsausschluss oder Haftungsbeschränkung müssen durch übereinstimmende Willenserklärungen der Vertragsparteien Bestandteil des Kaufvertrages geworden sein. Sie unterliegen den gleichen Formerfordernissen wie der betroffene Kaufvertrag. Eine solche Vereinbarung kann auch noch nach dem Schluss des Kaufvertrages getroffen werden.

Die Parteien können etwa

- die Haftung für bestimmte Arten von Mängeln ausschließen
- das Wahlrecht zwischen Nachbesserung und Ersatzlieferung auf den Verkäufer übertragen
- die Beteiligung des Käufers an den Kosten der Nachbesserung vereinbaren

- das Rücktrittsrecht und den Schadensersatz statt der ganzen Leistung ausschließen oder die Verjährungsfrist verkürzen.
- Gebräuchliche Ausschlussklauseln sind etwa:
- Ein Kauf „wie besichtigt" schließt die Gewährleistung für solche Mängel aus, die bei einer gründlichen Besichtigung des Kaufgegenstandes durch den Käufer – nicht durch einen Sachverständigen – erkennbar waren.
- Die Klausel „wie besichtigt" mit dem Zusatz „unter Ausschluss jeglicher Gewährleistung" erstreckt sich auch auf verborgene Mängel und bedeutet den Ausschluss jeder Gewährleistung.
- Die Vereinbarung einer Arbitrage-Klausel beschränkt die Gewährleistung auf eine nach Maßgabe des vereinbarten Arbitrage-Verfahrens festgestellte Kaufpreisminderung.

Möglich ist auch eine Vereinbarung zur Qualität als solche, indem etwa eine geringere als die Durchschnittsqualität zugesagt wird. Dies dürfte jedoch in der Regel eine negative Beschaffenheitsvereinbarung darstellen, sodass dann schon das Vorliegen eines Sachmangels verneint werden müsste.

Bei der Vereinbarung von Haftungsbeschränkungen und -ausschlüssen sind jedoch einige Grenzen zu beachten:

a) So ist eine Haftungsbeschränkung bzw. ein Haftungssauschluss unwirksam, wenn der Verkäufer im Moment der Vereinbarung des Ausschlusses/der Beschränkung den Mangel arglistig verschwiegen bzw. die Abwesenheit von Fehlern arglistig vorgetäuscht oder Beschaffenheitsmerkmale vorgespiegelt hat (§ 444 BGB). Damit soll der Käufer im Falle eines arglistigen Verschweigens die Wahl haben, ob er den Vertrag nach § 123 BGB anficht oder am Vertrag festhält, dann aber trotz des eigentlich vereinbarten Gewährleistungsausschlusses die Gewährleistungsrechte geltend macht.

Arglist ist dabei gleichbedeutend mit Vorsatz, der sich auf drei Umstände beziehen muss:

1. auf das Vorhandensein des Mangels

2. auf die Unkenntnis des Käufers vom Mangel

3. darauf, dass der Käufer bei Kenntnis des Mangels anders disponiert hätte, d. h. den Vertrag nicht oder nicht zu denselben Bedingungen geschlossen oder die Sache nicht als Erfüllung angenommen hätte.

b) Haftungsbeschränkung oder -ausschluss sind ferner unwirksam, wenn der Verkäufer eine Garantie für die Beschaffenheit der Kaufsache übernommen hat (§ 444 BGB), also erklärt hat, er werde für das Vorliegen bestimmter Beschaffenheitsmerkmale verschuldensunabhängig einstehen (BGH NJW 2007, 1348). Nicht erforderlich ist eine wörtliche bzw. ausdrückliche Garantieübernahme. Vielmehr kann sich das Vorliegen einer Garantieübernahme im Einzelfall auch aus den Umständen ergeben.

c) Bei einem Verbrauchsgüterkauf sind Haftungsbeschränkungen oder -ausschlüsse im Voraus stets unzulässig (§ 475 Abs. 1 BGB).

Allerdings gilt diese Vorschrift nur für Vereinbarungen, die vor Mitteilung eines Mangels getroffen wurden. Vergleiche, die im Hinblick auf einen angezeigten Mangel geschlossen werden, sind hingegen auch im Rahmen eines Verbrauchsgüterkaufs zulässig.

d) Ist die Haftungsbeschränkung bzw. der Ausschluss nicht individualvertraglich vereinbart worden, sondern in den AGBs des Verkäufers enthalten, stellt sich die Frage der Wirksamkeit einer solchen Klausel.

Hier sind insbesondere die Klauselverbote des § 309 Nr. 8b BGB einschlägig, die freilich nur für Verträge über die Lieferung neu hergestellter Sachen gelten:

- Danach ist zunächst der vollständige Ausschluss der in § 437 BGB geregelten Ansprüche untersagt. Auch der vollständige Verweis auf Ansprüche gegen Dritte unter Ausschluss der Ansprüche gegen den Verwender ist unzulässig. Unzulässig sind außerdem Subsidiaritätsklauseln, die die Haftung des Verwenders von der vorherigen gerichtlichen Inanspruchnahme Dritter abhängig machen.
- Dem Verwender wird weiterhin untersagt, die Ansprüche des Kunden wegen Mängeln der gelieferten Sachen insgesamt oder bezüglich einzelner Teile auf ein Recht auf Nacherfüllung zu beschränken.
- Unwirksam ist danach auch die Beschränkung der Verpflichtung des Verkäufers, die Nacherfüllungskosten zu tragen.
- Der Verwender darf die Nacherfüllung auch nicht von der vorherigen Zahlung der vollständigen Vergütung oder eines unter Berücksichtigung des Mangels unverhältnismäßig hohen Anteils des Entgelts abhängig machen.
- Verboten ist zudem, dem Käufer für die Anzeige nicht offensichtlicher Mängel eine Ausschlussfrist zu setzen, die kürzer ist als ein Jahr.
- Schließlich darf die Verjährungsfrist nicht auf weniger als ein Jahr verkürzt werden.

Rechtsfolge ist jeweils die Unwirksamkeit der Haftungsbeschränkung oder des -ausschlusses, auf den sich der Verkäufer dann nicht berufen kann. Der Kaufvertrag ist also nicht insgesamt nichtig.

Im rein unternehmerischen Verkehr findet § 308 Nr. 8b BGB wegen § 310 Abs. 1 BGB keine Anwendung. Klauseln sind daher an § 307 BGB zu messen. Gegen diese Vorschrift verstößt eine ansonsten zulässige Vertragsklausel, wenn eine Haftung für die Verletzung sog. Kardinalpflichten, also wesentlicher Pflichten, die sich aus der Natur des Vertrages ergeben, so eingeschränkt wird, dass die Erreichung des Vertragszwecks gefährdet ist (§ 307 Abs. 2 Nr. 2 BGB). In Allgemeinen Geschäftsbedingungen dürfen dem Käufer deshalb nicht solche Rechtspositionen weggenommen oder eingeschränkt werden, die ihm der Vertrag nach seinem Inhalt und Zweck zu gewähren hat.

Unwirksam sind daher etwa folgende Klauselinhalte in AGB:

- Der vollständige Ausschluss der Mängelhaftung.
- Die Beschränkung der Gewährleistungsrechte auf grob fahrlässig herbeigeführte Mängel.
- Die Beschränkung der Gewährleistungsrechte auf den (verschuldensabhängigen) Schadensersatzanspruch.
- Der Ausschluss der Verpflichtung des Verwenders, die wesentlichen Kosten der Nacherfüllung wie Arbeits- und Materialkosten zu tragen. (Hingegen kann es zulässig sein, nicht ins Gewicht fallende Kostenarten [Versand- oder Verpackungskosten] auf den unternehmerischen Kunden abzuwälzen oder die Kostentragung für die erhöhten Aufwendungen auszuschließen, die durch die Verbringung der Sache an einen anderen Ort als der Niederlassung des Bestellers entstehen, sofern dies nicht dem bestimmungsgemäßen Gebrauch der Sache entspricht.)
- Die Beschränkung der Gewährleistungsrechte allein auf das Minderungsrecht.
- Das Vorenthalten der Nacherfüllung bis zur Zahlung des vollständigen Entgelts.

Ferner können sowohl bei Verwendung von AGB gegenüber Privaten als auch im unternehmerischen Geschäftsverkehr die Gewährleistung ausschließende oder einschränkende Klauseln wegen des Verstoßes gegen das Transparenzgebot (§ 307 Abs. 1 Satz 3 BGB) unwirksam sein.

4.3.4.2 Gesetzliche Ausschlussgründe

Als gesetzliche Ausschlussgründe kommen aus dem Kaufrecht insbesondere die Kenntnis des Mangels beim Kauf (§ 442 BGB) sowie der Verstoß gegen Untersuchungs- und Rügepflichten beim beiderseitigen Handelsgeschäft (§ 377 HGB) in Betracht.

4.3.4.2.1 Ausschluss aufgrund der Kenntnis des Käufers vom Sachmangel

Nach § 442 Abs. 1 S. 1 BGB sind alle Gewährleistungsrechte ausgeschlossen, wenn der Käufer den Mangel schon bei Vertragsschluss kennt. Hierfür reicht nicht schon ein bloßer dringender Verdacht aus. Erforderlich ist vielmehr das positive Wissen des Käufers. Er oder sein Vertreter müssen den Mangel in seinem ganzem Umfang und seiner Tragweite erkannt haben.

Abzustellen ist auf den Zeitpunkt des Vertragsschlusses. Damit wird auch deutlich, dass der Käufer grundsätzlich. seine Rechte nicht verliert, wenn er den Mangel erst bei Übergabe entdeckt und die Sache rügelos annimmt. Lediglich im Einzelfall kann in der rügelosen Entgegennahme einer als mangelhaft erkannten Sache eine Vertragsänderung bezüglich der Sachbeschaffenheit liegen.

§ 442 Abs. 1 S. 2 BGB bestimmt, dass der Verkäufer auch bei grob fahrlässiger Unkenntnis des Käufers nicht haften muss, es sei denn es liegen arglistiges Verschweigen eines Mangels oder eine Beschaffenheitsgarantie seitens des Verkäufers vor. Infolge grober Fahrlässigkeit erkennt der Käufer einen Fehler nicht, wenn er die im konkreten Fall zu beobachtende Sorgfalt, wie sie generell von einem Verkehrsteilnehmer erwartet werden kann, in besonders schwerem Maße vernachlässigt hat. Allerdings besteht regelmäßig keine Pflicht zur Untersuchung der Kaufsache. Diese kann nur bei Vorliegen besonderer Umstände, z. B. bei besonderer Sachkunde des Käufers oder eines von ihm hinzugezogenen Vertreters (Sachverständigen) sowie bei Verkehrsüblichkeit einer eingehenden Besichtigung oder eines Probelaufs derartiger Kaufgegenstände angenommen werden.

4.3.4.2.2 Mängelausschluss wegen des Verstoßes gegen Untersuchungs- und Rügepflichten beim beiderseitigen Handelsgeschäft

§ 377 HGB beschränkt beim beiderseitigen Handelskauf die Rechte des Käufers bei schlechter oder unvollständiger Lieferung dadurch, dass er ihm nach Ablieferung der Ware besondere Prüfungslasten auferlegt. Hält er diese nicht ein, führt dies zum Verlust seiner Gewährleistungsrechte. So ist der Käufer verpflichtet, den Mangel unverzüglich zu rügen. Dies gilt auch dann, wenn ein Aliud (Anderslieferung) oder eine andere als die vereinbarte Menge geliefert wird.

Die Vorschrift gilt für den Bereich des Handelskaufs, also des Kaufs (§ 433 BGB) von Waren oder Wertpapieren (§ 381 Abs. 1 HGB) sowie des Werklieferungsvertrages (§ 651 Abs. 1 BGB, § 381 Abs. 2 HGB).

Ferner muss der Kauf für beide Vertragsparteien ein Handelsgeschäft sein. Es müssen also auf beiden Seiten des Geschäfts zum Zeitpunkt des Vertragsschlusses Kaufleute i. S. d. §§ 1 – 6 HGB beteiligt sein.

Die Rügepflicht bezieht sich auf alle Mängel i. S. d. § 434 BGB und damit auch auf die Falsch- und Zuweniglieferung. Hier ergeben sich keine Besonderheiten. Auch besonders schwere Mängel befreien nicht von der Rügepflicht. Zudem ist der Käufer auch im Fall der Nacherfüllung (Nachlieferung oder Nachbesserung) durch den Verkäufer verpflichtet, etwaige Mängel der Nachlieferung oder das Fehlschlagen eines Nachbesserungsversuches erneut unverzüglich zu rügen.

Die Rügeobliegenheit beginnt erst mit der Ablieferung des Kaufgegenstandes beim Käufer. Vor diesem Zeitpunkt läuft selbst dann keine Rügefrist, wenn der Käufer den Mangel bereits zuvor erkannt hatte. In einem solchen Fall kann, muss er aber nicht rügen. Dabei ist die Ablieferung nicht mit der Übergabe gleichzusetzen. Ablieferung meint den tatsächlichen Vorgang, durch den der Käufer in Erfüllung des Kaufvertrages in eine solche tatsächliche räumliche Beziehung zur Kaufsache kommt, dass ihm nunmehr anstelle des Verkäufers die Verfügungsmöglichkeit über die Kaufsache zusteht und es ihm möglich ist, diese auf Fehler zu untersuchen. Hierzu muss die Ware grundsätzlich vollständig in den Machtbereich des Käufers gelangt sein. Sie muss außerdem im Wesentlichen vollständig sein. Dies umfasst die Übergabe von Bedienungsanleitungen, Dokumentationen und Programmen jedenfalls dann, wenn die Unterlagen zur sachgerechten Untersuchung oder zur Inbetriebsetzung einer gelieferten Anlage erforderlich sind. Wenn eine Maschine in Teilen zu liefern ist, beginnt die Rügefrist mit Ablieferung der Teile, sofern dem Käufer die Montage der Maschine obliegt. Ist hingegen die Montage Aufgabe des Verkäufers, ist die Maschine erst nach ihrer vollständigen Montage, der Mitteilung hiervon sowie dem Abschluss der Probeläufe abgeliefert.

Nach § 377 Abs. 1 HGB hat der Käufer die Ware unverzüglich nach der Ablieferung durch den Verkäufer, soweit dies nach ordnungsmäßigem Geschäftsgang tunlich ist, zu untersuchen und, sofern sich dabei ein Mangel zeigt, dem Verkäufer unverzüglich Anzeige zu machen. Zeigt sich später ein solcher Mangel, so muss die Anzeige unverzüglich nach der Entdeckung gemacht werden (§ 377 Abs. 3 HGB).

Unverzüglich bedeutet ohne schuldhaftes Zögern (§ 121 Abs. 1 S. 1 BGB). Entscheidend ist die rechtzeitige Absendung der Rüge, wobei der Käufer die Beweislast für den rechtzeitigen Zugang der Rüge trägt. Bei offen zutage tretenden Mängeln muss der Käufer alsbald nach der Ablieferung die Anzeige erstatten. Ihm steht auch keine (hypothetische) Frist für eine Untersuchung zu, etwa um weitere Mängel festzustellen. Wie schnell nun diese Anzeige zu erfolgen hat, hängt von den Umständen des Einzelfalles ab. Im Falle von offenen Mängeln, die ohne Untersuchung nicht erkennbar sind, verlängert sich die Rügefrist um die für die Untersuchung erforderliche Zeitdauer. Verborgene Mängel sind nach ihrer Entdeckung unverzüglich zu rügen.

Die Anzeige selbst ist, sofern die Vertragsparteien nichts anderes vereinbart haben, formlos möglich und muss die gerügten Mängel ihrer Art und ihrem Umfang nach deutlich bezeichnen. Bei mehreren Mängeln muss grundsätzlich jeder Mangel gesondert gerügt werden Ziel ist es, den Verkäufer in die Lage zu versetzen, möglichst bald den Beanstandungen durch den Käufer nachzugehen und zu prüfen, ob er dem nachkommen will. Zudem soll der Verkäufer gegen ein Nachschieben anderer Beanstandungen durch den Käufer geschützt werden.

Unterlässt der Käufer die gebotene Anzeige, so gilt der Mangel als genehmigt (§ 377 Abs. 2 und 3 Hs. 2 HGB). Anders verhält es sich nur, wenn der Verkäufer den Mangel arglistig verschwiegen hat (§ 377 Abs. 5 HGB). Der Käufer verliert damit seine sämtlichen Ansprüche, die sich aufgrund der vertraglichen Beziehungen wegen des (konkreten) Mangels ergeben, soweit sie hätten erkannt und gerügt werden können. Deliktische Ansprüche des Käufers hingegen werden, auch wenn sie auf einem Mangel beruhen, nicht ausgeschlossen.

§ 377 HGB ist dispositiv, also abdingbar. Die Vertragsparteien können die Rügepflicht des Käufers vertraglich sowohl verschärfen als auch abmildern. Auch ein vollständiger Ausschluss der Rügepflicht ist in Individualvereinbarungen möglich. Umgekehrt kann auch der Verkäufer auf die Rechtsfolgen des § 377 Abs. 2 und 3 HGB auch noch nachträglich verzichten.

Erfolgt die von § 377 HGB abweichende Vereinbarung durch AGB, muss unterschieden werden: Ein gänzlicher Ausschluss des § 377 HGB in AGB wird von der Rechtsprechung für unwirksam gehalten. Im Übrigen muss zwischen Verkaufsbedingungen und Einkaufsbedingungen unterschieden werden. Eine Verschärfung der Rügepflicht des Käufers in den AGB des Verkäufers ist nur dann zulässig, solange die Regelung nicht einem Haftungsausschluss zugunsten des Verkäufers nahe kommt. Zulässig ist daher lediglich die Festschreibung solcher Untersuchungs- und Rügefristen, die für den Käufer mit zumutbarem Aufwand erfüllt werden können. Unzulässig ist hingegen eine Abkürzung der Rügefrist auch für verborgene Mängel auf wenige Tage. Auch der Käufer kann sich in seinen Einkaufsbedingungen nicht völlig von der gesetzlichen Rügepflicht freizeichnen: Jedenfalls soweit es sich um offene, d. h. leicht erkennbare Mängel handelt, müssen diese auf jeden Fall in den Fristen des § 377 HGB gerügt werden.

Umstritten ist, ob die Abbedingung des § 377 HGB im Rahmen einer Qualitätssicherungsvereinbarung ebenso gegen das AGB-Recht verstößt. Nach herrschender Meinung ist aber auch die vollständige Verlagerung der Untersuchungs- und Rügepflicht auf den Verkäufer, d. h. auf den Zulieferer zulässig, wodurch der industrielle Hersteller von der Wareneingangskontrolle entlastet werden soll.

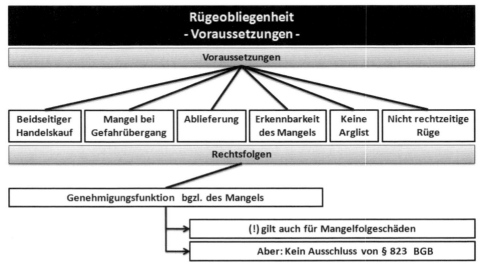

Bild 4.11 Voraussetzungen für Rügeobliegenheit

4.3.4.3 Die Einrede der Verjährung bei kaufrechtlichen Gewährleistungs- ansprüchen

Verjährung ist die Entkräftung eines Anspruchs durch Zeitablauf. Sie gibt dem Anspruchsverpflichteten, im Fall der Gewährleistungsrechte also dem Verkäufer eine Einrede. Er ist berechtigt (aber nicht verpflichtet), die Leistung dauernd zu verweigern (§ 214 Abs. 1 BGB, sog. peremptorische Einrede).

Damit unterscheidet sich die Verjährung von der Ausschlussfrist: Während der Anspruch bei Verjährung dennoch bestehen bleibt, erlischt er mit Ablauf der Ausschlussfrist.

4.3.4.3.1 Die Verjährungsregelungen im kaufrechtlichen Gewährleistungsrecht

Die Gewährleistungsrechte des Käufers unterliegen einer eigenen Verjährung, die nach Fristdauer und Beginn von der Regelverjährung der §§ 195, 199 BGB abweicht.

Nach § 438 Abs. 1 BGB verjähren die Ansprüche des Käufers auf Nacherfüllung und auf Schadensersatz oder Aufwendungsersatz

- in 5 Jahren für Sachmängel an Bauwerken als unbewegliche Sachen, die durch Verwendung von Arbeit und Material in eine feste Verbindung mit dem Erdboden gebracht wurden (§ 438 Abs. 1 Nr. 2a BGB), und mangelhafte Baustoffe (§ 438 Abs. 1 Nr. 2b BGB), sofern diese bestimmungsgemäß verbaut werden und auch das Bauwerk mangelhaft machen
- in 2 Jahren für alle anderen Sachmängel (§ 438 Abs. 1 Nr. 3 BGB)
- die 30-jährige Verjährungsfrist gilt nur für bestimmte Rechtsmängel (§ 438 Abs. 1 Nr. 1 BGB).

Die Verjährung beginnt abweichend von der allgemeinen Regelung des § 199 Abs. 1 BGB gemäß § 438 Abs. 2 BGB bei Grundstücken mit der Übergabe, im Übrigen mit der Ablieferung der Sache. Damit hängt der Beginn der Verjährung gerade nicht von der Entdeckung des Sachmangels ab. Vielmehr verjähren auch versteckte Mängel ab Übergabe oder Ablieferung.

Die normale dreijährige Verjährungsfrist gilt ausnahmsweise, wenn der Verkäufer den Sachmangel arglistig verschwiegen hat. In diesem Fall gilt auch § 199 BGB, wonach die Verjährung erst mit dem Ende des Jahres beginnt, in dem der Mängelanspruch entstanden ist und der Käufer alle anspruchsbegründenden Tatsachen und die Person des Verantwortlichen erfahren hat oder ohne grobe Fahrlässigkeit hätte erfahren können.

Als Gestaltungsrechte können das Rücktritts- sowie das Minderungsrecht zwar nicht verjähren, da nur Ansprüche einer Verjährung unterliegen (§ 194 Abs. 1 BGB). Sie sind aber nach §§ 438 Abs. 4 S. 1, 5, 218 BGB ausgeschlossen, wenn der Nacherfüllungsanspruch verjährt ist und der Verkäufer die Verjährungseinrede erhebt.

4.3.4.3.2 Verjährungsvereinbarungen

Den Vertragsparteien ist es grundsätzlich möglich, die Verjährungsfristen abweichend zu regeln. Denkbar sind etwa abweichende Vereinbarungen über Beginn, Hemmung und Dauer der Verjährungsfristen, insbesondere also eine Verkürzung oder Verlängerung der Verjährung.

§ 202 BGB erlaubt solche Vereinbarungen grundsätzlich und setzt ihnen nur wenige Schranken: So ist lediglich eine im Voraus getroffene Absprache über die erleichterte Verjährung von Ansprüchen, die sich auf vorsätzliches Handeln des Schuldners stützen, unzulässig (§ 202 Abs. 1 BGB). Verjährungserschwerende, also zulasten des Schuldners gehende Modifizierungen der gesetzlichen Vorschriften durch Vertrag (z. B. das Hinausschieben des Fristbeginns, eine Fristverlängerung oder eine Ausweitung der Hemmungstatbestände) oder der einseitige Verzicht des Schuldners sind nach § 202 Abs. 2 BGB bis zur Grenze von 30 Jahren ab dem gesetzlichen Verjährungsbeginn zulässig.

Ausnahmen gelten jedoch beim Verbrauchsgüterkauf. Vor Mitteilung des Mangels kann wirksam keine Vereinbarung getroffen werden, die bei Neuwaren zu einer Verjährung von weniger als zwei und bei gebrauchten Sachen von weniger als einem Jahr führt. Dieses Verbot erfasst nicht nur die ausdrückliche Verkürzung der Verjährungsfrist, sondern ebenso jegliche Form der Erleichterung der Verjährung wie etwa die Vorverlegung des Verjährungsbeginns.

Bei Verjährungsvereinbarungen in AGB sind insbesondere § 309 Nr. 8b ff) BGB sowie die Generalklausel des § 307 BGB, aber auch § 309 Nr. 7 BGB zu beachten. Während etwa die allgemeine Fristverlängerung auf drei Jahre in Einkaufsbedingungen zulässig sein kann, ist bspw. die pauschale Bestimmung des Neubeginns der Verjährung für den Fall der Nacherfüllung unwirksam.

4.3.4.3.3 Hemmung der Verjährung

Das BGB kennt allerdings auch Tatbestände, bei deren Vorliegen die Verjährung entweder gehemmt wird oder neubeginnt.

Während Hemmung der Verjährung bedeutet, dass der Zeitraum, währenddessen die Hemmung besteht, nicht in die Verjährungsfrist eingerechnet wird („Einfrieren", § 209 BGB), bedeutet ein Neubeginn der Verjährung, dass der Ablauf der Verjährungsfrist neu beginnt – es wird also die bis dahin verstrichene Zeit bei der Berechnung außer Betracht gelassen (§ 212 BGB).

So ist die Verjährung etwa gehemmt, solange zwischen Gläubiger und Schuldner über einen streitigen oder zweifelhaften Anspruch Verhandlungen geführt werden (§ 203 BGB). Dabei wird der Begriff der Verhandlung von der Rechtsprechung weit ausgelegt. Hierfür reicht jeder Meinungsaustausch und jede Austauschkorrespondenz über etwaige Mängel oder über Nachbesserungsarbeiten aus, sofern nicht sofort und eindeutig jeder Ersatz abgelehnt wird.

Die Hemmung setzt rückwirkend mit dem Zeitpunkt ein, in dem der Käufer den Anspruch geltend gemacht hat. Sie endet, wenn einer der Beteiligten eine Fortsetzung der Verhandlungen verweigert, d. h. klar und eindeutig zum Ausdruck bringt, dass er die Verhandlungen abbrechen will. Dies ist etwa der Fall, wenn der Verkäufer sein Prüfergebnis mitteilt, den Mangel für beseitigt erklärt oder eine weitere Mängelbeseitigung endgültig verweigert wird (BGH, NJW-RR 13, 969). Die Verjährung tritt frühestens drei Monate nach dem Ende der Hemmung ein (§ 203 S. 2 BGB).

Lassen die Parteien die Verhandlungen stattdessen einfach „einschlafen", sind die Verhandlungen in dem Zeitpunkt beendet, in dem der nächste Schritt nach Treu und Glauben (§ 242 BGB) an sich zu erwarten war.

■ 4.4 Werkvertragliche Gewährleistung

Ähnlich wie im Kaufvertragsrecht ist der Unternehmer auch beim Werkvertrag zur Herstellung eines sach- und rechtsmangelfreien Werkes verpflichtet (§ 633 Abs. 1 BGB).

4.4.1 Mangelhaftigkeit des Werkes bei Abnahme

Der Sachmangelbegriff der § 633 Abs. 2 – 4 BGB entspricht in jeder Hinsicht dem des Kaufrechts. Primär ist dabei die zwischen den Vertragsparteien vereinbarte Beschaffenheit entscheidend. Fehlt es hieran, ist darauf abzustellen, ob sich das Werk zu der nach dem Vertrag vorausgesetzten Verwendung eignet. Lässt sich diese nicht ermitteln, ist maßgeblich, ob sich das Werk zur gewöhnlichen Verwendung derartiger Werke eignet und die für Werke gleicher Art übliche Beschaffenheit, wie sie der Besteller nach Art des Werks erwarten kann, aufweist.

Eine Beschaffenheitsvereinbarung der Parteien wird sich häufig aus einem dem Vertragsschluss zu Grunde liegenden Leistungsverzeichnis oder auch aus den vom Unternehmer gefertigten Planungsunterlagen ergeben. Entsprechendes gilt bei der Bezugnahme auf die in technischen Normen (DIN-Normen etc.) festgehaltenen Verfahrensweisen.

Sofern die Vertragsparteien nichts anderes vereinbaren, darf der Besteller erwarten, dass das Werk zum Zeitpunkt der Fertigstellung und Abnahme diejenigen Qualitäts- und Komfortstandards erfüllt, die auch vergleichbare andere zeitgleich fertiggestellte und abgenommene Werke erfüllen. Üblicherweise wird auch ohne ausdrückliche Vereinbarung die Einhaltung dieser Standards garantiert. Das Werk muss deshalb im Allgemeinen dem Stand der anerkannten Regeln der Technik zur Zeit der Abnahme entsprechen. Solche anerkannte Regeln der Technik können DIN-Normen sein. Diese können allerdings auch hinter ihnen zurückbleiben.

Ebenso wie im Kaufrecht werden die Anderslieferung (sog. Aliud) und die Zuweniglieferung (Minus) als Mangel angesehen. Schließlich wird auch der Rechtsmangel dem Sachmangel gleichgestellt. Diese kommen im Werkvertragsrecht seltener vor, können sich aber im Bereich des Urheberrechts und des gewerblichen Rechtsschutzes oder aus öffentlich-rechtlichen Beschränkungen ergeben.

Grundsätzlich entstehen die Mängelrechte des Bestellers mit Gefahrübergang. Dieser findet gem. § 644 BGB mit der Abnahme des Werkes statt. Gefahrübergang tritt aber auch ein, wenn der Bestellter mit der Abnahme in Verzug gerät (§ 644 Abs. 1 Satz 2 BGB) oder das Werk, das seiner Natur nach nicht abgenommen werden kann, vollendet ist (§ 646 BGB).

Bild 4.12 Gefahrübergang

4.4.2 Die einzelnen Gewährleistungsrechte des Bestellers

§ 634 BGB legt im Einzelnen die Gewährleistungsrechte des Bestellers fest. Diese sind:

▪ die Nacherfüllung (§§ 634 Nr. 1, 635 BGB)
▪ der Aufwendungsersatz für eigene Mängelbeseitigung (§§ 634 Nr. 2, 637 I BGB) und Vorschuss (§§ 634 Nr. 2, 637 III BGB)
▪ der Rücktritt oder die Minderung (§§ 634 Nr. 3, 636, 638 BGB)
▪ der Schadensersatz (§§ 634 Nr. 4, 636, 280, 281, 283, 311a BGB)
▪ sowie der Aufwendungsersatz (§§ 634 Nr. 4, 284 BGB).

4.4.2.1 Der Nacherfüllungsanspruch

Dabei ist § 634 BGB zweistufig ausgestaltet: Zunächst ist der Besteller auf den Nacherfüllungsanspruch beschränkt. Der Vorrang der Nacherfüllung ergibt sich daraus, dass der Besteller diese sofort verlangen kann, ohne dass zuvor noch eine Frist gesetzt werden müsste. Im Unterschied zum kaufrechtlichen Gewährleistungsrecht hat hier allerdings nicht der Besteller, sondern vielmehr der Unternehmer die Wahl, wie er diesen Nacherfüllungsanspruch erfüllt. Sofern die Parteien nichts anderes vereinbart haben, kann er entweder den Mangel beseitigen oder ein neues Werk erstellen. Die zu diesem Zweck erforderlichen Aufwendungen muss der Unternehmer tragen. Hierzu gehören:

die Transport-, Arbeits- und Materialkosten sowie die Kosten für etwaige erforderliche Vor- und Nacharbeiten.

Der Unternehmer ist zur Nacherfüllung nur dann nicht verpflichtet, wenn beide Nacherfüllungsvarianten mit unverhältnismäßigen Kosten verbunden sind. Dies richtet sich nicht nach dem Preis-Leistungs-Verhältnis des Vertrages oder dem Verhältnis von Nachbesserungsaufwand und den zugehörigen Vertragspreisen. Vielmehr muss der Aufwand für die Mängelbeseitigung zu deren Erfolg in Relation gesetzt werden und darf hierbei nicht als sinnlos und rechtsmissbräuchlich erscheinen.

4.4.2.2 Die weiteren Gewährleistungsrechte als Rechte zweiter Stufe

Alle anderen Gewährleistungsrechte des Bestellers sind – mit Ausnahme des sog. einfachen Schadensersatzes – davon abhängig, dass der Besteller dem Unternehmer zunächst eine angemessene Frist zur Nacherfüllung setzt und deren erfolglosen Ablauf abwartet. Eine solche Fristsetzung ist aber ähnlich wie im Kaufrecht ausnahmsweise entbehrlich

- wenn die Nacherfüllung fehlgeschlagen ist; hiervon kann ausgegangen werden bei Unzulänglichkeit der Nacherfüllung, ungebührlicher Verzögerung oder misslungenem Versuch der Nacherfüllung

- bei endgültiger und ernsthafter Erfüllungsverweigerung durch den Unternehmer; hierfür ist erforderlich, dass der Unternehmer sich beharrlich oder strikt weigert, die Nacherfüllung zu erbringen, etwa weil er die Gewährleistung schlechthin verweigert

- wenn die Nacherfüllung dem Besteller unzumutbar ist; hierfür muss das Vertrauen in die Verlässlichkeit und Kompetenz des Unternehmers so nachhaltig erschüttert sein, dass aus objektivierter Sicht des Bestellers eine erfolgreiche Nacherfüllung nicht zu erwarten ist

- bei einem Fixgeschäft, wenn also die termin- oder fristgerechte Leistung für den Besteller wesentlich ist

- bei Unmöglichkeit der Nacherfüllung

- beim Vorliegen besonderer Umstände, aufgrund derer unter Abwägung der beiderseitigen Interessen die sofortige Geltendmachung der Gewährleistungsrechte gerechtfertigt ist (z. B. bei Androhung der Schließung eines Geschäftslokals wegen des Mangels).

4.4.2.3 Das Selbstvornahmerecht

Anders als im kaufrechtlichen Gewährleistungsrecht steht dem Besteller beim Werkvertrag neben den anderen Gewährleistungsrechten ein Selbstvornahmerecht zu (§ 637 BGB).

Liegen die Voraussetzungen für das Selbstvornahmerecht – Mangelhaftigkeit des Werkes, Abnahme und Fristsetzung zur Nacherfüllung – vor, kann der Besteller die für die Mängelbeseitigung erforderlichen Arbeiten selbst vornehmen. Es besteht jedoch keine Verpflichtung, in eigener Person tätig zu werden. Vielmehr kann der Besteller die Arbeiten auch durch einen Dritten durchführen lassen. Der Unternehmer selbst ist nach fruchtlosem Ablauf der zur Nacherfüllung gesetzten Frist nicht mehr zur Nacherfüllung berechtigt. Allerdings bleibt es dem Besteller unbenommen, dem Unternehmer die Nacherfüllung dennoch zu gestatten.

Die für die Selbstvornahme erforderlichen Aufwendungen kann der Besteller dem Unternehmer in Rechnung stellen. Gem. § 637 Abs. 3 BGB hat der Besteller gegen den Unternehmer einen Anspruch auf Zahlung eines Kostenvorschusses für die Durchführung der Selbstvornahme. Voraussetzung ist allerdings, dass der Besteller auch tatsächlich die Absicht hat, die vorhandenen Mängel im Wege der Selbstvornahme zu beseitigen. Der Vorschuss ist nämlich zweckgebunden und vom Auftraggeber zur Mängelbeseitigung zu verwenden. Die Höhe des Vorschusses bemisst sich nach den voraussichtlich erforderlichen Aufwendungen, die sich durch Gutachten oder Einholung von Angeboten ermitteln lassen. Nach Durchführung der Mängelbeseitigung hat dann eine Abrechnung zu erfolgen. Zu diesem Zweck hat der Unternehmer nach Abschluss der Mängelbeseitigungsarbeiten einen Anspruch auf Auskunft und Rechnungslegung und kann nicht verwendeten Vorschuss zurückverlangen.

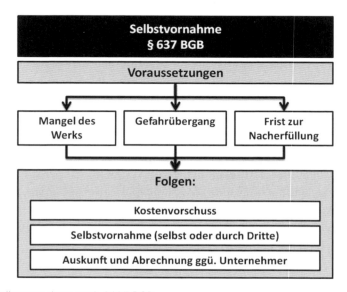

Bild 4.13 Selbstvornahme nach §637 BGB

4.4.2.4 Rücktritt und Minderung

Nach Ablauf einer angemessenen Frist zur Nacherfüllung darf der Besteller wegen eines Mangels des hergestellten Werkes entweder vom Werkvertrag zurücktreten oder den Werklohn mindern. Hierzu ist eine Erklärung gegenüber dem Unternehmer notwendig. Diese ist unwiderruflich. Da die Minderungs- und Rücktrittserklärung rechtsgestaltende Wirkung haben, können die Rechtsfolgen einer durch Zugang wirksam gewordenen Erklärung von dem Besteller nicht einseitig durch Widerruf oder Rücknahme beseitigt werden. Dies geht nur noch im Einverständnis beider Vertragsparteien.

Mithilfe der Minderung oder des Rücktritts kann der Besteller den Werklohn ganz oder teilweise verweigern bzw. ihn zurückverlangen.

Für die Minderung gilt wie bei der kaufrechtlichen Minderung folgende Formel:

$$Geminderter\ Werklohn = \frac{vereinbarter\ Werklohn \times Wert\ des\ mangelhaften\ Werkes}{Wert\ des\ Werks\ ohne\ Mangel}$$

4.4.2.5 Die Ansprüche auf Schadensersatz und Ersatz der vergeblichen Aufwendungen

Gem. § 634 Nr. 4 BGB hat der Besteller wegen eines Werkmangels zudem entweder Anspruch auf Schadensersatz oder auf Ersatz seiner „vergeblichen" Aufwendungen.

Der Schadensersatz ist nicht zweckgebunden, d. h. der Besteller kann damit machen, was er will und muss ihn – anders als den Vorschuss im Rahmen des Selbstvornahmerechts – nicht zur Reparatur des Werkes einsetzen. Daher schließt sich beides auch nicht aus.

Der Schadensersatzanspruch setzt zwar ein Verschulden voraus, allerdings ist der Unternehmer nach § 280 Abs. 1 Satz 2 BGB dafür darlegungs- und beweisbelastet, dass er den Werkmangel nicht zu vertreten hat.

§ 634 Nr. 4 BGB erfasst wie im Kaufrecht allerdings nicht nur einen Schadensersatz, sondern verschiedene Schadensersatzarten:

Der sog. *einfache Schadensersatz* umfasst den Schaden, den der Besteller unabhängig von einer späteren mangelfreien Nacherfüllung durch den Mangel erleidet. Damit gemeint ist vor allem der sog. Mangelfolgeschaden und damit der Schaden, den der Mangel außerhalb des Werks an der Gesundheit, dem Eigentum oder dem sonstigen Vermögen des Bestellers angerichtet hat und der sich nicht durch die Nacherfüllung beseitigen lässt. Hierunter fallen auch die Kosten eines Gutachtens über Ursache und Umfang eines Mangels. Dieser Schadensersatzanspruch ist unabhängig von einer vorherigen Fristsetzung zur Nacherfüllung, weil sie insoweit ohne Sinn wäre.

Hingegen soll über den *Schadensersatz statt der Leistung* der Mangelschaden, der am mangelhaften Werk selbst eintritt, ersetzt werden. Dieser erfasst etwa die Kosten für die Reparatur oder Ersatzbeschaffung, den Minderwert oder den entgangenen Gewinn. Hier muss der Besteller zwischen dem sog. großen und kleinen Schadensersatz wählen: Gibt er das mangelhafte Werk zurück, bekommt er seinen gesamten Mangelschaden in Geld ersetzt (großer Schadensersatz); andernfalls kann er das Werk behalten und Ersatz des verbleibenden Schadens verlangen (kleiner Schadensersatz).

Ferner kann der Besteller über den *Verzögerungsschaden* beispielsweise den für die Dauer der Nachreparatur entstandenen Produktions- und Gewinnausfall ersetzt verlangen. Dies gilt auch dann, wenn der Unternehmer verspätet mangelfrei nacherfüllt.

Schließlich kann der Besteller wegen eines Werkmangels anstelle des Schadensersatzes statt der Leistung Ersatz seiner Aufwendungen fordern, die er im Vertrauen auf eine mangelfreie Werkleistung gemacht hat und billigerweise machen durfte. Dies können sein Vertragskosten, aber auch Finanzierungskosten sein.

In den meisten Fällen wird es deshalb sinnvoll sein, wenn der Besteller in der Hauptsache Schadensersatz beansprucht und – vorsorglich – die Selbstvornahme nur noch hilfsweise geltend macht.

4.4.3 Die Einwendungen und Einreden des Verkäufers im werkvertraglichen Gewährleistungsrecht

4.4.3.1 Vertraglich vereinbarte Haftungsbeschränkungen und Haftungsausschlüsse

Ebenso wie im kaufrechtlichen Gewährleistungsrecht können die Gewährleistungsrechte des Bestellers aufgrund von Mängeln des Werks grundsätzlich begrenzt oder ausgeschlossen werden.

Von dieser Freizeichnungsmöglichkeit des Unternehmers sind zum einen aber alle Mängel ausgenommen, die dieser dem Besteller arglistig, also vorsätzlich und trotz bestehender Offenbarungspflicht, verschwiegen hat.

Zum anderen kann der Unternehmer sich ebenfalls nicht auf eine haftungsbeschränkende Vereinbarung berufen, wenn er eine Beschaffenheitsgarantie für das Werk übernommen hat. Eine Beschaffenheitsgarantie liegt – anders als die bloße Beschaffenheitsvereinbarung, die letztlich nur die Soll-Beschaffenheit und damit den geschuldeten werkvertraglichen Erfolg näher beschreibt – vor, wenn der Werkunternehmer verschuldensunabhängig für einen bestimmten Erfolg im Rahmen des Werkvertrags einstehen will (sog. „unselbständige Garantie", BGH NJW 1969, 787).

Auch in diesen zwei Ausnahmefällen bleibt der Vertrag wirksam. Dem Unternehmer ist die Berufung auf eine haftungsausschließende oder -beschränkende Vereinbarung zudem nur hinsichtlich der verschwiegenen oder von der Garantie erfassten Mängel verwehrt.

Während die individualrechtliche Vereinbarung solcher Haftungsbeschränkungen und -ausschlüsse grundsätzlich möglich ist, sind solche Haftungsbeschränkungen in Allgemeinen Geschäftsbedingungen insbesondere an § 309 Nr. 8b BGB (sonstige Haftungsausschlüsse bei Pflichtverletzung) und § 309 Nr. 12 BGB (Beweislast) zu messen. Im rein unternehmerischen Geschäftsverkehr finden diese Vorschriften aber keine Anwendung (§ 310 Abs. 1 BGB). Wie bereits zum Kaufvertrag dargestellt, sind diese Klauseln an § 307 BGB zu messen. Danach sind solche Bestimmungen unwirksam, die mit wesentlichen Grundgedanken der gesetzlichen Regelung – von der abgewichen wird – nicht zu vereinbaren sind oder wesentliche Rechte oder Pflichten, die sich aus der Natur des Vertrags ergeben, so einschränken, dass die Erreichung des Vertragszwecks gefährdet ist (sog. Verstoß gegen Kardinalpflichten).

Bezüglich der von der Rechtsprechung als unzulässig angesehenen Klauseln kann auf die Ausführungen zum Kaufvertrag Bezug genommen werden.

4.4.3.2 Ausschluss aufgrund der Mangelkenntnis des Bestellers bei Abnahme

Nimmt der Besteller das Werk in Kenntnis vorhandener Mängel vorbehaltlos ab, verliert er seine (verschuldensunabhängigen) Gewährleistungsrechte der § 634 Nr. 1 bis 3 BGB. Der Rechtsverlust erstreckt sich auf alle Mängel, von denen der Besteller im Zeitpunkt der Abnahme positive Kenntnis hat. Eine fahrlässige Unkenntnis der Mängel beeinträchtigt die Rechte des Bestellers hingegen nicht.

Nicht erforderlich ist hingegen ein Vorbehalt für die verschuldensabhängigen Schadensersatzansprüche oder den Aufwendungsersatz nach § 634 Nr. 4 BGB.

4.4.3.3 Die Einrede der Verjährung bei werkrechtlichen Gewährleistungsansprüchen

4.4.3.3.1 Die Verjährungsregelungen im werkrechtlichen Gewährleistungsrecht

§ 634a BGB regelt die Verjährung der Gewährleistungsrechte des Bestellers bei Mängeln und unterwirft diese, abhängig von der Art des erbrachten Werks, unterschiedlichen Verjährungsfristen. Dabei erfasst § 634a Abs. 1 BGB die Rechte auf Nacherfüllung, auf Aufwendungsersatz im Falle der Selbstbeseitigung sowie auf Schadens- und Aufwendungsersatz. Da das Rücktritts- und Minderungsrecht Gestaltungsrechte sind, können sie zwar nicht wie Ansprüche verjähren. Gem. § 634a Abs. 4 und 5 BGB sind sie aber unwirksam, wenn der Nacherfüllungsanspruch aus § 635 BGB verjährt ist und der Unternehmer die Verjährungseinrede erhebt. Nicht erfasst werden Ansprüche des Bestellers aus allgemeinen Vorschriften z. B. aus unerlaubter Handlung nach §§ 823 ff. BGB.

Die Verjährungsfrist beträgt

- 2 Jahre bei der Herstellung, Wartung oder Veränderung einer Sache einschließlich der Planung und Überwachung (§ 634a Abs. 1 Nr. 1 BGB)
- 5 Jahre bei Bauwerken einschließlich der Bauplanung und Bauaufsicht (§ 634a Abs. 1 Nr. 2 BGB)
- und 3 Jahre in den übrigen Fällen wie etwa der Erstellung eines Gutachtens oder der Erbringung von Transportleistungen.

Die Verjährungsfrist von 2 und 5 Jahren beginnt einheitlich für alle Mängelrechte mit der Abnahme des Werkes. Es kommt also nicht darauf an, wann der Mangel entsteht oder entdeckt wird. Lediglich die dreijährige Verjährungsfrist beginnt erst mit dem Ende des Jahres, in dem der Mängelanspruch entstanden ist und der Besteller alle anspruchsbegründenden Tatsachen und die Person des Verantwortlichen erfahren hat oder ohne grobe Fahrlässigkeit hätte erfahren können.

Abweichende Bestimmungen zur Verjährung enthalten jedoch auch einige spezialgesetzliche Regelungen: So gilt etwa für den Baubereich § 13 VOB/B sowie §§ 439, 463 HGB für Fracht- und Speditionsgeschäfte.

4.4.3.3.2 Verjährungsvereinbarungen

Wie beim Kauf ist es auch den Parteien eines Werkvertrags möglich, die Verjährungsfristen abweichend zu regeln.

 Beispiel: Im Werkvertragsrecht durchaus nicht unüblich ist z. B. das Hinausschieben des Beginns der Verjährungsfrist dergestalt, dass die Verjährungsfrist für sämtliche an einem Bauvorhaben beteiligte Unternehmer erst dann beginnt, wenn das zuletzt fertiggestellte Werk abgenommen wird oder wenn nach Fertigstellung des Gesamtbauwerkes die öffentlich-rechtliche Gebrauchsabnahme erfolgt.

Während eine individualvertragliche Verkürzung der Verjährungsfristen unproblematisch zulässig und nur den Grenzen des § 202 BGB unterworfen ist, ist bei einer Verkürzung der Verjährung in Allgemeinen Geschäftsbedingungen die Grenze des § 309 Nr. 8b ff) BGB zu beachten. Unzulässig ist danach eine Erleichterung der Verjährung von Ansprüchen wegen eines Mangels in den Fällen der §§ 438 Abs. 1 Nr. 2, 634a Abs. 1 Nr. 2 BGB, d. h. bei Mängeln an Bauwerken, an Sachen, die für ein Bauwerk verwendet worden sind, oder an Planungs- und Überwachungsleistungen für ein Bauwerk. Die gesetzliche Haftungsfrist von 5 Jahren kann in diesen Fällen also nicht durch AGB verkürzt werden. Für alle anderen Fälle ist eine formularmäßige Erleichterung der Verjährung dann zulässig, wenn dadurch die Verjährungsfrist nicht kürzer als ein Jahr, gerechnet ab dem gesetzlichen Verjährungsbeginn, wird. An die Stelle einer unwirksamen Verjährungsvereinbarung treten die gesetzlichen Fristen.

■ 4.5 Mängelhaftung im Dienstvertragsrecht

Im Gegensatz zum Kauf- und Werkvertrag kennt das Dienstvertragsrecht keinen Mangelbegriff und damit auch kein speziell geregeltes Gewährleistungsrecht. Eine mangelhafte, also schlechte Dienstleistung löst den Vergütungsanspruch aus. Bei schuldhafter Pflichtverletzung des Dienstvertrags können dem Gläubiger der Dienstleistung allerdings Schadensersatzansprüche zustehen, die sich in erster Linie aus § 280 Abs. 1 BGB ergeben.

5 Exkurs: Verbrauchsgüterkauf

Die bisherigen Ausführungen unter 4.3 zur kaufrechtlichen Gewährleistung sind Gegenstand des allgemeinen Kaufrechts und finden somit Anwendung auf jeden Kaufvertrag. Sie sind somit Grundlage für die Beurteilung der kaufrechtlichen Pflichten und Rechte beim Verkauf eines Zulieferteils an einen Endhersteller, beim Verkauf eines Gegenstands zwischen zwei Privatpersonen als auch für den Verkauf eines Produkts durch den Endhersteller an einen Endverbraucher. Für den letztgenannten Fall sind im Zuge der Schuldrechtsmodernisierung im Jahr 2002 jedoch in Umsetzung der EU-Verbrauchsgüterkaufrichtlinie[1] die Einführung weiterer Sonderregelungen notwendig geworden. Die EU-Verbrauchsgüterkaufrichtlinie beinhaltet eine Reihe von, noch näher zu betrachtenden, Schutzmechanismen zugunsten des Verbrauchers als Käufers. Der deutsche Gesetzgeber hat die Vorgaben der Richtlinie teilweise in das allgemeine Kaufrecht eingebettet und teilweise als Sondervorschriften in Untertitel 3 unter der Überschrift „Verbrauchsgüterkauf" geregelt. Soweit sich der Warenabsatz eines Verkäufers nicht auf gewerbliche Abnehmer beschränkt, sondern auch einen Verkauf an Verbraucher einschließt, ist im Rahmen eines ordnungsgemäßen Gewährleistungsmanagements unabdingbar, sich mit den Inhalten und Anforderungen dieser Regelungen auseinanderzusetzen und deren Vorgaben zu berücksichtigen.

■ 5.1 Definition des Verbrauchsgüterkaufs

Als Verbrauchsgüterkauf definiert § 474 BGB Verträge, durch die ein Verbraucher von einem Unternehmer eine bewegliche Sache kauft. Der Verbrauchsgüterkauf wird somit durch drei Merkmale definiert: das Vorliegen eines Kaufvertrags (Vertragstyp), eine bewegliche Sache (Vertragsgegenstand, einem Unternehmer als Verkäufer und einem Verbraucher als Käufer (Vertragspartner).

---

[1] Richtlinie 1999/44/EG des Europäischen Parlaments und des Rates vom 25.Mai 1999 zu bestimmten Aspekten des Verbrauchsgüterkaufs und den Garantien für Verbrauchsgüter, ABl EG Nr. L 171/12 v. 7. Juli 1999.

Das Vorliegen eines Kaufvertrags ist, soweit notwendig, von den weiteren möglicherweise einschlägigen Vertragstypen anhand der unter Ziffer 4.2 dargestellten Kriterien abzugrenzen. Mit der weiteren Einschränkung, dass es sich um den Kauf einer beweglichen Sache handeln muss, ist im Weiteren klargestellt, dass die Sonderregelungen dann nicht einschlägig sind, wenn Rechte, Grundstücke oder sonstige nicht körperliche Gegenstände verkauft werden. Der Begriff des Unternehmers ist in § 14 BGB gesetzlich definiert, der des Verbrauchers in § 13 BGB. Unternehmer ist nach § 14 BGB eine natürliche oder juristische (Bsp. GmbH) Person oder rechtsfähige Personengesellschaft (Bsp. OHG), die bei Abschluss eines Rechtsgeschäfts in Ausübung ihrer gewerblichen oder selbständigen beruflichen Tätigkeit handelt. Nach § 13 BGB ist Verbraucher jede natürliche Person, die ein Rechtsgeschäft zu Zwecken abschließt, die überwiegend weder ihrer gewerblichen noch ihrer selbständigen beruflichen Tätigkeit zugerechnet werden können. Nach der mehrheitlich vertretenen Auffassung und auch nach Ansicht der Gerichte hat die Abgrenzung zwischen einem Handeln als Verbraucher und Unternehmer nach dem von der handelnden Person verfolgten Zweck zu erfolgen. Sofern diese den Kauf zu einem Zweck abschließt, die überwiegend weder ihrer gewerblichen noch ihrer selbständigen beruflichen Tätigkeit zugerechnet werden kann, handelt sie als Verbraucher und zwar unabhängig davon, ob dies für den Verkäufer erkennbar war oder nicht. Etwas anderes würde nur dann gelten, wenn der Verbraucher vortäuscht, als Unternehmer zu handeln.[2]

■ 5.2 Zwingende Vorschriften und weitere Besonderheiten

Die Vorschriften des Kaufrechts sind im Wesentlichen dispositiv ausgestaltet und erlauben somit grundsätzlich den Parteien, hiervon abweichende Vereinbarungen zu treffen. Für den Verbrauchsgüterkauf werden allerdings eine Reihe von Vorschriften als zwingend ausgestaltet und zudem bestehende Regelungen zugunsten des Verbrauchers abgeändert. Im Folgenden sollen die wesentlichen Abweichungen kurz dargestellt werden.

5.2.1 Unabdingbare Vorschriften

§ 476 Abs. 1 BGB sieht vor, dass vor Mitteilung eines Mangels der Unternehmer sich nicht auf eine Vereinbarung berufen kann, welche zum Nachteil des Verbrau-

---

[2] So ausdrücklich der Bundesgerichtshof in seinem Urteil vom 22. Dezember 2014: „Dem Käufer, der dem Verkäufer einen gewerblichen Verwendungszweck der Kaufsache vortäuscht, ist die Berufung auf die Vorschriften über den Verbrauchsgüterkauf (§§ 474ff. BGB) verwehrt." VIII ZR 91/04 NJW 2005, 1045.

chers von den § 433 bis 435, 437, 439 bis 443 BGB oder den Sondervorschriften zum Verbrauchsgüterkauf abweicht. Von den bezeichneten Vorschriften kann somit nicht abgewichen werden und zwar unabhängig davon, ob dies durch Allgemeine Geschäftsbedingungen oder durch eine ausdrückliche Vereinbarung der Vertragspartner erfolgt. Bei den referenzierten Vorschriften handelt es sich um die Vorschriften, durch die der Inhalt der Leistungspflichten der Parteien sowie Inhalt und Umfang der Mängelrechte festgelegt wird. Im Weiteren wird auch ein Umgehungsverbot dieser Vorschriften durch anderweitige Gestaltungen festgelegt. Derartige Umgehungen wären etwa durch Beschaffenheitsvereinbarungen oder Wahl eines anderen Vertragstyps denkbar. Nach § 476 Abs. 2 BGB ist überdies eine Abweichung von den in § 438 BGB bezeichneten Verjährungsfristen vor Mitteilung eines Mangels nicht möglich, sofern die Verjährfrist für neue Sachen ab dem gesetzlichen Verjährungsbeginn weniger als zwei Jahre oder bei gebrauchten Sachen weniger als ein Jahr beträgt.

Möglich bleibt aber, dass zwischen Unternehmer und Verbraucher eine abweichende Regelung betreffend der Schadensersatzhaftung des Unternehmers erfolgt; dies wird durch § 476 Abs. 3 BGB klargestellt. Soweit die Abweichung durch Allgemeine Geschäftsbedingungen erfolgt, sind aber, wie ebenfalls klargestellt wird, die für die Wirksamkeit von Allgemeinen Geschäftsbedingungen einschlägigen gesetzlichen Regelungen zu beachten.

5.2.2 Beweislastumkehr

§ 477 BGB beinhaltet eine Beweislastumkehr zugunsten des Verbrauchers. Der Käufer ist grundsätzlich verpflichtet, darzulegen und zu beweisen, dass ein aufgetretener Mangel bereits zum Zeitpunkt des Gefahrübergangs vorhanden war. Dieser Grundsatz wird zugunsten des Verbrauchers in der Weise geändert, dass in dem Fall, dass sich innerhalb von sechs Monaten seit Gefahrübergang ein Sachmangel zeigt, vermutet wird, dass die Sache bereits bei Gefahrübergang mangelhaft war, sofern diese Vermutung nicht mit der Art der Sache oder des Mangels unvereinbar ist.

Der scheinbar einfache und klare Wortlaut war jedoch Gegenstand verschiedener ober- und höchstrichterlicher Urteile. Aufgrund einer zwischenzeitlich erfolgten Klarstellung durch den Europäischen Gerichtshof ist aber nunmehr klargestellt, dass nach § 477 BGB vermutet wird, dass entweder derjenige Mangel, der sich innerhalb der Sechsmonatsfrist zeigt, selbst schon bei Gefahrübergang vorlag oder dass er auf einem anderen, schon bei Gefahrübergang vorliegenden Mangel beruht.[3]

---

[3] BGH, Urteil vom 12.10.2016 – VIII ZR 103/15; NJW 2017, 1093.

5.2.3 Nutzungsersatz bei Nacherfüllung

Nach §§ 439 Abs. 5, 346 Abs. 1 BGB kann der Verkäufer – bei der Nacherfüllung durch Lieferung einer neuen Sache – grundsätzlich vom Käufer Wertersatz verlangen, und zwar für die Nutzungen, die der Käufer bis zur Lieferung der neuen Sache durch den Gebrauch der alten (mangelhaften) Sache gezogen hatte. § 475 Abs. 3 S. 1 BGB macht für den Verbrauchsgüterkauf indes eine Ausnahme. Der Verbraucher ist hiernach nicht zum Ersatz von Nutzungen und sonstigen Gebrauchsvorteilen verpflichtet. Hintergrund der Regelung ist das sog. „Quelle-Urteil" des Europäischen Gerichtshofs.[4] In seiner Entscheidung hatte der Europäische Gerichtshof eine nationale Regelung, welche für den eingangs bezeichneten Fall eine Ersatzpflicht vorsieht als mit der Verbrauchsgüterkaufrichtlinie unvereinbar gesehen. § 475 Abs. 5 BGB dient der Umsetzung dieser Entscheidung in das nationale Recht.

Der Verkäufer hat jedoch die Möglichkeit etwa bei stark benutzten Gegenständen, die Nacherfüllung durch Neulieferung zu verweigern und sich mithin alleine auf die Mängelbeseitigung zu beschränken.[5]

Die fehlende Möglichkeit zur Geltendmachung eines Nutzungsersatzes ist zudem nach dem Wortlaut auf die Nacherfüllung begrenzt. Die Nichtanwendbarkeit von § 346 Abs. 1 BGB gilt daher nicht für den Rücktritt. In diesem Falle besteht eine Pflicht des Käufers zur Tragung des Nutzungsersatzes.[6]

5.2.4 Vorschuss für Aufwendungen im Rahmen der Nacherfüllung

Im Falle eines Verbrauchsgüterkaufs regelt § 475 Abs. 6 BGB, dass der Verbraucher von dem Unternehmer für Aufwendungen – die ihm im Rahmen der Nacherfüllung (umfasst sind auch die sog. Aus- und Einbaukosten) gem. § 439 Abs. 2, 3 BGB entstehen und die vom Verkäufer zu tragen sind – Vorschuss verlangen kann. Durch diese Regelung werden die Nachteile beseitigt, die für den Käufer dadurch entstehen, dass er den Aus- und Wiedereinbau selbst organisiert und für etwaige Kosten in Vorlage treten soll.[7] Der Vorschuss muss zweckentsprechend und innerhalb einer gewissen (zumutbaren) Zeit genutzt werden.[8] Die Vorschrift wurde neu durch das Gesetz zur Reform des Bauvertragsrechts, zur Änderung der kaufrechtlichen Mängelhaftung, zur Stärkung des zivilprozessualen Rechtsschutzes und

---

[4] EuGH (1. Kammer), Urteil vom 17. 4. 2008 – C-404/06, NJW 2008, 1433–1435; Quelle AG/Bundesverband der Verbraucherzentralen und Verbraucherverbände

[5] *Kaeding*, NJW 2010, 1031 (1033 f.); *Lorenz*, MüKo BGB, § 474 BGB, Rn. 46.

[6] BGH, Urteil vom 16.09.2009 – VIII ZR 243/08; NJW 2010, 148 ff.

[7] So auch *Thon*, JuS 2017, 1150.

[8] *Isikay*, ZJS 2018, 1 (5).

zum maschinellen Siegel im Grundbuch- und Schiffsregisterverfahren vom 28.04.2017[9] eingeführt und gilt seit dem 1. Januar 2018. Insofern bleibt zunächst abzuwarten, wie sich die neue Vorschrift in der Praxis bewähren wird.

5.2.5 Gefahrübergang beim Versendungskauf

Der Gefahrübergang beim Versendungskauf ist in § 447 BGB geregelt. Grundsätzlich geht die Preisgefahr auf den Käufer über, sobald der Verkäufer die Sache dem Spediteur oder der sonst zur Ausführung der Versendung bestimmten Person ausgeliefert hat. Der Übergang der Preisgefahr bedeutet, dass der Käufer die vereinbarte Gegenleistung, den Kaufpreis, also auch dann zu zahlen hat, wenn auf dem Transportweg die Sache zerstört und damit die Leistungspflicht des Verkäufers unmöglich wird. Nach § 475 Abs. 2 BGB gilt dies beim Verbrauchsgüterkauf jedoch nur, wenn der Käufer den Spediteur oder die sonst zur Ausführung der Versendung bestimmte Person mit der Ausführung beauftragt hat und der Unternehmer dem Käufer diese Person oder Anstalt nicht zuvor benannt hat.

Andernfalls trägt der Verkäufer bei einem Versendungskauf das Transportrisiko und damit die Preisgefahr, die erst mit tatsächlicher Übergabe oder Annahmeverzug auf den Verbraucher übergeht.[10] Eine weitere Konsequenz ist, dass, wenn der Gegenstand während des Transports zerstört oder entwendet wird und der Käufer dies nicht zu vertreten hat, der Zahlungsanspruch des Verkäufers nach § 326 Abs. 1 S. 1 BGB, erlischt. Wenn die Sache während des Transportes beschädigt wird, so liegt ein Sachmangel i.S. von § 434 BGB vor. Denn § 434 BGB stellt als maßgeblichen Zeitpunkt auf den Gefahrübergang ab, der erst bei Übergabe an den Käufer vorliegt.

5.2.6 Sonderbestimmungen für Garantien

Der Verbrauchsgüterkauf enthält auch Sonderregelungen für Garantien. Nach § 479 BGB muss eine Garantieerklärung einfach und verständlich abgefasst sein. Sie muss erstens den Hinweis auf die gesetzlichen Rechte des Verbrauchers, sowie darauf, dass sie durch die Garantie nicht eingeschränkt werden darf, enthalten. Zweitens muss sie ferner den Inhalt der Garantie und alle wesentlichen Angaben, die für die Geltendmachung der Garantie erforderlich sind, insbesondere die Dauer und den räumlichen Geltungsbereich des Garantieschutzes sowie Namen und Anschrift des Garantiegebers, beinhalten.

---

[9] BGBl I 2017, 969.

[10] *Lorenz*, in: MüKo BGB, § 474 BGB Rn. 41.

Die Rechtsfolgen gegen einen Verstoß hiergegen werden in § 479 Abs. 3 teilweise angesprochen. Hiernach wird die Wirksamkeit der Garantieverpflichtung dadurch nicht berührt, dass die vorstehenden Anforderungen nicht erfüllt werden. Ein anderes Ergebnis wäre auch widersinnig, weil es den verbraucherschützenden Charakter von § 479 BGB konterkarieren würde. Weitere daraus resultierende Rechtsfolgen finden sich in dem Gesetzestext indes nicht, sodass insoweit die allgemeinen Regelungen gelten. Nach den Regeln zu allgemeinen Geschäftsbedingungen folgt, nach § 305c Abs. 2 BGB, dass unklare Garantien zulasten des Verwenders auszulegen sind. Eine Mehrdeutigkeit würde somit dazu führen, dass der Verwender die für ihn nachteilige Auslegungsvariante gegen sich gelten lassen müsste. Dies ergibt sich auch aus dem Grundsatz der verbraucherfreundlichsten Auslegung.[11] Ferner stellt die Nichteinhaltung von den Vorgaben eine Pflichtverletzung dar, die im Falle des Vertretenmüssens des Unternehmers zu einem Schadensersatzanspruch des Verbrauchers führen kann.[12]

5.2.7 Unternehmerregress

Die Regelungen über den Unternehmerregress dienen dazu, dass der Letztverkäufer, als der Verkäufer, der die bewegliche Sache an einen Verbraucher verkauft, die sich aus dem verstärkten Verbraucherschutz ergebenden nachteiligen Wirkungen nicht ihn alleine treffen, sondern er diese auch in der ihm vorgelagerten Lieferkette weiterreichen kann. Im Zuge der bereits in Ziffer 5.2.4 angesprochenen Neuerungen wurden auch die Regelungen zum Unternehmerregress novelliert und finden sich nun in §§ 445a und 445b BGB und in Bezug auf den Verbrauchsgüterkauf mit einer entsprechenden Sonderregelung in § 478 BGB.

Wichtig ist, dass die Vorschriften betreffend dem Unternehmerregress für den Fall eines Verbrauchsgüterkaufs gelten, bei dem eine neue bewegliche Sache verkauft wird. Überdies findet die Vorschrift entlang der Lieferkette nur gegenüber dem jeweiligen Lieferanten dieser Sache Anwendung. Die Vorschriften kommen somit insbesondere nicht zum Tragen für einen Regress des Endherstellers eines Produkts gegenüber dem Lieferanten eines Teilprodukts.

Durch § 445a Abs. 1 BGB wird zunächst klargestellt, dass der Letztverkäufer gegenüber seinem Lieferanten die Aufwendungen geltend machen kann, die er im Zusammenhang mit der Nacherfüllung gegenüber dem Verbraucher zu tragen hatte. Aufgrund der zwischenzeitlich erfolgten Klarstellung, dass auch die Aus- und Einbaukosten im Rahmen der Nacherfüllung zu erstatten sind, ist mit einer nicht unwesentlichen Kostenlast der weiteren, in der Lieferkette eingebundenen

---

[11] *Berger*, in: Jauernig, § 477 BGB, Rn. 5.; *Matsuche-Beckmann*, in: Staudinger, § 477 BGB Rn. 37.; *Lorenz*, in: Müko BGB, § 477 BGB, Rn. 11; *Wertenbruch*, in: Soergel BGB, Rn. 74.

[12] *Wertenbruch*, in: Soergel BGB, § 477 BGB, Rn. 75.

Lieferanten, zu rechnen. Im Weiteren ist die Geltendmachung der Mängelrechte des Letztverkäufers gegenüber seinem Lieferanten auch nicht davon abhängig, dass er ihn zunächst unter Fristsetzung zur Nacherfüllung auffordert. § 445b BGB bestimmt im Weiteren, dass der Rückgriffsanspruch des Letztverkäufers gegenüber seinem Lieferanten zwei Jahre beträgt. Der Ablauf der Verjährungsfrist ist jedoch gehemmt und tritt frühestens zwei Monate nach dem Zeitpunkt ein, in dem der Verkäufer die Ansprüche des Käufers erfüllt hat. Die Ablaufhemmung endet jedoch spätestens fünf Jahre nach Ablieferung der Sache durch den Lieferanten an seinen Käufer.

Dem Verbraucher kommt bei der Geltendmachung eines Mangels die Beweislastumkehr nach § 477 BGB zugute. Die Rechte des Letztverkäufers wären erheblich gemindert, wenn die Mangelhaftigkeit aufgrund des § 477 BGB in seinem Verhältnis gegenüber dem Verbraucher vermutet wird, er aber gegenüber seinem Lieferanten in der Nachweispflicht für den Mangel bleibt. Aus diesem Grund sieht § 478 Abs. 1 BGB die Geltung der Beweislastumkehr auch im Verhältnis zwischen dem Letztverkäufer und seinem Lieferanten vor. Für den Beginn der Sechs-Monats-Frist ist dabei nicht die Ablieferung durch den Lieferanten an den Letztverkäufer entscheidend, sondern die Ablieferung der Kaufsache an den Verbraucher. Unberührt bleibt aber das Recht des Lieferanten, sich auf eine etwaige fehlende oder unzureichende Untersuchung und/oder Rüge nach § 377 HGB durch den Letztverkäufer zu berufen.

Der Unternehmerregress ist zum Schutze des Letztverkäufers zwingend ausgestaltet worden. Dementsprechend bestimmt § 478 Abs. 2 BGB, dass sich der Lieferant gem. § 478 Abs. 1, 2 BGB nicht auf eine Vereinbarung, die zum Nachteil des Verkäufers von dem gesetzlich vorgesehenen Rückgriffsanspruch abweicht, berufen kann, wenn dem Rückgriffsgläubiger kein gleichwertiger Ausgleich eingeräumt wird. Dies gilt gem. § 478 Abs. 3 BGB auch für die Ansprüche des Lieferanten und der übrigen Käufer in der Lieferkette gegen die jeweiligen Verkäufer, also für die vorgeschalteten Unternehmen einer Lieferkette. Der Rückgriffsanspruch ist somit nicht vertraglich abdingbar.

Hersteller und Großhändler vereinbaren mit ihren Kunden häufig eine „Servicepauschale" zur Abgeltung entsprechender Rückgriffsansprüche; solche waren nach § 478 IV a BGB aF. zulässig. Ob diese sog. Servicepauschalen auch nach der seit dem 01.01.2018 geltenden Regelung zulässig sind, wurde bisher wenig diskutiert. Wenn durch die Servicepauschalen ein angemessener Ausgleich für die ausgeschlossenen Regressansprüche geschaffen wird, spricht jedoch einiges dafür, dass sie weiterhin zulässig sind.

6 Mängelhaftung bei Arbeitsteilung zwischen Endhersteller und Zulieferer

■ 6.1 Besonderheiten des Vertragsverhältnisses zwischen dem Endhersteller und dem Zulieferer

Industriell hergestellte Produkte entstammen in der Regel nicht aus der alleinigen Produktion des Endherstellers. Vielmehr sind die einzelnen Bearbeitungsschritte, von der Herstellung einzelner Bauteile bis hin zur Bearbeitung dieser, zahlreichen unterschiedlichen Unternehmen zugewiesen. Dem Endprodukt geht also eine Kette verschiedener Leistungen von Vor- und Unterlieferanten sowie Vor- und Unterauftragnehmern voraus. Das Vertragsverhältnis zwischen dem Endhersteller[1] und seinem Lieferanten weist dabei verschiedene Besonderheiten auf:

Im Rahmen der industriellen Herstellung von Produkten ist das Vertragsverhältnis zwischen einem Endhersteller und dem Lieferanten regelmäßig nicht auf einen Kaufvertrag als punktuelles Ereignis ausgelegt, sondern auf eine dauerhafte Lieferbeziehung – zumindest für die Dauer der seriellen Herstellung eines Produkts –, innerhalb derer der Lieferant ein Produkt in der vereinbarten Beschaffenheit und Qualität entsprechend den Bedarfen des Endherstellers liefert.

Die verschiedenen Unternehmen, derer sich ein Endhersteller bedient, lassen sich daneben in verschiedene Gruppen unterteilen:

- **Systemlieferant:** Der Leistungsumfang des Systemlieferanten ist nicht auf die Lieferung eines Bauteils beschränkt. Vielmehr liefert er ein komplettes System (etwa ein Getriebe für ein Fahrzeug oder eine Maschine), welches sich wiederum aus einer Reihe von verschiedenen Bauteilen zusammensetzt. Beim Bezug von Produkten durch einen Systemlieferanten beschränken sich die Vorgaben des Endherstellers in der Regel in der Bekanntgabe der benötigten Funktionen. Die Entwicklung und Herstellung des Produkts erfolgt sodann durch den Systemlie-

---

[1] Soweit im Nachfolgenden vom Endhersteller die Rede ist, umfasst dieser Begriff auch dem Endhersteller nachgelagerte Lieferanten, denen in der nachgelagerten Lieferkette wiederum eine Reihe von verschiedenen Lieferanten gegenüberstehen.

feranten in eigener Regie und ohne Vorgabe des Endherstellers, der in Bezug auf das Systemprodukt nicht über die notwendige Fertigungskenntnisse und/oder -fähigkeiten verfügt.

- **Komponenten-/Bauteillieferant:** Im Gegensatz zum Systemlieferanten ist der Leistungsumfang des Komponenten-/Bauteillieferanten in der Regel auf ein einzelnes Bauteil oder eine Komponente bestehend aus einigen Bauteilen beschränkt. Bei dem Bauteil oder der Komponente kann es sich um ein Standardprodukt handeln oder aber auch um eine an den Bedürfnissen des Endherstellers ausgerichtete Fertigung.

- Bei Komponenten- und Bauteillieferanten ist im Weiteren zu unterscheiden zwischen Entwicklungs- und Zeichnungslieferanten. Während der Entwicklungslieferant sein Produkt anhand der Bedürfnisse des Käufer selbst entwickelt, beschränkt sich die Verpflichtung des Zeichnungslieferanten auf die Herstellung eines Produkts entsprechend der Kundenvorgaben gemäß Zeichnung.

- **Lohnfertiger:** Diese stellen in der Regel kein eigenes Produkt her, sondern beschränken sich auf die Bearbeitung der ihnen zur Verfügung gestellten Produkte ihrer Abnehmer.

Ausgehend von diesen Grundsätzen ist im Rahmen der Vertragsgestaltung aus Gewährleistungssicht auf die nachfolgenden Besonderheiten ein besonderes Augenmerk zu legen:

6.1.1 Beschaffenheit und Verwendungszweck

Sowohl Beschaffenheit als auch Verwendungszweck des Produkts werden im Rahmen der eingangs bezeichneten Lieferverhältnisse nicht selten durch den Endhersteller als Käufer vorgegeben. Die Anforderungen, denen das Produkt zu genügen hat, ergeben sich dabei zumeist aus verschiedenen Unterlagen und Umständen (z.B. Lastenhefte, Zeichnungen, kundenseitig erstellte Werksnormen) mit der Erwartung, dass das Produkt den vom Käufer intendierten Verwendungszweck genügt. Für den Lieferanten wichtig ist dabei,

- die gestellten Anforderungen kritisch dahingehend zu untersuchen, ob sie dem eigenen Leistungsumfang entsprechen. Nicht selten werden auch Produktspezifikationen oder diese betreffende Vorgaben auf die Lieferung von Systemprodukten mit den damit einhergehenden Anforderungen ausgerichtet. Diesen kann etwa der Bauteillieferant von vorneherein nicht entsprechen.

- die Geltung aller die Produkteigenschaften festlegenden Dokumente von einer entsprechenden Vereinbarung der Parteien abhängig zu machen und dies nicht der einseitigen Kundenvorgabe zu überlassen.

- zwischen den verschiedenen Unterlagen, welche die Produkteigenschaften beschreiben, eine Reihenfolge festzulegen.

- den Verwendungszweck entweder vertraglich festzulegen oder zumindest vor Abschluss diesen zu ermitteln und zu dokumentieren.

6.1.2 Verlängerungen der gesetzlichen Gewährleistungsfrist

Die Gewährleistungsrechte des Käufers von beweglichen Sachen, welche nicht für Bauwerke bestimmt sind, verjähren grundsätzlich nach zwei Jahren – § 438 Abs. 1 Nr. 3 BGB. Die Frist beginnt nach § 438 Abs. 2 BGB mit Ablieferung der Kaufsache. Für den Endhersteller ergeben sich daraus verschiedene Probleme:

- Die Gewährleistungsfrist für die von ihm hergestellten Produkte beginnt erst mit Ablieferung seines Produkts, wohingegen die Gewährleistungsfrist für die von ihm beschafften Teilprodukte bereits mit der Lieferung der Teilprodukte beginnt. Zwischen der Lieferung des Teilprodukts und der eigenen Produktion und Lieferung besteht ein in der Regel nicht unerheblicher Zeitraum. Sollte später ein Mangel seines Endprodukts geltend gemacht werden, welcher auf einem gelieferten Teilprodukt beruht, läuft er Gefahr, aufgrund des zwischenzeitlichen Ablaufs der Verjährungsfrist des Teilprodukts sich nicht mehr bei seinem Lieferanten schadlos halten zu können.
- Zudem beschränkt sich der Absatzmarkt des Endherstellers auch nicht notwendigerweise auf denselben Markt, in dem er Teilprodukte beschafft. Eine weitere Haftungslücke kann sich daraus ergeben, dass Produkte des Endherstellers in anderen Ländern einer Verjährungsfrist unterliegen, welche weit über die gesetzlichen Fristen des § 438 Abs. 1 Nr. 3 BGB hinausgehen.

Aus diesem Grund ist es nicht unüblich, dass Endhersteller in den Vereinbarungen eine Verlängerung der Gewährleistungsfrist vorsehen, welche über die in § 438 Abs. 1 Nr. 3 BGB hinausgeht. Branchenabhängig wird daher die Gewährung von Gewährleistungsfristen für Teilprodukte in der Regel auf drei bis vier Jahre verlängert. Wichtig für den Lieferanten ist es dabei, dass auch bei Gewährung einer verlängerten Gewährleistungsfrist der Beginn immer an die Lieferung des eigenen Produkts geknüpft wird und nicht an die Ablieferung des Endprodukts an den Endabnehmer. Darüber hinaus muss dafür Sorge getragen werden, dass die Verlängerung der Gewährleistungsfrist auch von der für die Gewährleistungspflichten relevanten erweiterten Produkthaftpflichtversicherung abgedeckt wird.

6.1.3 Qualitätssicherungsvereinbarungen

Neben den gesondert zu betrachtenden Gewährleistungsvereinbarungen ist in der Regel auch eine Qualitätssicherungsvereinbarung Bestandteil der vertraglichen Vereinbarung zwischen dem Lieferanten und dem Endhersteller. Der Bezug von

Teilprodukten durch Zulieferer dient aus wirtschaftlicher Sicht insbesondere der Reduzierung der Fertigungstiefe sowie der Kostenersparnis. Das birgt indes Risiken für den Endhersteller. Die Herstellung des Teilprodukts beziehungsweise ganzer Komponenten, welche für die Funktion seines eigenen Produkts eine erhebliche Rolle einnehmen, erfolgt außerhalb seines Einflussbereichs. Die Kriterien Qualität und Zuverlässigkeit begründen aber die Basis einer beständigen Lieferbeziehung zwischen dem Lieferanten und dem Endhersteller. Qualitätssicherungsvereinbarungen dienen in diesem Zusammenhang dazu, durch Festlegung von Qualitätsstandards die Gefahr von Produktfehlern zu minimieren. Daneben dienen sie nicht selten auch zur Schaffung der Grundlagen, welche eine Inanspruchnahme des Lieferanten für Schäden – die dem Hersteller entstanden sind – unter erleichterten Voraussetzungen ermöglichen. Die Geltendmachung solcher Regressansprüche wird durch die Festlegung der Pflichten des Zulieferers im Rahmen von Qualitätssicherungsvereinbarungen deutlich erleichtert.

6.1.3.1 Inhalt und Zweck einer Qualitätssicherungsvereinbarung

Qualitätssicherungsvereinbarungen beinhalten in der Regel die Abstimmung von Qualitätssicherungsmaßnahmen für den Produktionsprozess. Sie können auch Regelungen über die Verantwortlichkeiten für die Einhaltung dieser Anforderungen enthalten. Häufig anzutreffen sind überdies Bestimmungen zur Einführung beziehungsweise Aufrechterhaltung bestimmter Qualitätsmanagementsysteme oder Zertifizierungen, zur Art und Weise der Durchführung von Qualitätskontrollen seitens des Zulieferers, bezüglich Eingangskontrollen und Kontroll- und Informationsrechten des Herstellers und korrespondierenden Informationspflichten des Zulieferers. Oftmals werden auch die Verantwortlichen in Bezug auf bestimmte Aspekte bezeichnet und die Haftungsrisiken unter den Parteien verteilt, wobei auch etwaige Haftungsfreistellungspflichten enthalten sein können. Qualitätssicherungsvereinbarungen sind also in gewisser Hinsicht als ein „technisch und haftungsmäßig orientiertes Pendant zu kaufmännisch orientierten Einkaufsbedingungen" anzusehen.

Qualitätssicherungsvereinbarungen dienen der Regelung der Abgrenzung technischer und rechtlicher Verantwortungsbereiche der an der Herstellung beteiligten Unternehmen und ändern dabei nicht selten das gesetzlich vorgesehene Haftungsgefüge. Die Qualitätssicherung, über die sich Lieferant und Endhersteller einigen, erfolgt bei der überbetrieblichen Fertigung regelmäßig im Unternehmen beziehungsweise Betrieb des Zulieferers durch eine – zumeist automatisierte – Prozessüberwachung.

Eine Qualitätssicherungsvereinbarung soll dem Lieferanten also vor allem klar aufzeigen, wie er sein Qualitätsmanagementsystem ausgestalten muss, um die Vorgaben der Vereinbarung bei Fertigung und Herstellung der Kaufgegenstände konstant erfüllen zu können sowie die Einhaltung dieser Standards prüfen zu können. Aus Sicht des Herstellers dienen solche Vereinbarungen der Minimierung von Risiken. Es sollen also „die technischen und organisatorischen Abläufe" der in eine überbetriebliche Kooperation involvierten Unternehmen determiniert werden, um das avisierte Qualitätsziel zu realisieren.

Es lässt sich eine Vielzahl von Klauseln ausmachen, die typischerweise Bestandteil einer Qualitätssicherungsvereinbarung sind. Als Standardbedingungen unterliegen sie im Streitfall der besonderen gerichtlichen Kontrolle. Im Folgenden sollen typische Klauseln betrachtet werden.

6.1.3.2 Qualitätssicherungsmaßnahmen

Oftmals beinhalten Qualitätssicherungsvereinbarungen auch Qualitätssicherungsmaßnahmen. Diese dienen der Steigerung der Qualität des Produktionsverfahrens und umfassen mitunter auch Regelungen über Qualitätskontrollen, die der Gewährleistung der Kontinuität des festgelegten Qualitätsstandards dienen. Diese Bestimmungen über Qualitätskontrollen regeln insbesondere das Erfordernis sowie die Art und Weise der Durchführung von Eingangskontrollen, Zwischenkontrollen (die auch als In-Process-Control bezeichnet werden) und Endkontrollen.

6.1.3.3 Befreiung von Vorgaben des HGB

Nicht selten finden sich in Qualitätssicherungsvereinbarungen zugunsten des Endherstellers einen Ausschluss oder zumindest eine nicht unerhebliche Einschränkung der Wareneingangsuntersuchungs- und -rügeobliegenheiten des Endherstellers. In der Rechtsprechung und der juristischen Fachliteratur wird daher die Wirksamkeit von Klauseln diskutiert, nach denen sich Endhersteller von den Vorgaben des § 377 HGB vollumfänglich oder im wesentlichen Umfang befreien. Sowohl der umfassende Ausschluss als auch eine Ausdehnung der Frist des § 377 HGB in zeitlicher Hinsicht durch Allgemeine Geschäftsbedingungen werden oftmals als unzulässig und damit unwirksam angesehen. Insgesamt muss aber die Rechtslage derzeit noch als unklar bezeichnet werden. Als Mindestvoraussetzung aus Sicht eines Lieferanten muss dafür Sorge getragen werden, dass die vom Produkthaftpflichtversicherer in den Versicherungsbedingungen festgelegten Minimalanforderungen vom Endhersteller übernommen werden.

6.1.3.4 Produkthaftung und Freistellung

Nicht selten finden sich in Qualitätssicherungsvereinbarungen im Weiteren Regelungen über die Verpflichtung des Lieferanten zum Ersatz oder Freistellung von Produkthaftungsansprüchen Dritter, welche gegenüber dem Endhersteller infolge der Verwendung des Teilprodukts geltend gemacht werden.

Sofern der Hersteller das unter Verwendung des Zulieferprodukts hergestellte Produkt an einen Dritten veräußert hat und bei dem Erwerber ein Schaden eintritt, ist gegenüber dem Käufer vertraglich ausschließlich der Hersteller und nicht etwa der Zulieferer zu Schadensersatz verpflichtet. Dies gilt selbst dann, wenn der Schaden auf einen Fehler des Zulieferproduktes zurückzuführen ist. Etwas anderes gilt für den Bereich der Produkthaftung. Aber auch hier wird sich ein geschädigter Dritter oftmals zunächst an den Hersteller des Endprodukts wenden. Aus diesem Grund findet sich in Qualitätssicherungsvereinbarungen häufig eine Regelung, durch welche dem Hersteller gegen den Zulieferer ein Anspruch auf Freistellung von dieser Verpflichtung eingeräumt wird.

Eine umfassende Verlagerung der Produkthaftung des Herstellers auf den Zulieferer ist nicht möglich beziehungsweise unzulässig. Ausnahmsweise ist eine Freistellungsklausel jedoch als zulässig anzusehen, wenn die Freistellungsverpflichtung dergestalt beschränkt wird, dass sie nur in solchen Fällen eingreift, in denen der Zulieferer bereits nach den gesetzlichen Bestimmungen gegenüber dem Dritten haftet. Dies findet seine Begründung darin, dass in diesem Fall die Außenhaftung des Zulieferers gegenüber dem Dritten nur in eine interne Freistellung zwischen Hersteller und Zulieferer umgesetzt wird.

Durch eine Freistellungsklausel darf allerdings der Ausgleich im Verhältnis zwischen Zulieferer und Hersteller nicht in Abweichung zu § 5 Produkthaftungsgesetz und den §§ 823, 840, 254 BGB geregelt werden, die gewisse Abwägungsbestimmungen enthalten. Dies bedeutet, dass Freistellungsklauseln keine zwingende Alleinhaftung des Zulieferers vorsehen dürfen, ohne dass dem eine Abwägung vorausgeht.

■ 6.2 Haftung für Unterlieferanten und Unterauftragnehmer

Voraussetzung der Haftung für einen durch einen Produktmangel entstandenen Schaden ist grundsätzlich das Verschulden des Lieferanten. Gemäß § 276 Abs. 1 BGB muss der Schuldner für Vorsatz und Fahrlässigkeit einstehen. Vorsatz wird definiert als das Wissen und Wollen zur Tatbestandsverwirklichung.[2] Fahrlässig handelt nach § 276 Abs. 2 BGB, wer die im Verkehr erforderliche Sorgfalt außer Acht lässt.

Grundsätzlich sieht die zivilrechtliche Wertung vor, dass der Anspruchsteller den Beweis für seinen behaupteten Anspruch zu tragen hat. § 280 Abs. 1 S. 2 BGB enthält allerdings eine sogenannte Beweislastumkehr. Das bedeutet, dass es Sache

---

[2] BGH NJW 2009, 681 Rn. 30; MüKo BGB/Grundmann Rn. 154; Staudinger/Caspers, 2014, Rn. 16; BeckOGK/ Schaub Rn. 45.

des Anspruchsgegners – also des Lieferanten – ist, zu beweisen, ob ihn ein Verschulden trifft oder nicht.[3] Man spricht dann insoweit von der Möglichkeit, sich zu exkulpieren, entschuldigen, zu können. Um nicht in Haftung genommen werden zu können, muss mithin der Lieferant beweisen, dass er den Sachmangel weder vorsätzlich noch fahrlässig verursacht hat.

Einzustehen hat man zunächst für sein eigenes Verschulden. Ist der Mangel eines gelieferten Produkts auf den Mangel eines beschafften Vorprodukts zurückzuführen, hat der Endlieferant nicht selbst gehandelt. Der zu beachtende Pflichtenkreis ist zwar grundsätzlich immer konkret nach dem zwischen Gläubiger und Schuldner bestehenden Schuldverhältnis zu bestimmen,[4] jedoch verneint die Rechtsprechung generell ein Tätigwerden des Vorlieferanten im Pflichtenkreis des Endlieferanten für Kauf-, Werk- und Werklieferungsverträge.[5] Der Endlieferant bediene sich nicht des Vorlieferanten als Hersteller. Der Pflichtenkreis des Endlieferanten gegenüber dem Abnehmer beinhaltet die Verschaffungspflicht des Produktes. Diese Verschaffungspflicht umfasst aber nicht die Herstellung des Produktes. Lediglich die vom Endabnehmer selbst am Produkt vorgenommenen Bearbeitungen sind davon erfasst. Insoweit wird ein Einstehen für Vorlieferanten als unbillig angesehen und der Endlieferant muss sich deren Verschulden nicht wie das Verschulden eines Erfüllungsgehilfen gemäß § 278 BGB zurechnen lassen.

Teilweise kann dennoch ein Vorlieferant als Erfüllungsgehilfe qualifiziert werden.[6] Dabei handelt es sich aber um einen Sonderfall. Hierfür muss der Endlieferant selbst als Hersteller des Produkts aufgetreten sein, ohne es tatsächlich zu sein. Dies kommt beispielsweise vor, wenn der Lieferant seine eigene Bezugsquelle geheim halten möchte. Es darf für den Kunden kein Anlass zum Zweifel daran bestehen, dass der Endlieferant der Hersteller des Produktes ist. Dann hat der Endlieferant einen Rechtsschein geschaffen. Diesen Schein muss er nun auch gegen sich gelten lassen. Es wäre unbillig, zunächst den Schein zu setzen, man habe selbst eine Handlung vollbracht, dann aber nicht für diese Handlung einstehen zu müssen.

Damit wird deutlich, dass ein Lieferant nicht vom Käufer für jedweden Fehler des Produktes in Anspruch genommen werden kann. Demgegenüber steht jedoch das Interesse des Käufers, nicht die Kosten, die das mangelhafte Produkt verursacht, selbst tragen zu müssen. Vertragliche Ansprüche gegen den fehlerverursachenden Vorlieferanten scheiden aus. Der Käufer wird in den meisten Fällen lediglich in vertraglichen Verhältnissen mit dem ihm unmittelbar gegenüberstehenden Lieferanten stehen. Häufig wird er in Anbetracht der enorm großen Anzahl an Unter-

---

[3] MüKo BGB/Ernst, § 280, Rn. 144.

[4] *Seichter* in: Herberger/Martinek/Rüßmann u. a., jurisPK-BGB, 8. Aufl. 2017, § 278 BGB, Rn. 19.

[5] BGH 8. Zivilsenat, Az: VIII ZR 46/13, Urteil vom 2. April 2014; OLG Köln 19. Zivilsenat 19 U 59/14, Beschluss vom 25.03.2015.

[6] LG Meiningen Kammer für Handelssachen (65) HK O 65/14, (65) HKO 65/14, Urteil vom 17.12.2015.

nehmen, die an der Produktion beteiligt sind, diese weder kennen, noch wissen, wer für welchen Arbeitsschritt die Verantwortung trägt. Trotz dieses Hindernisses wird bei einer Rechtsgutverletzung der Weg der deliktischen Inanspruchnahme nach § 823 Abs. 1 BGB offenstehen. Dieser Anspruch richtet sich sodann gegen den Vorlieferanten, welcher das Verschulden für den Fehler trägt und es mithin zu vertreten hat.

Des Weiteren kommt eine Haftung nach dem Produkthaftungsgesetz in Betracht. Ein Anspruch aus Schadensersatz ergibt sich sodann aus § 1 ProdHaftG. Voraussetzung ist wiederum die Verletzung eines dort genannten Rechts oder Rechtsguts, also Leben, Körper, Gesundheit und Eigentum. Der Anspruch richtet sich gegen den Hersteller des Produkts. Der Begriff des Herstellers wird in § 4 ProdHaftG detailliert definiert. Nach Absatz 1 ist danach Hersteller, wer das Endprodukt, einen Grundstoff oder ein Teilprodukt hergestellt hat. Der Begriff ist mithin sehr weit gefasst und es lässt sich im Grunde fast jeder aus der Lieferkette darunter subsumieren. Da der Anspruch kein Verschulden voraussetzt, kann sich nicht ohne Weiteres auf den Hersteller, der den Fehler verursacht hat, bezogen werden. Für diesen Fall jedoch sieht § 5 S. 1 ProdHaftG die Haftung mehrerer Hersteller als Gesamtschuldner vor.[7] Somit besteht für den Käufer die Möglichkeit, sich selbst beim Endlieferanten schadlos zu halten, wenn dieser unter den Herstellerbegriff fällt.

Im Übrigen besteht grundsätzlich die Möglichkeit der Vereinbarung einer Garantie mit dem Endlieferanten. Eine solche würde dann wieder eine Haftung für den Fehler vertraglich begründen, selbst wenn der Endlieferant den Schaden nicht zu vertreten hat. Der Endlieferant könnte sich dann gegebenenfalls mit entsprechenden Vereinbarungen mit seinen Zulieferern schadlos halten.

---

[7] M. Hamdan/Günes in: Herberger/Martinek/Rüßmann u. a., jurisPK-BGB, 8. Aufl. 2017, § 5 ProdHaftG, Rn. 4.

7 Gewährleistungsvereinbarungen zwischen Endherstellern und ihren Zulieferern

7.1 Problemstellung

Die erfolgreiche Durchsetzung von Mängelansprüchen setzt regelmäßig voraus, dass der Käufer gegenüber dem Verkäufer den Mangel der Kaufsache nachweist. Soweit ihm im Zusammenhang mit der Lieferung eines mangelhaften Produkts Schäden entstanden sind, hat er auch diese im Regelfall im Einzelnen nachzuweisen. Für Endhersteller – insbesondere von Massenprodukten – ergibt sich aus dieser Nachweispflicht ein gewichtiges Problem: Endhersteller bedienen sich für die Herstellung ihres Endprodukts einer Vielzahl von Zulieferern. Bei den zugelieferten Produkten reicht die Palette von einfachen Bauteilen bis hin zu Systemen, welche in das Endprodukt integriert werden. Wie viele Vorprodukte von einem Endhersteller für die Herstellung des Endprodukts bezogen werden, ist in der Regel nicht bekannt und hängt wesentlich von dem jeweiligen Produktsegment ab. In Branchen mit einer verhältnismäßig geringen Fertigungstiefe der Endhersteller ist der Bezug mehrerer hundert Vorprodukte von verschiedenen Lieferanten nicht unüblich. Die Fertigung eines Endprodukts erfolgt dabei an einem oder zumindest einigen Fertigungsstandorten, an welche die Lieferanten ihre Teilprodukte liefern. Der Endhersteller wiederum liefert die von ihm hergestellten Endprodukte in der Regel weltweit an seine Kunden aus. Sofern nun ein von einem Zulieferer geliefertes Vorprodukt im späteren Einsatz im Endprodukt ausfällt, ist der Endhersteller grundsätzlich dazu verpflichtet, den Mangel an dem gelieferten Vorprodukt als auch die im Zusammenhang mit dem Mangel entstandenen Kosten für jedes einzelne Produkt nachzuweisen. Die Pflicht zum Nachweis des Mangels an dem jeweiligen Produkt und des im Zusammenhang mit dem mangelhaften Produkt entstandenen Schadens besteht dabei unabhängig davon, wo sich das Produkt zum Zeitpunkt des Ausfalls befindet.

Sofern einem gelieferten Produkt nachweislich ein Mangel anhaftet, der die ganze Serie betrifft oder zumindest einem abgrenzbaren Umfang, etwa im Falle eines Konstruktionsfehlers oder einer oder mehrerer bestimmter Chargen anhaftenden Produktionsfehlers, fokussiert sich die Auseinandersetzung zwischen einem End-

hersteller und Lieferanten zumeist auf den Umfang der vom Lieferanten zu tragenden Kosten, nachdem das Bestehen eines Mangels anhand einer repräsentativen
Anzahl von Produkten nachgewiesen wurde.

Weitaus schwieriger und kostenaufwendiger erweist sich die Nachweisführung
dann, wenn zwar einem Produkt kein immanenter oder über einen bestimmten
Umfang eingrenzbarer Mangel anhaftet, sondern verschiedene Mängel an Einzel-
produkten oder einer kleinen Anzahl von Produkten anhaften. Sofern nun der Endhersteller auch für diese Produkte etwaige Gewährleistungskosten in Abrechnung
bringen möchte, verbleibt ihm zumindest auf der Basis der gesetzlichen Regelungen nur die Möglichkeit, für jedes einzelne Bauteil den Nachweis des Mangels und
der hiermit zusammenhängenden Kosten gesondert zu führen. Bei Massenprodukten, welche weltweit vertrieben werden und bei denen eine Vielzahl von zugekauf-
ten Produkten verschiedener Zulieferer zum Einsatz kommt, erweist sich dies für
den Endhersteller aus wirtschaftlichen und logistischen Gründen als schwierig.
Der Aufwand, welcher im Zusammenhang mit der Nachweisführung einhergeht
steht oftmals in keinem Verhältnis zu den vom Lieferanten zu erstattenden Kosten.

 Beispiel: Der Lieferant L mit Sitz in Köln liefert Fensterdichtungen an den
Automobilhersteller M mit Sitz in Stuttgart. Der Verkaufspreis beträgt 2,50 €.
Ein von M hergestelltes Fahrzeug wird an einen Käufer in New York verkauft.
Kurze Zeit nach Erwerb des Fahrzeugs stellt sich heraus, dass die Fensterdichtung an der Fahrertür Undichtigkeiten aufweist. Im Rahmen eines Werk-
stattbesuchs wird in das Fahrzeug eine neue Fensterdichtung eingesetzt.
Hierfür fallen insgesamt 35,00 € an (Kosten der neuen Dichtung nebst Ar-
beitszeit für Ein- und Ausbau, Kosten für Transport, Lagerung, Handling). Um
diese Kosten geltend zu machen, wäre M zunächst verpflichtet, die Dichtung
nach Deutschland zu verbringen und diese unter Darlegung des Mangels und
der entstandenen Kosten an L zu übermitteln (Logistik- und Verwaltungsauf-
wand: 150,00 €). Sofern L das Vorliegen eines Mangels verneinen würde,
müsste M zur Erstattung der entstandenen Kosten, notfalls im Rahmen eines
gerichtlichen Verfahrens, den Mangel an der Dichtung und die Höhe der Kosten nachweisen (Aufwand für die Nachweisführung: 500,00 €).

Der Beispielsfall zeigt, dass die bei einem vereinzelten Fall im Zusammenhang mit
der Geltendmachung der Kosten entstehenden Aufwände möglicherweise in keinem Verhältnis zu den geltend gemachten Kosten und erst recht nicht mit dem
Wert des potenziell mangelhaften Teils stehen. Andererseits, so zumindest die Be-
hauptung der Endhersteller, verursachen derartige „Einzelfälle" einen nicht zu un-
terschätzenden Umfang an Gewährleistungskosten. Vor diesem Hintergrund liegt
für viele Endhersteller die Lösung nicht darin, die Kosten vereinzelter Ausfälle als
zwangsläufige Folge einer Herstellung unter Einsatz einer Vielzahl von zugeliefer-
ter Produkte hinzunehmen, sondern nach Wegen zu suchen, eine Beteiligung der
Zulieferer an den entstehenden Kosten durch eine Vereinfachung der Nachweis-

führung zu gewährleisten. Angesichts der Produktionsumfänge und des Einsatzes der eingesetzten Zulieferer erscheint es nicht verwunderlich, dass es erneut die Automobilhersteller gewesen sind, welche sich dem Problem durch Schaffung neuer Vertragswerke genähert haben.

Im Folgenden sollen existierende Gewährleistungsvereinbarungen in ihrer grundsätzlichen Struktur dargestellt und die mit ihrem Abschluss einhergehenden haftungs- und deckungsrechtlichen Konsequenzen erläutert werden. Sowohl die Darstellung der Vertragsstruktur als auch die Erläuterung der rechtlichen Konsequenzen können jedoch vorliegend nur in Grundzügen erfolgen. Bedingt ist dies dadurch, dass die jeweiligen Vertragsmuster der Endhersteller trotz Gemeinsamkeiten teilweise doch erhebliche Unterschiede im Detail aufweisen, die gewichtig sind und dadurch allzu allgemeingültige Aussagen verhindern.

■ 7.2 Arten von Gewährleistungsvereinbarungen

Der Sinn und Zweck der Gewährleistungsvereinbarung ist darauf gerichtet, eine Abrechnung von einzelnen Produktausfällen auf Basis eines pauschalierten Verfahrens vorzunehmen, welche den Endhersteller insbesondere der Notwendigkeit enthebt, für jedes Bauteil den Nachweis eines Mangels und der im Zusammenhang mit diesem Mangel entstandenen Kosten führen zu müssen. Zu diesem Zweck haben sich in der Praxis zwei Verfahren herausgebildet: das Anerkennungsverfahren und das Referenzmarktverfahren. In der Praxis anzutreffen sind diese beiden Verfahren aber nicht nur in ihrer jeweiligen Reinform, sondern auch als Mischformen oder deren alternative oder kumulative Anwendung. Zu Darstellungszwecken werden nachfolgend beide Verfahren in ihrer reinen Form dargestellt. Bevor jedoch auf die Besonderheiten der einzelnen Verfahren eingegangen wird, sollen zunächst die typischen Gemeinsamkeiten von Gewährleistungsverfahren dargestellt werden.

■ 7.3 Gemeinsamkeiten der Gewährleistungsvereinbarungen

Der Wesensgehalt einer Gewährleistungsvereinbarung ist durch folgende Bestandteile geprägt:

- sowohl beim Verkäufer als auch Käufer handelt es sich um Unternehmer
- der Käufer beliefert den Verkäufer nicht nur punktuell, sondern über einen längeren Zeitraum hinweg, in der Regel während der Dauer der Serienherstellung

des vom Käufer vertriebenen Produkts, in welchem das vom Verkäufer gelieferte Produkt enthalten ist

- während der Dauer des Lieferverhältnisses erfolgt die Belieferung mit Produkten des Käufers in einer hohen Stückzahl
- Abrede der Parteien, die es dem Käufer ermöglicht, die im Zusammenhang mit einem tatsächlich oder möglicherweise mangelhaften Produkt entstandenen Kosten ohne Darlegung und Nachweis des Mangels im Einzelnen vom Verkäufer zu verlangen und Festlegung des hierfür notwendigen Verfahrens.

Sofern nachfolgend einige Gemeinsamkeiten der Gewährleistungsvereinbarungen dargestellt werden, muss beachtet werden, dass es sich hierbei um Regelungspunkte handelt, die in der Regel in den Vereinbarungen verschiedener Hersteller einen gleichen oder ähnlichen Inhalt aufweisen. Sie sind jedoch, von dem Punkt „Vertragspartner" abgesehen, weder für das Vorliegen einer Gewährleistungsvereinbarung wesensnotwendig noch finden sie sich in jeder Gewährleistungsvereinbarung. Insofern muss jede Gewährleistungsvereinbarung notwendigerweise dahingehend geprüft werden, ob und in welchem Umfang sie tatsächlich in Bezug auf einen Regelungspunkt einen Inhalt aufweist, der sich mit der nachfolgenden Darstellung deckt.

7.3.1 Vertragspartner

Gewährleistungsvereinbarungen dienen nicht der Abrechnung von Gewährleistungsansprüchen zwischen dem Endkunden und dem Hersteller eines Produkts, sondern der Abrechnung von Gewährleistungsansprüchen zwischen einem gewerblichen Käufer von Bauteilen für ein End- oder Zwischenprodukt und dem Zulieferer als Verkäufer. Der Käufer des Bauteils kann hierbei ein Endhersteller oder ein Lieferant sein, der wiederum selbst ein Bauteil an den Endhersteller und einem diesen nachgelagerten Lieferanten liefert. Regelmäßig abgeschlossen werden Gewährleistungsvereinbarungen zwischen Endherstellern oder diesen unmittelbar nachgelagerten Systemlieferanten mit ihrem jeweiligen Lieferanten.

7.3.2 Anwendungsbereich

Für die Abrechnung von Gewährleistungskosten zwischen einem Endhersteller und seinem Zulieferer werden in der Regel zwei Phasen unterschieden, die sog. Vorfeldausfälle und die sog. Feldausfälle. Vorfeldausfälle werden in der Regel Produktausfälle bezeichnet, welche bei der Anlieferung, dem Einbau oder der Endprüfung beim Endhersteller auffallen. Feldausfälle hingegen bezeichnen Produktausfälle nachdem das Produkt das Werk des Endherstellers verlassen hat. Teilweise ist aber von einem Feldausfall auch erst dann die Rede, wenn sich der Produktfehler nach Übergabe des Produkts an den Endkunden realisiert, sodass auch der bis zur Übergabe des Produkts sich realisierende Mangel der Kategorie Vorfeldausfall zugerechnet wird.

Die Abwicklung von Sachmängelansprüchen auf Basis einer Gewährleistungsvereinbarung wird in der Regel auf sog. „Feldausfälle" beschränkt. Gerichtet sind dabei die Vereinbarungen auf eine Erstattung der infolge eines notwendig werdenden Austauschs des fehlerhaften Zulieferprodukts im Feld anfallenden Kosten, welche in der Regel solche für den Transport, die Lagerung, die Schadensanalyse in der Werkstatt, die mit dem Ein- und Ausbau einhergehenden Lohnkosten sowie die Handlingskosten des OEM beinhalten.

Die ebenfalls bedeutsame Gruppe der Vorfeldausfälle und somit die Fallgestaltungen, in denen das fehlerhafte Produkt bereits vor Auslieferung an Kunden und/oder Händler entdeckt wird, ist zumeist nicht Gegenstand der vorbezeichneten Modelle. Insoweit sehen Regressvereinbarungen entweder gesonderte oder gar keine Regelungen vor.

7.3.3 Beschränkung auf Mängelansprüche

Auch wenn die Bezeichnung der Vereinbarungen bereits in der Regel deutlich macht, was Gegenstand der Vereinbarungen ist, finden sich üblicherweise klarstellende Regelungen dahingehend, dass die Vereinbarungen nicht auf Produkthaftungsansprüche anwendbar sind. Sofern durch ein Produkt Personen- oder Sachschäden entstehen, werden diese regelmäßig gegen den Endhersteller oder diesem gleichgestellte Personen geltend gemacht. Ebenso ist es der Endhersteller, der aufgrund einer erkannten Gefahr für Leib oder Leben von Produktnutzern oder der Gefahr von Sachschäden einen Rückruf von fehlerhaften Produkten durchführt bzw. durchführen muss. Sofern der entstandene Schaden oder aber die Gefahr durch einen Fehler des vom Lieferanten gelieferten Produkts stammt, wird der Endhersteller in der Regel den gegenüber dem Geschädigten geleisteten Schadensersatz oder die Aufwendungen im Zusammenhang mit einem durchgeführten Rückruf gegenüber dem Lieferanten geltend machen. Diese Ansprüche stehen im Zusammenhang mit der auch den Lieferanten betreffenden Produkthaftung für das von ihm gelieferte Produkt. Sie sind nicht Gegenstand der Gewährleistungsvereinbarungen.

7.3.4 Serienschäden

Von einem Serienschaden spricht man, sofern ein Produktmangel nicht nur einzelnen Produkten, sondern einer ganzen Serie oder einem beachtlichen Teil einer Produktserie anhaftet. Der Begriff des Serienschadens findet in der Regel Anwendung im Haftpflichtversicherungsrecht. In Ziff. 8.3 des Produkthaftpflicht-Modells werden Serienschäden definiert als mehrere, während der Wirksamkeit der Versicherung eintretende Versicherungsfälle aus der gleichen Ursache, z. B. aus dem gleichen Konstruktions-, Produktions- oder Instruktionsfehler, es sei denn, es besteht zwischen den mehreren gleichen Ursachen kein innerer Zusammenhang (1. Spiegelstrich), oder Lieferungen solcher Erzeugnisse, die mit den gleichen Mängeln behaftet sind (2. Spiegelstrich). Bereits die in der Definition enthaltene Regelung, dass Serienschäden unabhängig von ihrem tatsächlichen Eintritt als ein Versicherungsfall gelten, der im Zeitpunkt des ersten dieser Versicherungsfälle als eingetreten gilt[1], machen deutlich, welchem Zweck die Serienschadenklausel im Zusammenhang mit der Versicherung dient. Mehrere Versicherungsfälle bei Vorliegen der bezeichneten Voraussetzungen sollen unter der jeweils vereinbarten Jahreshöchstleistung zusammengefasst werden und dadurch die Haftung des Versicherers eingrenzen.

In der Regel enthalten Gewährleistungsvereinbarungen eine eigene Definition des Serienschadens, welcher nicht unbedingt deckungsgleich mit dem versicherungsrechtlichen Begriff sein muss. Aus der üblichen Definition ergibt sich jedoch, dass es auch hier um die Umschreibung der Anhäufung von mangelhaften Produkten innerhalb eines bestimmten Zeitraums geht, welche entweder den gleichen Mangel aufweisen oder in sonstiger Weise in einem inneren Zusammenhang stehen. Ziel und Zweck der Serienschaden-Definition in den Gewährleistungsvereinbarungen ist aber nicht die Begrenzung der Haftung, sondern diese Phänomene aus den vereinbarten Abwicklungsverfahren auszunehmen.

■ 7.4 Referenzmarkt-Modell

Sofern eine Abrechnung von Gewährleistungskosten auf Basis des Referenzmarkt-Modells erfolgt, ist der Ausgangspunkt zunächst die Einteilung der vom Käufer belieferten Märkte in einen sog. Referenzmarkt und einen sog. Nicht-Referenzmarkt. Die Einordnung ist entscheidend dafür, aus welchen Märkten dem Lieferanten als mangelhaft gerügte Teile zur Befundung übermittelt werden. Der Lieferant prüft sodann auch nur anhand dieser Teile, ob die vom Käufer als Hersteller des Endprodukts geltend gemachte Mangelhaftigkeit des Teilprodukts auch tatsächlich gegeben ist. Mangelbehaftete oder zumindest mangelverdächtige Teilprodukte aus den Nicht-Referenzmärkten werden an den Lieferanten nicht übersandt oder aber deren Rücksendung auf bestimmte in der Vereinbarung vorgesehene Sonderfälle beschränkt.

---

[1] Ausgegangen wird dabei von der Serienschaden-Definition in der Standardklausel. Für die vorliegend nicht relevante Alternativ-Serienschadensklausel: *Thürmann/Kettler*, Produkthaftpflichtversicherung, 6. Auflage, 325 ff.

Die Prüfung ob Produkte, welche an den Lieferanten aus den Referenzmärkten übermittelt werden, tatsächlich einen Mangel aufweisen, erfolgt entweder durch den Käufer und den Verkäufer gemeinsam oder aber durch den Lieferanten selbst. Letzteres entspricht der üblicheren Vorgehensweise. Sofern die Analyse zu dem Ergebnis führt, dass tatsächlich ein Mangel vorliegt, ist der Lieferant pro mangelhaftem Produkt in Höhe eines Betrags ersatzpflichtig, der sich aus der Multiplikation des Einkaufspreises des Endherstellers für das betreffende Produkt mit einem in der Vereinbarung festgelegten Gesamtfaktor ergibt. Der Gesamtfaktor errechnet sich wiederum aus der Summe zweier Einzelfaktoren (A und B).

Der Einzelfaktor A bildet in der Regel pauschaliert die Kosten ab, welche dem Endhersteller im Zusammenhang mit dem analysierten und als mangelhaft festgestelltem Produkt regelmäßig entstehen. Diese beinhalten die Kosten für den Bezug eines mangelfreien Ersatzteils sowie die im Zusammenhang mit der Mangelbehebung anfallenden Kosten für den Transport, das Handling, die Lagerung und den Ausbau des fehlerhaften und den Einbau des fehlerfreien Produkts. Der Einzelfaktor A entspricht dabei dem Quotienten aus den ermittelten Kosten und dem Einkaufspreis.

 Beispiel: Im Eingangsfall beträgt der Einkaufspreis für die Fensterdichtung 2,50 €. Die im Zusammenhang mit der Mängelbehebung entstandenen Kosten betragen 35,00 €. Der Einzelfaktor A beträgt somit 14 (35,00 € / 2,50 € = 14).

Der Nicht-Referenzmarkt wird im Weiteren über den Einzelfaktor B berücksichtigt, der sodann mit dem Einzelfaktor A addiert, den Gesamtfaktor ergibt. Der Bildung des Einzelfaktors B liegt dabei die Relation der Ausfälle auf dem Referenzmarkt mit den Ausfällen auf den Nicht-Referenzmärkten zugrunde, die wiederum mit dem Einzelfaktor A multipliziert werden. Die Berechnung der Gewährleistungskosten anhand des Eingangsfalles:

 Beispiel: Für den Referenzmarkt sind die Kosten für eine mangelhafte Fensterdichtung mit dem Faktor 14 als Einzelfaktor A zugrunde zu legen. Sofern man nun fiktiv davon ausgeht, dass einem mangelhaften Produkt auf dem Referenzmarkt sieben mangelhafte Produkte des Lieferanten auf dem Nicht-Referenzmarkt gegenüberstehen, beträgt die Relation der Ausfälle auf dem Referenzmarkt zum Nicht-Referenzmarkt 1:7. Die Annahme ist sodann, dass dem Endhersteller auf dem Nicht-Referenzmarkt Gewährleistungskosten für den Austausch von sieben mangelhaften Fensterdichtungen entstehen. Der Einzelfaktor B für den Nicht-Referenzmarkt beträgt somit 98 (14 × 7 = 98). Die beiden Markt-Faktoren in der Summe ergeben 112. Für den Lieferanten des betreffenden Bauteils bedeutet dies, dass bei Feststellung eines mangelhaften Bauteils aus dem Referenzmarkt er insgesamt Kosten in Höhe von 280,00 Euro zahlen muss (Faktor 112 multipliziert mit 2,50 € als Einkaufspreis des Endherstellers).

Der Abschluss von Regressvereinbarungen auf der Basis des Referenzmarkt-Modells ist in der Regel Voraussetzung für die Vergabe von Aufträgen zur Entwicklung und/oder Serienbelieferung mit Zulieferprodukten. Bereits zu diesem Zeitpunkt, also vor Beginn der Lieferung, ist somit der Lieferant verpflichtet, einen in der Regressvereinbarung vorgesehenen Faktor für die spätere Abwicklung von Mängelansprüchen bei Feldausfällen zu akzeptieren. In diesem frühen Stadium akzeptiert der Lieferant somit, dass die Schadenabwicklung dem Grunde und der Höhe nach pauschaliert erfolgen wird und dies aufgrund folgender Erwägungen:

- Bezogen auf den sendepflichtigen Markt bedeutet der erste Teilfaktor A, dass für den Austausch des mangelhaften Produkts bestimmte Kosten zugrunde gelegt werden, ohne dass klar ist, ob tatsächlich Kosten in der vorgesehenen Höhe im Einzelfall anfallen.

- Bezogen auf den nicht-sendepflichtigen Markt liegt dem zweiten Teilfaktor zudem die Annahme zugrunde, dass einem mangelhaften Teil aus dem Referenz-Markt eine bestimmte, von vorneherein festgelegte Menge an mangelhaften Teilen auf dem übrigen, dem Nichtreferenz-Markt, gegenüber steht. Dies zu einem Zeitpunkt, an dem das neue Teil noch nicht in der Serienproduktion geliefert wird und gar nicht klar ist, ob das Verhältnis zwischen Ausfällen im Referenz-Markt und nicht Nicht-Referenzmarkt tatsächlich zutreffend ist.

Diese Erkenntnis leitet zu der Frage über, anhand welcher Methode und Annahmen der vom Endhersteller zugrunde gelegte Faktor ermittelt wird. Aus der Vereinbarung selbst werden die den Parameter zugrunde liegenden Annahmen nur insoweit ersichtlich, dass für den zweiten Teilfaktor B, wenn überhaupt, erläutert wird, dass dieser die Relation der weltweiten Ausfälle zu den Ausfällen im sendepflichtigen Markt widerspiegelt. Weitergehende Erläuterungen für die Ermittlung des Einzelfaktors werden in der Regel nicht gegeben. Was den ersten Teilfaktor A für die Berechnung der anfallenden Mangelbeseitigungskosten angeht, ist zu bedenken, dass entsprechende Vereinbarungen für jeden Lieferanten in der Regel nur einen Faktor vorsehen. Eine Beschränkung auf einen Faktor findet sich auch dann, wenn der Lieferant eine Reihe unterschiedlicher Bauteile mit teilweise auch erheblich voneinander abweichenden Einbausituationen liefert. Folgerichtig wäre es daher, dass für jedes Bauteil im Grunde ein eigener Faktor gebildet wird, da nicht davon auszugehen ist, dass für verschiedene Produktgruppen die Kosten für Ein- und Ausbau sowie Nebenkosten mit einem einheitlichen Faktor abgebildet werden können. Dies wird in der Regel jedoch nicht vorgenommen.

Die Ermittlung der zugrunde gelegten Faktoren lassen sich für den Lieferanten in der Regel dann nachvollziehen, sofern ihm die Gewährleistungsdaten aus bisherigen Lieferungen anderer Produkte an den Endhersteller auf einem Lieferantenportal oder in sonstiger Weise zur Verfügung gestellt werden: Sowohl der Teilfaktor für den Referenz-Markt als auch der Teilfaktor für den Nichtreferenz-Markt sind das Ergebnis der Bildung jeweiliger Mittelwerte aus Feldausfällen des bisherigen Lieferumfangs des Lieferanten:

- Hat der Lieferant somit vor Aufnahme der Belieferung eines neuen Produkts in der Vergangenheit ein anderes oder verschiedene andere Produkte an den Endhersteller geliefert, lässt sich der Einzelfaktor A in der Regel durch eine Gegenüberstellung des Einkaufspreises des bisherigen Produkts (oder Durchschnittseinkaufspreises des bisherigen Produktumfangs) gegenüber den durchschnittlich angefallenen Kosten der bisherigen Gewährleistungskosten ermitteln.

- Der Einzelfaktor B wiederum lässt sich anhand des Verhältnisses der dem Endhersteller im Zusammenhang mit den Produkten des Lieferanten im Referenz-Markt und im Nicht-Referenzmarkt entstandenen Kosten ermitteln.

Als Ergebnis hieraus ergibt sich, dass die Kosten für die Beseitigung eines Mangels und der Umfang des zu ersetzenden Produktausfalls damit für jedes Produkt nicht verursachungsbezogen und für den Einzelfall, sondern lediglich statistisch-mathematisch ermittelt werden.[2] Das Referenzmarkt-Modell zielt somit von vorneherein nicht darauf ab, für jedes vom Lieferanten gelieferte Bauteil die anfallenden Mangelbeseitigungskosten richtig zu erfassen, sondern begnügt sich damit, aufgrund bisheriger Werte einen produktübergreifenden Mittelwert der angefallenen Kosten zu bilden. Sofern der Lieferant bislang keine Produkte an einen Endhersteller geliefert hat, dienen regelmäßig die durchschnittlichen Werte aus Lieferungen ähnlicher Produkte durch andere Lieferanten als Grundlage für die Festlegung. Dadurch, dass sich der Endhersteller zumeist ein (einseitiges und fakultatives) Anpassungsrecht der Faktoren nach den Vereinbarungen vorbehält, ist zudem auch ausreichend dafür Sorge getragen, dass sich die statistischen Grundannahmen nicht zu seinen Ungunsten ändern.

■ 7.5 Anerkennungsverfahren

Das Referenzmarkt-Modell weist, trotz der vereinfachten Möglichkeiten zur Abwicklung von Gewährleistungskosten, auch verschiedene Nachteile für den Endhersteller auf. Ein Regress der Gewährleistungskosten kann, trotz der Möglichkeiten zur Anpassung der Faktoren, etwa unzureichend werden, wenn bei zwischenzeitlicher Erhöhung der Gewährleistungskosten keine zeitnahe Anpassung der Faktoren vorgenommen wird. Zudem ist die erfolgreiche Geltendmachung der im Nichtreferenz-Markt entstandenen, möglicherweise erheblichen,

---

[2] *Helmig,* Fahrzeugsicherheit versus Fahrerverunsicherung – Kritische Überlegungen zur KVV und zur ISO 26262, PHI 2010, 194, 195.

Kosten von der tatsächlichen Mangelhaftigkeit eines aus dem Referenzmarkt übermittelten Produkts abhängig. Darüber hinaus ist mit der Zusendung aller Teile aus dem Referenzmarkt aus Sicht der Endhersteller ein erhöhter Aufwand verbunden. Insbesondere beim letztgenannten Aspekt erscheint das Anerkennungsverfahren, das eine periodische Abrechnung der Sachmängelansprüche vorsieht, gegenüber dem Referenzmarkt-Modell vorteilhafter. Die Vorzüge des Anerkennungsverfahrens sollen durch die Erläuterung dieser Berechnungsweise näher dargestellt werden.

Die Abwicklung von Sachmangelansprüchen auf der Basis des Anerkennungsverfahrens beinhaltet im ersten Schritt eine Einteilung der vom Zulieferer gelieferten Produkte in verschiedene Produktgruppen, bezeichnet etwa als „Teilefamilien", „Warenkörbe" oder schlicht „Product Group". Zusammengefasst werden in einer Produktgruppe vom Zulieferer gelieferte Produkte, welche im Wesentlichen gleiche Funktionen erfüllen und die gleichen Eigenschaften innehaben.

Die durch weltweite Ausfälle des Produktumfangs des Lieferanten verursachten Kosten werden sodann in einem zweiten Schritt zunächst der jeweiligen Produktgruppe zugeordnet. Die Kosten beinhalten in der Regel, wie beim Referenzmarkt-Modell, solche für die Beschaffung eines mangelfreien Ersatzteils, den Transport, die Lagerhaltung und das Handling sowie die aufgewandten Arbeitsstunden für den Ein- und Ausbau.

Hieran anschließend erfolgt sodann die Prüfung einer begrenzten Anzahl von Produkten, welche der jeweiligen Gruppe als mangelhaft zugewiesen wurden. Welche Anzahl hierbei zu verwenden ist, wird in den jeweiligen Vereinbarungen der Endhersteller unterschiedlich gehandhabt. Zumeist ist die Rede von einer repräsentativen Anzahl, welche teilweise mit einem Regelumfang von 10 bis 20 % näher eingegrenzt wird, oder aber von vorneherein auf eine bestimmte Prozent- oder aber auch Stückzahl beschränkt wird. Weitere Unterschiede bestehen im Weiteren darin, woher die zu prüfenden Bauteile stammen. Neben einer Rückführung von Teilen aus der ganzen Welt erfolgt teilweise eine Einschränkung auf die Rücksendung von Teilen aus bestimmten Referenzmärkten.

Die zurückgeführten Teile werden sodann einer Prüfung unterzogen, welche in der Regel als Schadteilanalyse bezeichnet wird. Bei der Frage, durch wen die Schadteilanalyse vorzunehmen ist, weisen die Vereinbarungen erhebliche Unterschiede auf. Die vorzufindende Bandbreite reicht von einer Analyse durch den Endhersteller (mit Teilnahmerecht des Zulieferers) über eine gemeinsame Prüfung durch den Endhersteller und den Zulieferer bis hin zu einer eigenständigen Analyse durch den Zulieferer und die Ergebnismitteilung an den Endhersteller. Die letztgenannte Alternative bietet aus Sicht des Endherstellers jedoch die Gefahr einer unzureichenden Prüfung. Dem wird in der Regel dadurch vorgebeugt, dass der Endhersteller in regelmäßigen Abständen den Analyseprozess beim Lieferanten einer Prüfung oder Auditierung unterzieht. Festgestellte Verstöße werden dabei mit einer prozentualen Erhöhung der Anerkennungsquote geahndet.

Der wesentliche Verfahrensschritt besteht im Anschluss in der Ermittlung der Anerkennungsquote selbst. Zumindest nach dem Wortlaut der Vereinbarung ist die Ermittlung recht einfach. Anhand der vorliegenden und als mangelhaft gerügten Teile erfolgt eine Prüfung, ob und inwieweit die Teile tatsächlich mangelhaft sind. Aus der Relation der mangelhaften Teile zu den mangelfreien Teilen der Stichprobe wird eine Quote ermittelt. Die hierbei ermittelte Quote wird sodann mit den für die festgelegte Abrechnungsperiode ermittelten Kosten der weltweiten Ausfälle multipliziert, um so den Anteil des Zulieferers an den angefallenen Kosten weltweit für die jeweilige Produktgruppe zu ermitteln.

7.5.1 Gegenstand der erfassten Kosten

Basis für die Berechnung der vom Lieferanten zu erstattenden Kosten sind, wie bereits ausgeführt, die für den vereinbarten Abrechnungszeitraum für die jeweilige Produktgruppe ermittelten Gesamtkosten. In diesen Gesamtkosten werden nach dem üblichen Wortlaut der Regelungen alle Kosten einbezogen, die mit der Behebung eines (vermeintlich) mangelhaften Produkts angefallen sind. Die Kosten werden vom Endhersteller als Grundlage für die Aufteilung an den Lieferanten übermittelt. Die Ermittlung der Kosten erfolgt in der Regel auf Basis der Mitteilung von Vertrags- und Serviceeinrichtungen des Endherstellers, in welchem Umfang im Zusammenhang mit dem Austausch oder der Reparatur eines ausgefallenen Produkts Kosten entstanden sind. Eine Beteiligung des Lieferanten an der Ermittlung der Kosten und damit der Berechnungsgrundlage für die von ihm geschuldeten Erstattungsansprüche ist üblicherweise nicht vorgesehen. Ebenso wenig werden üblicherweise insoweit Informations- und/oder Einsichtsrechte eingeräumt. Vielmehr sind die vom Endhersteller genannten Werte als Berechnungsbasis hinzunehmen. Mögliche Einwände aus Lieferantensicht gegen die übermittelte Basis der entstandenen Kosten sind somit in der Regel ausgeschlossen. Mögliche gewichtige Einwände können jedoch etwa in Bezug auf folgende Aspekte bestehen:

- Ausgangspunkt für die Kostenzuweisung ist üblicherweise die Diagnose der die Reparatur durchführenden Werkstatt, dass die entstandenen Kosten im Zusammenhang mit einem bestimmten Produkt stehen. Ob durch ausreichende organisatorische Vorkehrungen Werkstätten in der Lage sind, eine ordnungsgemäße Feststellung des Produktfehlers vornehmen zu können, kann der Lieferant nicht beurteilen. Etwaige Zweifel durch eigene Analysen zu kompensieren, werden dadurch eingeschränkt, dass eine Übermittlung von weiteren Informationen neben den entstandenen Kosten üblicherweise nicht vorgesehen ist. Der Lieferant erhält in der Regel nur die Information, dass im Zusammenhang mit einer Reparatur oder dem Austausch seines Teilprodukts ein bestimmter Kostenumfang entstanden ist.

- Zudem sehen die Vereinbarungen regelmäßig auch nicht vor, dass die Höhe der geltend gemachten Kosten einer Beurteilung durch den Lieferanten zugänglich ist. Der Lieferant hat somit etwa die Beurteilung hinzunehmen, dass im Zusammenhang mit dem Austausch seines Produkts ein bestimmter Zeit- und damit Kostenaufwand entstanden ist, ohne Möglichkeit des Verweises oder des Einwands, dass der Austausch einen geringeren zeitlichen Aufwand verursacht.

7.5.2 Stichprobenumfang

Für die zu prüfende Stichprobe ist in der Regel vorgesehen, dass sich diese entweder aus einer repräsentativen oder festgelegten Anzahl der ausgefallenen Produkte zusammensetzt. Insbesondere bei der Formulierung „repräsentative Anzahl" ist nicht klar, ab welchem Umfang die übermittelten Produkte für den ausgefallenen Produktumfang repräsentativ sein sollen. Zudem werden, wie bereits ausgeführt, in einer Produktgruppe zumeist verschiedene Produkte eines Lieferanten zusammengefasst und damit einer gemeinsamen Beurteilung und Abrechnung unterzogen. Durch die Vereinbarungen ist in der Regel nicht sichergestellt, dass dem Lieferanten die verschiedenen Produkte für die Prüfung jeweils in dem Verhältnis vorgelegt werden, welche auch der Relation der weltweiten Ausfälle der Produkte innerhalb einer Produktgruppe entspricht. Werden also in einer Produktgruppe die Produkte A und B des Lieferanten zusammengefasst und verteilen sich die erfassten Kosten zwischen den Produkten im Verhältnis 90 % (A) und 10 % (B), sehen die Vereinbarungen nicht vor, dass auch die übermittelte Stichprobe im Verhältnis 90 % (A) und 10 % (B) erfolgt. Überhaupt finden sich in den Vereinbarungen keine Regelungen dazu, ob und inwieweit der Lieferant auf die Auswahl von angeblich mangelhaften Teilen Einflussmöglichkeiten hat. Sofern der Lieferant nach der jeweiligen Vereinbarung die Befundung eigenständig durchführt, ist zudem zu beachten, dass zumeist strikte Antwortfristen vorgesehen sind, deren „Verstreichen lassen" dazu führt, dass das jeweilige Teil als anerkannter Produktmangel angesehen wird. Ähnlichen Strafcharakter haben auch vorgesehene Erhöhungen der Anerkennungsquote, wenn ein vom Endhersteller durchgeführter Audit ergibt, dass die Schadteilanalyse des Lieferanten unzureichend ist.

7.5.3 Fehlende Einflussmöglichkeiten des Lieferanten

Die Abwicklung von Sachmängelansprüchen auf Basis des Anerkennungsverfahrens sind für den Endhersteller und den Lieferanten tatsächlich dadurch vereinfacht, dass nicht alle ausgefallenen Teile einer Prüfung unterzogen werden müssen. Die Annahme, dass das anhand einer Stichprobe ermittelte Verhältnis an mangelhaften und mangelfreien Produkten auch auf den nicht geprüften Umfang übertragen werden kann, erscheint im Grundsatz auch nicht abwegig. Es ist jedoch zu beachten, dass dem Lieferanten die Einflussmöglichkeiten auf wesentliche Umstände zur Beurteilung seiner Einstandspflicht dem Grunde und der Höhe nach abgeschnitten werden. Zumindest dem Wortlaut der Vereinbarungen nach reduzieren sich seine Rechte auf die Befundung ihm zur Verfügung gestellter mangelhafter Bauteile oder seiner Teilnahme hieran. Es mag zwar durchaus zutreffen, dass ihm sowohl hinsichtlich der Kostenhöhe als auch bei der Auswahl der zu analysierenden Teile weitere Informations- und Einwirkungsmöglichkeiten tatsächlich eingeräumt werden. Eine Ausgestaltung als eigenständige vertragliche Rechte finden sich in den Vereinbarungen aber nicht.

◼ 7.6 Gewährleistungsvereinbarungen aus haftungsrechtlicher Sicht

Soweit das Referenzmarkt-Modell betroffen ist, wurde bereits dargelegt, dass hinsichtlich der Höhe der durch einen Feldausfall entstandenen Kosten eine Pauschalierung dadurch erfolgt, dass nicht die durch den Austausch des mangelhaften Bauteils tatsächlich entstandenen Kosten ermittelt werden, sondern vielmehr der herangezogene Faktor ein aus verschiedenen vom Lieferanten gelieferten Bauteilen gebildeten Mittelwert darstellt. Bei der Bildung des Faktors werden zudem alle mit dem Austausch des mangelhaften Ersatzteils anfallenden Kosten erfasst, unabhängig davon, ob diese Kosten als Teil der Nacherfüllungskosten gem. § 439 Abs. 1 BGB verschuldensunabhängig oder aber nach §§ 437 Nr. 3, 280 Abs. 1 BGB nur als Schadensersatz zu erstatten sind. Im letzteren Fall wäre es dem Lieferant möglich, seiner Ersatzpflicht dadurch zu entgehen, dass er ein fehlendes Verschulden an dem Fehler nachweist. Diese Möglichkeit wird ihm nach dem Referenzmarkt-Modell durch die pauschalierte und zusammengeführte Abrechnung von verschuldensunabhängigen Nacherfüllungskosten und verschuldensabhängigen Schadensersatzkosten abgeschnitten. Wie im Weiteren ausgeführt, berücksichtigt der zu bildende Faktor zudem mangelhafte Produkte gleicher Art in Nichtreferenz-Märkten, ohne dass tatsächlich ein solcher Feldausfall stattgefunden haben muss. Der vermeintlich entstandene Schaden findet seine Grundlage in einer mathematisch-statistischen Annahme, ohne dass der Nachweis eines Mangels geführt werden muss. Soweit das Anerkennungsverfahren betroffen ist, ist die Höhe der erstattungsfähigen Kosten aufgrund der Berücksichtigung der tatsächlich an Werkstätten und Service-Einrichtungen des Endherstellers gezahlten Kosten nicht als Pauschale ausgestaltet. Allerdings sind dem Lieferanten insoweit üblicherweise keine Einwendungsmöglichkeiten eingeräumt, durch welche er etwa den ermittelten Aufwand oder die geltend gemachten Kostensätze in Zweifel ziehen kann. Hinsichtlich des Vorliegens eines Mangels verzichtet der Lieferant in Höhe der anerkannten Quote zudem auf den Nachweis des Vorliegens eines Mangels bezüglich solcher Teile, die nicht Gegenstand der Analyse zur Festlegung der Anerkennungsquote sind.

■ 7.7 Kostendeckung durch bestehende Versicherungen

Die Gewährleistungsvereinbarungen dienen auch der Abrechnung von Kosten, welche im Zusammenhang mit einem Mangel angefallen sind, die – wie im nachfolgenden Kapitel noch näher erläutert werden wird – im Grundsatz durch angebotene Versicherungen abgedeckt werden können. Insofern stellt sich für den Lieferanten die Frage, ob und inwieweit der Abschluss von Gewährleistungsvereinbarungen sich auf seinen möglicherweise bestehenden Versicherungsschutz auswirkt und im Weiteren, ob die an einen Endhersteller gezahlten Kosten durch die bestehenden Versicherungen zumindest teilweise abgedeckt sind.

7.7.1 Pauschalierung

Im Rahmen der noch näher darzustellenden erweiterten Produkthaftpflichtversicherung wird die gesetzliche Haftpflicht eines Lieferanten für Personen-, Sach- und sich daraus ergebende Vermögensschäden sowie für bestimmte bezeichnete Vermögensschäden versichert. Voraussetzung für den Versicherungsschutz ist, dass diese Schäden durch vom Lieferanten als Versicherungsnehmer hergestellte oder gelieferte Erzeugnisse oder erbrachte Arbeiten oder sonstige Leistungen verursacht wurden. Bereits aus dem Verweis auf die „gesetzliche Haftpflicht" ergibt sich, dass die Gewährung eines Deckungsschutzes durch den Versicherer davon abhängig ist, dass der Lieferant als Versicherungsnehmer dem Käufer gegenüber aufgrund der gesetzlichen Vorschriften für die entstandenen Kosten ersatzpflichtig ist. Eine gesetzliche Verpflichtung besteht aber nur in dem Umfang, in welchem ein vom Lieferanten geliefertes Produkt auch tatsächlich mangelhaft ist und auch nur für die Kosten im gesetzlich vorgesehenen Umfang. Beides ist in Zweifelsfällen durch den Käufer nachzuweisen. Bereits die Erläuterung der haftungsrechtlichen Folgen hat jedoch gezeigt, dass mit dem Abschluss des Referenzmarkt-Modells und des Anerkennungsverfahrens im beschriebenen Umfang eine Pauschalierung der Ersatzpflicht in mehrfacher Hinsicht einhergeht. Auf den Nachweis der Mangelhaftigkeit jedes Produkts, für das Kosten geltend gemacht werden, wird verzichtet. Beim Referenzmarkt-Modell bezieht sich die Ersatzpflicht zudem nicht auf die tatsächlich entstandenen Kosten, sondern auf die mittels des Faktors festgelegten pauschalen Kosten. Insofern ist zunächst die Erkenntnis, dass durch die Gewährleistungsvereinbarungen der Lieferant gegenüber dem Endhersteller seine Haftung erweitert, indem er einen Ausgleich für geltend gemachte Kosten vornimmt, ohne dass die gesetzlichen Voraussetzungen für eine Kostenerstattung vorliegen. Unter Hinweis darauf, dass sich die Ersatzpflicht des Versicherers auf die „gesetzliche Haftpflicht" und somit auf den durch Gesetz vorgesehenen Umfang der Haftung beschränkt, wird daher in der Regel der Versicherer eine Erstattung der Kosten, welche der Lieferant an den Endhersteller auf Basis der Gewährleistungsvereinbarungen geleistet hat, ablehnen können.

7.7.2 Selbstbehalt nach Ziff. 9.3 PHB

Mit der Ausklammerung von Serienschäden wird in der Regel bezweckt, dass die Gewährleistungsvereinbarung sich auf die Abrechnung von Gewährleistungskosten beschränkt, welche durch vereinzelte Produktausfälle entstehen. Das tatsächliche Kostenrisiko aus einer Gewährleistungsvereinbarung erscheint vor diesem Hintergrund als gering. Lieferanten, welche an einen Endhersteller verschiedene Bauteile in Serie liefern, droht angesichts hoher Stückzahlen und verschiedener Produktgruppen indes das Risiko, dass aus den weltweit vereinzelt oder in geringen Mengen verursachten Feldausfällen am Ende einer Abrechnungsperiode gleichwohl beträchtliche Erstattungsansprüche geltend gemacht werden können. Sofern sich der Lieferant in diesem Fall an den Versicherer mit der Bitte um Regulierung wendet, wird dieser aus den unter Ziffer 7.7.1 bezeichneten Gründen in der Regel eine Deckung ablehnen. Eines Verweises auf die durch das Anerkennungsverfahren oder das Referenzmarkt-Modell vertraglich vereinbarten Haftungserweiterungen wird es zur Ablehnung des Deckungsschutzes jedoch unbedingt nicht bedürfen. Vielmehr kann der Versicherer seine Einstandspflicht in den meisten Fällen bereits an dem in den Versicherungsbedingungen vereinbarten Selbstbehalt scheitern lassen. Nach dieser Klausel hat sich der Versicherungsnehmer bei jedem Versicherungsfall an den versicherten Schäden in Höhe des jeweils vereinbarten Selbstbehalts zu beteiligen. Als Versicherungsfall definieren die Versicherungsbedingungen das während der Wirksamkeit des Vertrags eingetretene Schadensereignis. Als Schadensereignis definiert Ziff. 1.1 AHB das Ereignis, als dessen Folge die Schädigung des Dritten unmittelbar entstanden ist. Bei Schäden

infolge mangelhafter Produkte liegt das Schadensereignis in der nicht vertragsge-
mäßen Lieferung.[3] Bezogen auf das Verhältnis zwischen Zulieferer und Endhersteller ist somit auf die jeweilige Lieferung mangelhafter Produkte abzustellen und
nicht darauf, dass vom Endhersteller verschiedene Schadensfälle im Rahmen einer
Forderung geltend gemacht werden.

■ 7.8 Zusammenfassung

Durch die Ausklammerung von „Serienschäden" in den vorbezeichneten Modellen
ist gewährleistet, dass der Lieferant bei Feldausfällen mit größerem Produktumfang nicht Gefahr läuft, seinen Deckungsschutz zu verlieren. Die beschriebenen
Modelle dienen in der Regel nur dazu, weltweite Feldausfälle von einzelnen mangelhaften Produkten oder geringen Produktmengen des Lieferanten einer vereinfachten Abrechnung zuzuführen. Vereinfacht bedeutet aber für den Lieferanten
unter Verzicht auf den Nachweis des Schadens im einzelnen Fall. Der Verweis auf
einzelne Produktausfälle verteilt über den Globus sollte insbesondere den Lieferanten, der verschiedene Bauteile in Serie an den OEM liefert, nicht darüber hin-
wegtäuschen, dass sich die Einzelfälle durchaus zu einem beträchtlichen Betrag
summieren können. Von daher sollte nicht der Fehler begangen werden, angesichts eines vermeintlich geringen Risikos die nunmehr im Vordringen befindliche
Abrechnung auf Basis des Anerkennungsverfahrens widerspruchlos zu akzeptieren. Ein gewisses Misstrauen sollte sich schon aufgrund der Tatsache einstellen,
dass verschiedene OEMs augenblicklich den Abschluss entsprechender Vereinbarungen mit Vehemenz betreiben und auch durch Anpassungen ihrer Supplier-Por-
tale die Vorkehrungen für eine Implementierung des neuen Verfahrens treffen.

Für Vereinbarungen auf Basis des Anerkennungsverfahrens ist zumindest drin-
gend anzuraten, sich durch die Einforderung von Informations- und Korrektur-
rechten bereits auf der zugrunde zu legenden Kostenbasis, Einflussmöglichkeiten
zu verschaffen. Mit entsprechenden Änderungswünschen an der Vereinbarung
konfrontiert, wird seitens der Verwender der Vertragswerke nicht selten der Vorwurf erhoben, dass der hinter einer solchen Vereinbarung liegende Prozess nicht
verstanden worden sei. Diesem Befund kann man sich vollumfänglich anschließen. Man wird aber hinzufügen müssen, dass das fehlende Verständnis weniger
durch die beschränkten kognitiven Fähigkeiten des Vertragspartners verursacht
wird, sondern vielmehr ihre Ursache darin hat, dass Vereinbarungen auf den beschriebenen Modellen aus sich heraus nicht immer ausreichende Hilfe leisten,

---

[3] OLG Stuttgart, U. v. 28. April 2005, NJW-RR 2005, 1269, 1270; OLG Oldenburg, U. v. 27. November 1996, r+s
1997, 57.

diese Prozesse verständlich zu machen. Die dennoch immer wieder behauptete un-eingeschränkte Akzeptanz seitens anderer Lieferanten dürfte daher weniger dem Umstand geschuldet sein, dass die Vereinbarung anderen Lieferanten als eine ab-gewogene und ihre Interessen berücksichtigende Vorgehensweise der Abwicklung von Sachmängelansprüchen erscheint, sondern vielmehr sich allein aus den Marktgegebenheiten ergibt.

8 Gewährleistungsrisiken und Versicherungen

■ 8.1 Allgemeines

Ansprüche Dritter infolge mangel- und/oder fehlerhafter Produkte können zu erheblichen Vermögenseinbußen führen, wenn nicht sogar im Einzelfall ein den Fortbestand des Unternehmens bedrohendes existenzielles Maß annehmen. Entsprechend naheliegend ist daher die Frage, ob und inwieweit solche Risiken durch Versicherungen abgedeckt werden können. Einen solchen Schutz bietet die Produkthaftpflichtversicherung, welche für die durch fehler- und/oder mangelhafte Produkte entstehenden Schäden – im noch näher darzustellenden Umfang – Deckung gewährt.

Für bestimmte Tätigkeiten, durch die Dritte möglicherweise geschädigt werden können, sieht das Gesetz den Abschluss einer Versicherung zwingend vor. In diesen Fällen wird von einer Pflichtversicherung gesprochen. Beispiele hierfür sind die gesetzliche Pflicht des Kraftfahrzeughalters zum Abschluss einer Kfz-Haftpflichtversicherung[1] oder die Pflicht zum Abschluss einer Vermögenshaftpflichtversicherung bei Ausübung bestimmter Berufe wie etwa für Rechtsanwälte[2] oder Notare[3]. Hintergrund für eine solche Pflichtversicherung ist, dass der Gesetzgeber die Rechtsgüter Dritter oder deren Vermögensinteressen, welche durch die Ausübung bestimmter privater oder beruflicher Tätigkeiten gefährdet werden können, als besonders schützenswert ansieht.

Sowohl Hersteller von Produkten als auch die weiteren, in der Lieferkette involvierten Unternehmen sind, von Ausnahmen wie der Arzneimittelhaftung abgesehen, nicht verpflichtet, sich für den Fall zu versichern, dass sie wegen Schäden, welche durch ihre mangel- und/oder fehlerhaften (Teil-)Produkte verursacht wurden, in Anspruch genommen werden. Gleichwohl wird ein Unternehmen aufgrund des potenziellen Schadensausmaßes in der Regel dazu veranlasst werden, sich gegen die

---

[1] § 1 Pflichtversicherungsgesetz (Gesetz über die Pflichtversicherung für Kraftfahrzeughalters)

[2] § 51 Abs. 1 Bundesrechtsanwaltsordnung

[3] § 19a Abs. 1 Bundesnotarordnung

Risiken aus einem etwaigen Produkthaftungsfall zu versichern. Insbesondere dann, wenn der Fehler nicht nur einem Produkt, sondern einer ganzen Serie anhaftet, gehen mit der Pflicht zum Ersatz der entstehenden Sach- und Personenschäden in der Regel immense Kosten einher, die sich zu einer existenziellen Gefahr für den Bestand des Unternehmens ausweiten können. Insofern wird die vorzunehmende Risikobewertung ein Unternehmen zwangsläufig dazu bringen, durch Abschluss entsprechender Versicherungen eine solche Gefahr abzuwenden. Dem Unternehmen bleibt es selbstverständlich auch unbenommen, durch die Bildung von Rücklagen und Rückstellungen eigene Reserven gegen eine mögliche Inanspruchnahme Vorsorge zu treffen. Gerade klein- und mittelständische Unternehmen dürfte die Bildung der notwendigen Reserven aber in der Praxis Schwierigkeiten bereiten. Aber auch für größere Unternehmen mit entsprechenden Möglichkeiten dürfte der Abschluss einer Versicherung gegenüber der unnötigen Kapitalbildung der vorzugswürdigere Weg sein.

Sieht man die ausreichende Versicherung als Teil eines ordnungsgemäßen Risiko-Managements eines Unternehmens an, obliegt diese Aufgabe der Geschäftsleitung. Das Fehlen einer ausreichenden Absicherung gegenüber Produkthaftpflichtrisiken kann als Verletzung der Sorgfaltspflichten angesehen werden und sich somit auch haftungsrechtlich für die Geschäftsleitungsorgane auswirken. Der Geschäftsleitung kommt die Aufgabe zu, durch entsprechende Maßnahmen Gefahren von dem Unternehmen abzuwenden, die zu einer Gefährdung ihres Bestands führen können. Insofern ist sie auch verpflichtet, durch den Abschluss von Versicherungen solchen Risiken vorzubeugen, für die Deckung angeboten wird.

■ 8.2 Relevanz für das Gewährleistungsmanagement

Fehler- oder mangelhafte Produkte und Leistungen lassen sich, trotz aller Vorkehrungen, nicht verhindern. Insofern ist aus den beschriebenen Gründen ein in der Herstellung und/oder dem Vertrieb von Produkten tätiges Unternehmen auch ohne gesetzliche Verpflichtung regelmäßig dazu angehalten, mögliche Produktrisiken durch den Abschluss von Versicherungen abzusichern. Im Rahmen des Gewährleistungsmanagements ist das Wissen über den notwendigen und möglichen Versicherungsumfang in verschiedener Hinsicht von Bedeutung:

Die Kenntnis darüber, ob und in welchem Umfang Gewährleistungsrisiken auf einen externen Risikoträger abgewälzt werden können, beeinflusst deren Relevanz für das Unternehmen. Das Wissen über den Umfang des (möglichen) Versicherungsschutzes kann somit ein wesentlicher Aspekt für Hersteller und Vertreiber von Produkten bei der Einschätzung sein, in welchem Umfang gegenüber Käufern und sonstigen Abnehmern die Einstandspflicht für Produkte erweitert wird oder beschränkt werden muss.

Die Gewährung des Versicherungsschutzes erfolgt nicht ohne jeglichen Vorbehalt, sondern ist vielmehr an verschiedene Anforderungen geknüpft, denen auf verschiedenen Ebenen und an verschiedener Stelle Rechnung getragen werden muss. Die Kenntnisse dieser Anforderungen haben insbesondere Einfluss auf die vertraglichen Vereinbarungen über sowohl die Gewährleistung mit Käufern und Lieferanten als auch die Entwicklung, Herstellung sowie den Vertrieb von Produkten und müssen entsprechende Berücksichtigung in der Organisation finden.

Anforderungen an die Risikoübernahme durch den Versicherer sind nicht auf Umstände vor der Risikoverwirklichung beschränkt. Auch nach Eintritt des Risikofalles bestehen Anforderungen, deren Nichtbeachtung in der Regel den Versicherungsschutz zwar nicht vollständig aufheben, möglicherweise jedoch erheblich beschränken kann. Insofern muss im Rahmen des Gewährleistungsmanagements auch garantiert werden, dass das entsprechende Wissen um die Anforderungen und seine Berücksichtigung im Rahmen einer Gewährleistungsabwicklung durch die betroffenen Abteilungen und Personen sichergestellt ist.

■ 8.3 Gegenstand und Inhalt der Produkthaftpflichtversicherungen

Unter dem Begriff der Produkthaftpflichtversicherung versteht man in der Regel den Versicherungsschutz, welcher das Haftpflichtrisiko abdeckt, das von in Verkehr gebrachten Produkten oder von Arbeiten an solchen Produkten ausgeht. Die Deckung für dieses Haftpflichtrisiko wird nicht durch eine, sondern durch verschiedene Versicherungen gewährleistet:

Die allgemeine Betriebshaftpflichtversicherung bietet Versicherungsschutz dafür, dass ein Versicherungsnehmer wegen eines Schadensereignisses aus seiner betrieblichen Tätigkeit, das einen Personen- oder Sachschaden oder einen sich daraus ergebenden Vermögensschaden (sog. unechte Vermögensschäden) zur Folge hat, in Anspruch genommen wird. Die Herstellung und der Vertrieb von Produkten und Leistungen ist (zumeist wesentlicher) Teil der betrieblichen Tätigkeit. Insofern wird das auf Personen- und Sachschäden bezogene Risiko bereits durch die Betriebshaftpflichtversicherung abgedeckt[4]. Daher wird die Betriebshaftpflichtversicherung – das Produkthaftpflichtrisiko betreffend – auch oftmals als allgemeine Produkthaftpflichtversicherung bezeichnet.

---

[4] Späte/Schimikowski, Haftpflichtversicherung, 2. Auflage, 2014, ProdHM, Vorbemerkungen Rn. 1.

Für den gewerblichen und industriellen Bereich, insbesondere für Zulieferunternehmen, zeichnete sich bereits in den sechziger und siebziger Jahren des vorherigen Jahrhunderts ab, dass der Versicherungsschutz für fehlerhafte Produkte über die allgemeine Betriebshaftpflichtversicherung nicht ausreichend ist. Das wesentliche Haftungsrisiko für Zulieferer besteht und bestand auch damals darin, dass durch mangelhafte Produkte in der weiteren Herstellungskette Schäden an den Folgeprodukten verursacht werden. Von der allgemeinen Haftpflichtversicherung wurden die Schäden an Folgeprodukten nicht als Sach- oder daraus resultierende (unechte) Vermögensschäden, sondern als reine Vermögensschäden eingeordnet und nicht erfasst. Eine weitere Verschärfung ergab sich durch die von der Rechtsprechung anerkannte Haftung für die aus mangelhaften oder fehlerhaften Produkten verursachten Folgeschäden[5]. Als Folge hiervon wurde die sog. erweiterte Produkthaftpflichtversicherung geschaffen, welche neben Personen- und Sachschäden auch Vermögensschäden im bestimmten Umfang abdeckt, das sog. Produkthaftpflicht-Modell. Diesem Modell liegen die vom Gesamtverband der Deutschen Versicherungswirtschaft e. V. (GDV) veröffentlichten „Besonderen Bedingungen und Risiko-Beschreibungen für die Produkthaftpflichtversicherung von Industrie- und Handelsunternehmen" (PHB) zugrunde. Das Bedingungswerk wurde im Laufe der Zeit mehrfach den geänderten Verhältnissen angepasst. Soweit im Nachfolgenden der Inhalt des erweiterten Produkthaftpflicht-Modells erläutert wird, orientiert sich dieser an dem Inhalt des GDV-Modells mit dem Stand der Musterbedingungen vom Januar 2015.[6]

Die erweiterte Produkthaftpflichtversicherung spielt insbesondere eine bedeutsame Rolle für nicht ausschließlich an Verbraucher liefernde Hersteller und für Zulieferer, die ihre (Teil-)Produkte an andere Hersteller liefern und sich daher in gesteigertem Maße auch Schadensersatzansprüchen ausgesetzt sehen, die reine Vermögensschäden zum Gegenstand haben.

Wegen ihrer Nähe zum Produkthaftungsrisiko wird auch die Rückrufkostenversicherung oftmals als Teil der Produkthaftpflichtversicherungen angesehen. Diese dient dazu, die Kosten eines Rückrufs zur Vermeidung von Personen- und/oder Sachschäden abzudecken.

Soweit von Produkthaftpflichtversicherung die Rede ist, und damit von den Versicherungen, welche das Haftpflichtrisiko von in Verkehr gebrachten Produkten oder von Arbeiten an solchen Produkten abdecken, sind somit in der Regel die Betriebshaftpflichtversicherung, die erweiterte Produkthaftpflichtversicherung und die Rückrufkostenversicherung gemeint.

---

[5] Bundesgerichtshof, Urteil vom 29. Mai 1968, NJW 1968, 1622 (Kleber-Urteil); Bundesgerichtshof, Urteil vom 26. November 1968, NJW 1969, 269 (Hühnerpest-Urteil).

[6] abrufbar unter: http://www.gdv.de/wp-content/uploads/2015/03/18-Produkthaftpflicht-Modell-Jan2015.pdf.

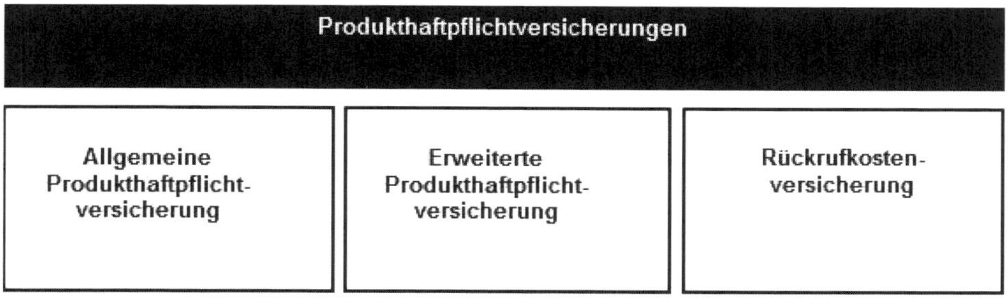

Produkthaftpflichtversicherungen		
Allgemeine Produkthaftpflicht- versicherung	Erweiterte Produkthaftpflicht- versicherung	Rückrufkosten- versicherung

Bild 8.1 Möglichkeiten der Risikoabsicherung im Bereich Produkthaftung

Für den Bereich des Gewährleistungsmanagements bedeutsam sind die erweiterte Produkthaftpflichtversicherung und die Rückrufkostenversicherung, welche nachfolgend näher betrachtet werden.

■ 8.4 Erweiterte Produkthaftpflichtversicherung

8.4.1 Gegenstand der Versicherung

Nach Ziffer 1 des PHB-Modells wird die gesetzliche Haftpflicht des Versicherungsnehmers für Personen-, Sach- und sich daraus ergebende Vermögensschäden versichert, soweit diese durch vom Versicherungsnehmer hergestellte oder gelieferte Erzeugnisse oder erbrachte Arbeiten oder sonstige Leistungen verursacht wurden. Die erweiterte Produkthaftpflichtversicherung beinhaltet damit zunächst den Versicherungsschutz für das allgemeine (konventionelle) Produkthaftungsrisiko und somit für die Risiken, welche nach den Erläuterungen unter Ziffer 7.3 grundsätzlich durch die allgemeine Betriebshaftpflichtversicherung abgesichert werden. Hintergrund hierfür ist, dass der separate Abschluss einer erweiterten Produkthaftpflichtversicherung in Deutschland nicht erfolgt. Die versicherten Unternehmen bewahrt dies davor, dass es im Schadenfall zu Abgrenzungsschwierigkeiten zwischen zwei Versicherungsgesellschaften kommt, sofern das allgemeine Betriebsstättenrisiko und das Produkthaftpflichtrisiko bei zwei verschiedenen Versicherern versichert ist. Mit dem allgemeinen Produkthaftpflichtrisiko abgedeckt werden Personen- und Sachschäden und daraus entstehende Vermögendesschäden, für die der Geschädigte auf Basis vertraglicher, deliktischer oder quasideliktischer Anspruchsgrundlagen Ersatz verlangen kann. Im Wesentlichen handelt es sich hierbei um Ansprüche Geschädigter auf der Grundlage der Produzentenhaftung nach § 823 Abs. 1 BGB und der Produkthaftung nach dem Produkthaftungsgesetz.

Ziffer 1 stellt im Weiteren jedoch auch klar, dass die in Ziffer 4 bezeichneten Schäden, welche Gegenstand der erweiterten Produkthaftpflichtversicherung sind, nicht erfasst werden, sondern deren Einbeziehung von einer gesonderten Vereinbarung abhängt.

8.4.2 Versichertes Risiko

Nach Absatz 1 der Ziffer 2 des PHB-Modells bezieht sich der Versicherungsschutz auf den in der Betriebsbeschreibung genannten Produktions- und Tätigkeitsumfang. Die Betriebsbeschreibung erfolgt durch den Versicherungsnehmer und wird im Versicherungsschein und seinen Nachträgen dokumentiert. Durch die Beschreibung soll dem Versicherer ermöglicht werden, festzustellen, welche Risiken bei dem (zukünftigen) Versicherungsnehmer bestehen. Diese Feststellung hat auch Relevanz für die Prämienkalkulation des Versicherers. Der Versicherungsnehmer ist daher zur Vermeidung von Deckungslücken angehalten, den Produktions- und Tätigkeitsumfang richtig und vollständig anzugeben. Der Versicherungsschutz erstreckt sich dabei auf solche Tätigkeiten, welche in das beschriebene Betriebs- und Tätigkeitsbild passen.

Ziffer 2 Abs. 2 des PHB-Modells stellt im Weiteren klar, dass Versicherungsschutz auch dann besteht, wenn Schäden aus der Vergabe von Leistungen an Dritte (Subunternehmer) herrühren. Die Versicherungsbedingungen tragen damit dem Umstand Rechnung, dass selbst Zulieferunternehmen in der Regel nicht alle Komponenten ihres Produkts selbst herstellen oder bearbeiten, sondern sich für solche Leistungen Dritter bedienen. Wichtig ist aber die weitere Einschränkung, dass hiermit nicht die Haftpflicht des Subunternehmens selbst und derer Betriebsangehörige versichert wird. Die Erfassung der durch Subunternehmer verursachten Schäden erfolgt für den Fall, dass gegenüber dem Versicherungsnehmer Ansprüche geltend gemacht werden. Für diesen Fall stellt Absatz 2 klar, dass sich der Versicherer nicht darauf berufen kann, dass nicht der Versicherungsnehmer die schadensursächliche Tätigkeit ausgeführt hat. Auf Basis der Regelung könnte der Versicherungsnehmer aber keine Versicherungsansprüche für Schäden geltend machen, die ihm durch den Subunternehmer entstanden sind, eben weil nicht die Haftpflicht des Subunternehmers versichert wird.

8.4.3 Versicherte Personen

Von dem Versicherungsschutz umfasst wird nicht nur die Haftung des Unternehmens, welches die Versicherung abschließt, sondern auch die persönliche gesetzliche Haftpflicht der gesetzlichen Vertreter des Unternehmens; der Leitungs- und

Aufsichtspersonen sowie der sonstigen Betriebsangehörigen, sofern sie den Schaden in Ausführung ihrer dienstlichen Verrichtung verursachen. Die Erweiterung des Versicherungsschutzes auf die hinter dem versicherten Unternehmen stehenden natürlichen Personen ist insbesondere vor dem Hintergrund wichtig, dass sich Ansprüche nach der deliktischen Produzentenhaftung auch unmittelbar gegen die hinter dem Unternehmen stehenden Personen richten können.

Ausgeschlossen werden jedoch Haftpflichtansprüche aus Personenschäden, bei denen es sich um Arbeitsunfälle und Berufskrankheiten im Betrieb des Versicherungsnehmers gemäß dem Sozialgesetzbuch VII handelt.

8.4.4 Besondere Produkthaftpflichtrisiken

Durch Ziffer 3 des PHB-Modells werden weitere besondere Produkthaftpflichtversicherungen in den Versicherungsschutz eingebunden. Die Erweiterung erfasst zum einen sog. Tätigkeitsschäden. Diese bezeichnen Schäden an fremden Sachen und sich daraus ergebende Vermögensschäden, welche durch eine gewerbliche oder berufliche Tätigkeit des Versicherungsnehmers an oder mit diesen Sachen entstanden sind. Voraussetzung ist jedoch, dass die Schäden erst nach Abschluss der Arbeiten oder Ausführung der sonstigen Leistungen entstanden sind.

 Beispiel: Der Versicherungsnehmer führt Reparaturarbeiten an einer Anlage des Kunden durch. Aufgrund der nicht ordnungsgemäßen Befestigung von Metallschellen lösen sich diese einige Tage nach Wiederinbetriebnahme der Anlage und führen zu einem Schaden an der Anlage.

Von den versicherten Tätigkeitsschäden ausgenommen sind jedoch Schäden an Kraft-, Schienen- Wasserfahrzeugen, Containern und deren Ladung sowie Schäden an Sachen, die sich beim Versicherungsnehmer zur Lohnbe- oder -verarbeitung, Reparatur oder sonstigen Zwecken befinden oder befunden haben. Soweit für den Versicherungsnehmer deren Einbeziehung notwendig ist, ist dies in der Regel durch gesonderte ausdrückliche Vereinbarung möglich, wenn auch üblicherweise gegen entsprechende Prämienerhöhung.

Für den Versicherungsnehmer weitaus wichtiger sind die unter Ziffer 3.2 bezeichneten Tatbestände, welche Versicherungsschutz auch für vertraglich vereinbarte Haftungserweiterungen vorsehen:

8.4.4.1 Vereinbarte Eigenschaften

Nach Ziffer 3.2.1 werden auf Sachmängeln beruhende Schadensersatzansprüche Dritter wegen Personen-, Sach- und daraus entstandener weiterer Schäden umfasst, wenn der Versicherungsnehmer aufgrund einer Vereinbarung mit seinem Abnehmer über bestimmte Eigenschaften seiner Erzeugnisse, Arbeiten oder Leistungen verschuldensabhängig dafür einzustehen hat, dass diese bei Gefahrübergang vorliegen. Für das Verständnis dieser Regelung ist es notwendig zu wissen, dass vor der Schuldrechtsreform im Jahr 2002 dem Käufer nach § 463 S. 1 BGB a. F. neben der Wandlung (Rücktritt) oder Minderung ein Schadensersatzanspruch für den Fall eingeräumt wurde, dass der Kaufsache eine zugesicherte Eigenschaft fehlt. Die Zusicherung einer Eigenschaft beinhaltete die Erklärung des Verkäufers, für die Folgen des fehlenden Vorhandenseins einer bestimmten Eigenschaft der Kaufsache verschuldensunabhängig einzustehen. Ziffer 3.2.1 diente ursprünglich zur Deckung der Schäden, welche auf der Grundlage dieser vertraglich vereinbarten Haftungserweiterung geltend gemacht werden. Die Eigenschaftszusicherung nach § 463 BGB a. F. wurde im Zuge der Schuldrechtsreform gestrichen.

Die Formulierung bereitet seit Streichung des § 463 BGB a. F. in der Praxis oft Verständnisschwierigkeiten, da sie bei einer ersten unbefangenen Durchsicht leicht zu der Annahme verleiten kann, dass Garantieansprüche erfasst sind. Dies ist richtig, aber nur zu einem geringen Teil: Erfasst werden durch die Formulierung Vereinbarungen zwischen dem Abnehmer und dem Versicherungsnehmer, wonach Letzterer eine Garantie für bestimmte Eigenschaften des von ihm gelieferten Produkts übernimmt. Die gesetzlichen Regelungen werden damit nur in dem Punkt abgeändert, dass der Versicherungsnehmer auf das Erfordernis seines Verschuldens für die Geltendmachung von Schadensersatz durch vertragliche Vereinbarung verzichtet.

Nicht hingegen erfasst werden von der Regelung etwa Haltbarkeitsgarantien, wie sie von Herstellern von Produkten gewährt werden. Auch die eigenständige Beschaffenheitsgarantie, wie sie ebenfalls in § 443 BGB geregelt wird, ist richtigerweise nicht von der Ziffer 4.1 als erfasst anzusehen.

8.4.4.2 Kaufmännische Prüf- und Rügepflichten

Wie bereits unter 4.3.4.2.2 ausgeführt, muss im Falle eines Handelskaufs der Käufer die Kaufsache unverzüglich nach der Ablieferung untersuchen und bei Entdeckung eines Mangels unverzüglich diesen anzeigen. Soweit sich ein bei ordnungsgemäßer Untersuchung nicht erkennbarer Mangel später zeigt, ist der Käufer verpflichtet, diesen unverzüglich nach Entdeckung anzeigen. Die handelsrechtlichen Untersuchungs- und Rügeobliegenheiten nach § 377 HGB, Art. 38, 39 UN-Kaufrecht und vergleichbaren ausländischen Bestimmungen werden indes, wie ebenfalls bereits ausgeführt wurde, als nicht praktikabel oder interessengerecht angesehen (so etwa bei Just-in-time-Lieferbeziehungen) und daher vertraglich in der Weise angepasst, dass die Untersuchungs- und Rügeobliegenheiten des Käufers eingeschränkt werden. Mit der Einschränkung der Käuferobliegenheiten geht aber eine Haftungserweiterung des Verkäufers einher. Durch Ziffer 3.2.2 wird diese Haftungserweiterung vom Versicherer deckungsunschädlich gestellt, sofern der Versicherungsnehmer mit seinem Abnehmer zumindest vereinbart,

- dass eine Eingangskontrolle in Form einer Sichtprüfung auf offensichtliche Mängel, Transportschäden und Identität der Ware beim Abnehmer durchgeführt wird und
- erkannte Mängel unverzüglich beim Versicherungsnehmer gerügt werden müssen
- sowie unter der Voraussetzung, dass ein Qualitätssicherungsmanagement mit branchenüblichem Standard (z.B. ISO 9000 ff.) beim Versicherungsnehmer eingeführt und eine Ausgangskontrolle geregelt ist.

Soweit die Vereinbarung zwischen dem Abnehmer und dem Versicherungsnehmer und das Qualitätsmanagementsystem des Versicherungsnehmers diesen Anforderungen genügt, trägt der Versicherer den Notwendigkeiten der Praxis Rechnung, indem er auf weitergehende Obliegenheiten verzichtet.

8.4.5　Erweitertes Produkthaftpflichtrisiko

8.4.5.1　Enumerations- und Bausteinprinzip

Für das Verständnis dessen, was von der erweiterten Produkthaftpflichtversicherung erfasst wird, ist die Kenntnis des Enumerations- und des Bausteinprinzips von wesentlicher Bedeutung.

Das Enumerationsprinzip besagt, dass Deckung nur für solche Schadenspositionen gewährt wird, die in den einzelnen Bausteinen explizit bezeichnet sind. Der Aufbau der verschiedenen Bausteine erfolgt dabei einer einheitlichen Struktur. Zunächst findet sich eine Beschreibung des Weiterbearbeitungs-Sachverhalts, der zu einem Schaden führt und sodann folgt eine Aufzählung der Aufwendungen, die vom Versicherer gedeckt werden.

Mit dem Bausteinprinzip wird der spezielle Aufbau der Ziffern 4.2 bezeichnet, der in seinen Ziffern 4.2 bis 4.6 verschiedene Sachverhalte auflistet und es dem Versicherungsnehmer erlaubt, nur diejenigen in seine Versicherung aufzunehmen, die seinem Bedarf entsprechen. In der Praxis werden aber in der Regel die Bausteine Ziff. 4.2 bis 4.4 gemeinsam in einer Versicherungspolice angeboten und je nach Bedarf um 4.5 und/oder 4.6 erweitert.

Größtmögliche Sorgfalt ist von dem Versicherungsnehmer bei der Frage anzuwenden, welche Bausteine aufgenommen werden sollen. So sollte etwa die Auswahl der Bausteine nicht nur danach ausgerichtet werden, welche Art der Weiterverarbeitung seitens des eigenen Abnehmers durchgeführt wird, sondern auch, welche Verarbeitungsstufen sich hieran auch durch die Abnehmer des eigenen Abnehmers anschließen.

Daneben muss beachtet werden, dass es nicht möglich ist, zwischen den einzelnen Kostenpositionen innerhalb eines Bausteins zu wählen. Soweit ein Sachverhalt unter einen der Weiterbearbeitungsschäden fällt, können nur Kostenpositionen dieses Bausteins ersetzt verlangt werden und nicht zusätzlich Kostenpositionen, die in anderen Bausteinen geregelt sind.

8.4.5.2 Begriffsbestimmungen

Den einzelnen Bausteinen ist in Ziffer 4.1 noch eine Definition verschiedener Begriffe vorangestellt, welche für den Umfang der gedeckten Schäden wesentlich sind.

Sofern in den einzelnen Bausteinen von Erzeugnissen die Rede ist, stellt Ziffer 4.1 zunächst klar, dass hiervon nicht nur die Produkte des Versicherers erfasst sind, sondern auch Produkte Dritter, welche die Erzeugnisse des Versicherungsnehmers enthalten.

Daneben werden Mängel bei der Beratung über die An- und Verwendung der vom Versicherungsnehmer hergestellten oder gelieferten Erzeugnisse, sowie Falschlieferungen wie Mängel in der Herstellung oder Lieferung behandelt.

Wesentlich ist im Weiteren, dass eine Deckung nach den nachfolgenden Bausteinen nicht für den Fall besteht, dass ein Produkt lediglich einen Mangelverdacht aufweist, sondern das Produkt auch tatsächlich eine Mangelhaftigkeit aufweisen muss. Diese Erkenntnis ist insbesondere vor dem Hintergrund wichtig, dass im Bereich der industriellen Fertigung zwischen Lieferanten und Abnehmern Regelungen üblich sind, welche dem Abnehmer auch einen Austausch von mangelverdächtigen Produkten ermöglichen sollen. Die Akzeptanz solcher Regelungen erfolgt nicht selten in Unkenntnis darüber, dass hiermit eine Haftungserweiterung einhergeht, welche nicht dem Umfang der Versicherungsdeckung entspricht.

8.4.5.3 Verbindungs-, Vermischungs-, Verarbeitungsschäden

Der erste Deckungsbaustein in Ziffer 4.2 betrifft den sog. Verbindungs-, Vermischungs- und Verarbeitungsschaden. Versichert ist damit der Fall, dass infolge der Verbindung, Vermischung oder Verarbeitung von mangelhaft hergestellten oder gelieferten Erzeugnissen mit anderen Produkten ein neues, mangelhaftes Gesamtprodukt entsteht, welches aus tatsächlichen oder wirtschaftlichen Gründen nicht mehr trennbar ist und dem Abnehmer des Versicherungsnehmers infolgedessen ein Vermögensschaden entsteht. Der Aspekt der Nichttrennbarkeit aus wirtschaftlichen Gründen umfasst Konstellationen, in denen eine Trennung zwar tatsächlich noch möglich wäre, aber aus wirtschaftlichen Gründen nicht erfolgt.

Voraussetzungen der Ziff. 4.2 sind somit:

- Verbindung, Verarbeitung oder Vermischung gelieferter mangelhafter Erzeugnisse mit anderen Produkten
- fehlende tatsächliche oder wirtschaftliche Trennbarkeit der Erzeugnisse von den anderen Produkten
- Entstehung eines neuen mangelhaften Gesamtprodukts
- Vermögensschaden infolge der Mangelhaftigkeit des Gesamtprodukts.

Soweit die tatbestandlichen Voraussetzungen vorliegen, besteht eine Deckung für die in Ziffer 4.2.2 des PHB-Modells genannten Kosten.

Diese beinhalten zunächst die Kosten für die Vernichtung und Beschädigung der anderen Produkte.

Im Weiteren werden die Kosten für die Herstellung der Gesamtprodukte erfasst. Von den Herstellungskosten umfasst sind dabei zum einen die für die Herstellung des Gesamtprodukts im Einzelnen entstandenen Kosten (Lohn, Transport, Energie) als auch die hierauf bezogenen Gemeinkosten (z. B. Maschinen, Verwaltung). Außen vor bleiben indes die Kosten für das mangelhafte Erzeugnis des Versicherungsnehmers selbst, da diese die vom Versicherungsnehmer geschuldete Erfüllung betreffen.

Soweit der Mangel des Gesamtprodukts durch eine Nachbearbeitung behoben werden kann, sind auch die mit der Nachbearbeitung entstehenden Kosten versichert. Allerdings erfolgt eine Kürzung der Nachbearbeitungskosten in dem Verhältnis des Entgelts der Erzeugnisse zum Verkaufspreis der Gesamtprodukte. Ebenfalls gedeckt sind weitere Vermögensnachteile, die dadurch entstehen, dass das Gesamtprodukt gar nicht oder nur mit einem Preisnachlass veräußert werden kann. In der Regel handelt es sich hierbei um den entgangenen Gewinn, wenn das Gesamtprodukt nur mit Preisnachlass veräußert werden kann oder die Vernichtungskosten, sofern das Gesamtprodukt gar nicht veräußert werden kann. Aber auch hierbei erfolgt eine anteilige Kürzung in dem Verhältnis des Entgelts des Erzeugnisses zu dem Verkaufspreis des (mangelfreien) Gesamtprodukts.

 Beispiel: Der Farblieferant A liefert an B Lackfarben für die Herstellung eines Schranks. Die Farben verblassen nach Anbringen innerhalb kürzester Zeit. Statt des eigentlichen Kaufpreises in Höhe von 500 Euro kann B daher nur 300 Euro für die Schränke verlangen. Der Wert der gelieferten Farbe beträgt pro Schrank 50 Euro.

Der Lieferanteil der gelieferten Farbe beträgt mit 50 Euro 10 % pro Schrank. Daher sind auch vom Preisnachlass in Höhe von 200 Euro 10 % in Abzug zu bringen. Erstattet werden somit nur 180 Euro pro Schrank.

Nach Ziff. 4.2.2.5 PHB werden auch die unmittelbar entstandenen Kosten durch den Produktionsausfall, der aus der Mangelhaftigkeit der Gesamtprodukte herrührt, ersetzt. Die Versicherungsdeckung nach dieser Ziffer erscheint auf den ersten Blick weiter als sie tatsächlich ist. Ersetzt werden nur die Kosten, die dem Abnehmer des Versicherungsnehmers durch die Mangelhaftigkeit seiner Gesamtprodukte unmittelbar entstehen. Kann die Produktion wegen der Entdeckung eines Mangels gar nicht erst aufgenommen werden, greift die Klausel nicht; ebenso wenig, wenn Produktionsausfallkosten beim Kunden des Abnehmers des Versicherungsnehmers oder weiteren Unternehmen in der Kette entstehen.

Zunächst wird der Produktionsausfall selbst nicht einbezogen und damit etwa auch keine Stillstandskosten. Gedeckt werden durch diese Regelung bei einem Gesamtprodukt, das mehrere Verarbeitungsstufen durchläuft, nur die weiterlaufenden Kosten für die weiteren Produktionsstufen oder Abteilungen.

Beispiel: Der Lieferant A liefert Gummiteile, die durch einen maschinellen Vorgang in einen Fensterrahmen eingesetzt werden. Aufgrund Materialfehler schmelzen die Teile beim Klebevorgang und verkleben die Maschine. Diese muss gereinigt werden. Die nachfolgenden Abteilungen (weitere Fertigung, Verpackung, Versand) kommen hierdurch zum Stillstand.

8.4.5.4 Weiterver- oder -bearbeitungsschäden

Ziffer 4.3 deckt sogenannte Weiterver- oder -bearbeitungsschäden. Hierbei handelt es sich um Vermögensschäden des Abnehmers, die durch die Weiterverarbeitung mangelhaft hergestellter oder gelieferter Erzeugnisse ohne eine Verbindung, Vermischung oder Verarbeitung mit anderen Produkten eintreten. Das Eingreifen dieser Erweiterungsklausel setzt allerdings die tatsächliche Weiterverarbeitung durch den Abnehmer voraus. Unter einer Weiterverarbeitung ohne Verbindung, Vermischung oder Verarbeitung mit anderen Produkten ist etwa eine Weiterverarbeitung im Wege des Pressens, Ziehens, Schleifens, Strickens zu verstehen. Von der Ziffer 4.2 unterscheidet sich diese Regelung dadurch, dass keine anderen Produkte hinzugesetzt werden.

Voraussetzungen der Ziff. 4.3 sind somit:

- Tatsächliche Weiterver- oder -bearbeitung
- gelieferter mangelhafter Erzeugnisse
- ohne Verbindung, Verarbeitung oder Vermischung mit anderen Produkten
- Schadensersatzanspruch infolge Weiterverarbeitung oder -bearbeitung.

Der Umfang des Versicherungsschutzes ergibt sich sodann aus Ziff. 4.3.2 ff. PHB. Dieser lautet wie folgt:

Erfasst werden zunächst die für die Weiterverarbeitung oder -bearbeitung der mangelhaften Erzeugnisse entstandenen Kosten mit Ausnahme des Entgeltes für die mangelhaften Erzeugnisse des Versicherungsnehmers. Voraussetzung ist hierfür aber, dass die verarbeiteten oder bearbeiteten Erzeugnisse unveräußerlich sind. Sofern der Mangel durch Nachbearbeitung behoben werden kann, werden auch bei diesem Baustein die Kosten für eine rechtlich gebotene und wirtschaftlich zumutbare Nachbearbeitung ersetzt. Allerdings erfolgt auch hier eine Kürzung der Nachbearbeitungskosten in dem Verhältnis des Entgelts der Erzeugnisse zum Verkaufspreis der Gesamtprodukte. Ebenfalls gedeckt sind weitere Vermögensnachteile, die dadurch entstehen, dass das mangelhafte weiterver- oder -bearbeitete Erzeugnis gar nicht oder nur mit einem Preisnachlass veräußert werden kann, welches in der Regel dem entgangenen Gewinn entspricht, wenn das Gesamtprodukt nur mit Preisnachlass veräußert werden kann oder den Vernichtungskosten, sofern das Gesamtprodukt gar nicht veräußert werden kann. Erneut zu beachten ist auch hierbei die anteilige Kürzung in dem Verhältnis des Entgelts des Erzeugnisses zu dem Verkaufspreis des (mangelfreien) weiterver- oder -bearbeiteten Erzeugnisses.

8.4.5.5 Aus- und Einbaukosten (Ziffer 4.4 PHB)

Dem Baustein „Aus- und Einbaukosten" kommt in der Praxis ein hoher Bedeutungsgehalt zu. Nach Ziffer 4.4 werden gesetzliche Schadensersatzansprüche Dritter wegen Vermögensschäden infolge der Mangelhaftigkeit von Gesamtprodukten, die durch den Einbau, das Anbringen, Verlegen oder Auftragen von mangelhaft hergestellten oder gelieferten Erzeugnissen entstanden sind, vom Versicherungsschutz mitumfasst. Im Vorgriff auf die gesetzliche Neuerung[7] hat Ziffer 4.4.3 bereits klarstellend vorgesehen, dass die in diesem Baustein genannten Kosten jedoch auch dann ersetzt werden, wenn es sich hierbei um Kosten der Nacherfüllung handelt. Im Rahmen dieses Bausteins ist jedoch zu beachten, dass dieser die vorbezeichneten Kosten nicht deckt, wenn der Versicherungsnehmer eine der genannten Handlungen selbst vorgenommen hat. Erfasst werden also somit nur die einem Dritten durch den Aus- und Einbau entstehenden Kosten.

 Voraussetzungen der Ziff. 4.4 sind somit:

- Lieferung mangelhafter Erzeugnisse
- Einbau, Anbringen, Verlegen oder Auftragen der mangelhaften Erzeugnisse
- Mangelhaftigkeit des Gesamtprodukts.

---

[7] Siehe hierzu § 439 Abs. 3 und § 445 a BGB n. F.

Der Umfang des Versicherungsschutzes ergibt sich sodann aus den Ziff. 4.4.2 ff. PHB. In Ziffer 4.4.2.1 werden zunächst die einzelnen Arbeitsvorgänge, für die Kostenersatz besteht, genau beschrieben. Neben dem eigentlichen Austauschvorgang betrifft das alle Kosten bis zum Entfernen des mangelhaften Produkts und dem Einbau eines neuen mangelfreien Produkts.. Zu beachten ist jedoch, dass kein Ersatz für den Einbau des mangelhaften Produkts gewährt wird und auch die Kosten für das neue mangelfreie Produkt ausgenommen sind.

Gedeckt werden im Weiteren die Transportkosten der mangelfreien Erzeugnisse oder Produkte Dritter. Bei den nach Ziffer 4.4.2.2 gedeckten Transportkosten ist zu beachten, dass diese nicht die Kosten für den Transport der mangelfreien Erzeugnisse an den ursprünglichen Erfüllungsort enthalten, welche auch als innere Transportkosten bezeichnet werden. Diese sind Teil der neu vorgenommenen Erfüllung und damit nicht ersatzfähig.

 Beispiel: Der Lieferant A liefert Metallbälge an seinen Kunden in Saarbrücken. Dieser verwendet diese für den Einbau in einem Kfz-Getriebe in seinem Werk in Nancy, Frankreich. Dort stellen sich nach Einbau die gelieferten Teile als mangelhaft heraus. Gedeckt wären durch die Ziffer 4.4.2.2 demnach nicht die Kosten für den Transport neuer mangelfreier Teile nach Saarbrücken, wohl aber die Transportkosten von Saarbrücken nach Nancy.

Von Ein- und Ausbaukosten werden jedoch einige Positionen durch die Ziff. 4.4.4 ausgeschlossen. Durch diese Regelung werden zunächst der Selbstein- und -ausbau als auch die Lieferung an bestimmte Branchen ausgeschlossen. Hierunter fällt beispielsweise auch die Belieferung von Teilen für den Einbau in Kraftfahrzeuge. Entsprechender Versicherungsschutz ist abhängig von einer gesonderten Vereinbarung, welche jedoch in der Regel bei Einschlägigkeit der bezeichneten Branchen getroffen wird.

Voraussetzung für eine Versicherungsdeckung nach Ziffer 4.4.1 ist, dass der Aus- und Einbau des Erzeugnisses selbst erfolgt. Der Baustein würde somit nicht greifen, wenn die Mangelbehebung durch Aus- und Einbau eines Einzelteils des Erzeugnisses erfolgen kann. Für diesen Fall erfolgt indes eine Kostenerstattung nach Ziffer 4.4.5. Dieser ist jedoch fakultativ und somit davon abhängig, dass der Versicherungsnehmer mit seinem Versicherer dessen Einbeziehung gesondert vereinbart.

8.4.5.6 Schäden durch mangelhafte Maschinen (fakultativ)

Ziffer 4.5 wird auch als sog. Maschinenklausel bezeichnet. Nach dieser Ziffer sind auch gesetzliche Schadensersatzansprüche Dritter wegen Vermögensschäden im infolge Mangelhaftigkeit von Produkten, die durch vom Versicherungsnehmer mangelhaft hergestellte, gelieferte, montierte oder gewartete Maschinen produziert, be- oder verarbeitet wurden, in die Versicherung miteinbezogen. Dieser Baustein ist indes fakultativ und muss daher zwischen dem Versicherungsnehmer und dem Versicherer gesondert vereinbart werden. Der Versicherungsumfang entspricht bei der Maschinenklausel im Wesentlichen den Kostenpositionen, welche auch von dem Baustein „Verbindungs-, Vermischungs- und Verarbeitungsschäden" umfasst werden.

8.4.5.7 Prüf- und Sortierkosten (fakultativ)

Ein weiterer fakultativer Baustein ist die sog. „Prüf- und Sortierkosten"-Klausel. Sie erweitert den Versicherungsschutz auf näher bezeichnete Kosten infolge der Überprüfung von Produkten der Dritten auf Mängel, wenn die Mangelhaftigkeit einzelner Produkte bereits festgestellt wurde und aufgrund ausreichender Stichproben oder sonstiger nachweisbarer Tatsachen gleiche Mängel an gleichartigen Produkten zu befürchten sind. Produkte im Sinne dieser Regelung sind solche, die aus oder mit Erzeugnissen des Versicherungsnehmers hergestellt, be- oder verarbeitet wurden. Die Vereinbarung dieses Bausteins macht insbesondere bei der Serienlieferung von Erzeugnissen in einer großen Stückzahl Sinn. In diesen Fällen ist es durchaus denkbar, dass nur ein Teil der gelieferten Chargen von dem Produktmangel betroffen ist und daher zunächst eine Überprüfung erfolgen muss, um welche Teile es sich hierbei handelt.

Ziffer 4.6 setzt voraus, dass die Geltung der Ziffern 4.2 ff. zwischen Versicherer und Versicherungsnehmer vereinbart wurde. Es geht also um Kosten, die wegen der Überprüfung bzw. Sortierung von mangelhaften Produkten in einer der in den Ziffern 4.2 ff. genannten Phasen (also z. B. wenn das Erzeugnis des Versicherungsnehmers bereits mit anderen Erzeugnissen verbunden wurde) vorgenommen wird. Die Überprüfung muss der Feststellung dienen, welche der Produkte mit Mangelverdacht tatsächlich mangelhaft sind und bei welchen dieser Produkte nach den Ziff. 4.2 ff. von der Versicherung abgedeckte Maßnahmen zur Mangelbeseitigung erforderlich sind.

Ein Versicherungsschutz nach Ziff. 4.6 setzt somit voraus:

- Vereinbarung der Deckungsbausteine nach Ziff. 4.2 ff.
- bereits Feststellung eines Mangels einzelner Produkte
- aufgrund ausreichenden Stichprobenbefunds oder sonstiger nachweisbarer Tatsachen Verdacht auf gleiche Mängel an gleichen Produkten.

Ziffer 4.6.2 bestimmt, welche kostenverursachenden Handlungen vom Versicherungsschutz abgedeckt sind. Zu beachten ist insbesondere, dass eine Deckung nach diesem Baustein nur der Überprüfung von Produkten Dritter dient und nicht der Überprüfung der Produkte des Versicherungsnehmers. Sofern also aufgrund der Feststellung eines Mangels einzelner vom Versicherungsnehmer gelieferter Erzeugnisse eine Prüfung und Sortierung der vom Versicherungsnehmer gelieferten Erzeugnisse erfolgt, sind die hiermit anfallenden Kosten nicht von dem Baustein gedeckt.

Eine weitere bedeutsame Einschränkung erfährt die Regelung durch die Ziff. 4.6.3. Nicht selten ist bereits im Vorfeld einer Überprüfung und Sortierung klar, dass die hierdurch entstehenden Kosten teurer ausfallen werden als etwa den Ein- und Ausbau mangelverdächtiger Produkte einer bestimmten Charge, insbesondere dann, wenn sich die Prüfung nur mittels kostenträchtiger Verfahren realisieren lässt. In diesen Fällen macht es wirtschaftlich keinen Sinn, wenn zunächst eine Überprüfung aller Produkte und sodann die Mangelbeseitigung erfolgt. Auch unter dem Gesichtspunkt der Schadensminderungspflicht verbietet sich eine derartige Vorgehensweise. Entsprechend sieht Ziffer 4.6.3 für diesen Fall vor, dass eine Verhältnismäßigkeitsprüfung im Sinne einer Kosten-Nutzen-Analyse vorzunehmen ist. Führt diese zu dem Ergebnis, dass etwa der Ein- und Ausbau aller mangelverdächtigen Produkte günstiger ist als die Überprüfung der mangelverdächtigen Produkte, besteht lediglich Versicherungsschutz nach dem Baustein Ziff. 4.2.

8.4.6 Weitere Besonderheiten

Zum Abschluss soll noch auf zwei Regelungen hingewiesen werden, die im Bereich des Produkthaftpflichtmodells besondere Beachtung finden sollten.

8.4.6.1 Risikoabgrenzungen

In Ziffer 6 PHB-Modell werden eine Reihe von Sachverhalten geregelt, bei denen die Klarstellung erfolgt, dass Versicherungsschutz nicht besteht oder der Versicherungsschutz ausgeschlossen wird. Für die nicht versicherten Ansprüche dürfte insbesondere der fehlende Versicherungsschutz für Folgeschäden wie Betriebsunterbrechung oder Produktionsausfall zu nennen sein. Daneben werden alle Ansprüche ausgeschlossen, die darauf zurückzuführen sind, dass der Versicherungsnehmer vertraglich seine Haftung gegenüber dem Versicherer erweitert hat. Ebenfalls wichtig ist der Ausschluss für solche Versicherungsfälle, die darauf beruhen, dass bewusst von gesetzlichen oder behördlichen Vorschriften oder von schriftlichen Anweisungen des Auftraggebers abgewichen wurde. Daneben ist insbesondere der Risikoausschluss nach Ziffer 6.2.5 bedeutsam, der dann eingreift, wenn die Verwendung oder Wirksamkeit des Erzeugnisses des Versicherers im Hinblick auf den konkreten Verwendungszweck nicht nach dem Stand der Technik oder in sonstiger Weise ausreichend erprobt wurde. Insbesondere vor dem Hintergrund, dass infolge Zeit- und Kostendrucks Entwicklungs- und Validierungsphasen für neue Erzeugnisse zunehmend verkürzt werden, läuft der Versicherungsnehmer Gefahr, dass ihm aufgrund Ziffer 6.2.5 PHB-Modell der Versicherungsschutz vollumfänglich versagt wird. Im Weiteren ist ebenso bedeutsam, dass eine Versicherungsdeckung nach den beschriebenen Bausteinen auch dann nicht besteht, wenn die Maßnahmen im Zusammenhang mit einem Rückruf entstehen. Der hierfür notwendige Abschluss einer gesonderten Rückrufkostenversicherung ist Gegenstand einer gesonderten Betrachtung.

8.4.6.2 Serienschaden

Gerade bei Großserienlieferungen führt ein Fehler in der Konstruktion oder Fabrikation dazu, dass eine ganze Serie von Erzeugnissen fehlerhaft ist. Um insoweit eine ausufernde Deckung zu umgehen, wird von den Versicherern die Serienschadensklausel der Ziff. 8.3 verwendet.

Danach gelten mehrere, während der Wirksamkeit des Vertrages, eintretende Versicherungsfälle aus der gleichen Ursache als ein Versicherungsfall, z. B. Fälle, die aus dem gleichen Konstruktions-, Produktions- oder Instruktionsfehler resultieren. Das gilt nicht, wenn zwischen den mehreren gleichen Ursachen kein innerer Zusammenhang besteht. Das gilt weiterhin nicht bei Lieferungen solcher Erzeugnisse, die mit identischen Mängeln behaftet sind, wobei es keine Rolle spielt wann diese Mängel im Einzelnen eingetreten sind. Entscheidend ist, wann der erste dieser Versicherungsfälle eingetreten ist. Für den Versicherer hat dies den Vorteil, dass damit alle Versicherungsfälle den gleichen Versicherungsbedingungen unterliegen und zudem die für den ersten Versicherungsfall vereinbarte Jahresdeckungssumme gilt.

■ 8.5 Rückrufkostenversicherung

8.5.1 Einleitung

Das Rückrufkostenrisiko wird nicht von der allgemeinen Betriebshaftpflichtversicherung gedeckt. Es handelt sich nicht um ein typisches Haftpflichtrisiko der Betriebshaftpflichtversicherung, da ein Rückruf nur zum Zwecke der vorbeugenden Verhütung von Schäden erfolgt und somit ein Personen- oder Sachschaden sich noch nicht realisiert hat. Mangels Bestehen eines Schadens kommt auch die Erfassung durch die erweiterte Produkthaftpflichtversicherung nicht in Betracht. Wenn ein Händler oder Hersteller wegen Sicherheitsgefährdungen, die von den Produkten ausgehen, zu einer Rückrufaktion verpflichtet sind, entstehen ihm reine Vermögensschäden. Zum Schutz gegen diese Kostenbelastung besteht die Möglichkeit des Abschlusses einer Rückrufkostenversicherung.

Rückrufkostenversicherungen werden in zwei Modellen angeboten. Die „Besonderen Bedingungen und Risikobeschreibungen für die Rückrufkostenhaftpflichtversicherung für Hersteller und Handelsbetriebe" richtet sich an Hersteller und Händler außerhalb des Kfz-Bereichs, die Zulieferprodukte und/oder Endprodukte liefern. Durch dieses Modell gedeckt ist sowohl die Durchführung eines eigenen Rückrufs als auch der Fall, dass der Versicherer für die durch einen Dritten durchgeführten Rückruf und den hierbei entstandenen Kosten in Regress genommen wird.

Das sogenannte Kfz-Rückrufmodell richtet sich dagegen an den Zulieferer, aber nicht an den Kfz-Hersteller. Da der Zulieferer in der Regel nicht derjenige sein wird, der das Kfz zurückruft, weil ein von ihm geliefertes und eingebautes Teil fehlerhaft ist, liegt sein Risiko vielmehr darin, dass er von dem Kfz-Hersteller wegen den Kosten dieses Rückrufes in Anspruch genommen wird. Dementsprechend ist bei diesem Modell der Eigenrückruf nicht versichert, sondern vielmehr besteht Versicherungsschutz nur für die durch einen Rückruf des Herstellers entstehenden Kosten, die vom Zulieferer ersetzt verlangt werden.

 Das Hersteller- und Händler-Rückruf-Modell deckt sowohl Eigenrückrufe als auch Rückrufe durch Dritte.

Das Kfz-Rückrufmodell deckt nur Rückrufe durch Dritte.

8.5.2 Gegenstand der Versicherung

Sowohl in Ziffer 1 des Kfz-Rückruf-Modells als auch in Ziffer 1 des Hersteller-/Händler-Rückrufmodells findet sich eine Bestimmung des Versicherungsgegenstands. Versicherer ist demnach im Rahmen der Allgemeinen Versicherungsbedingungen für die Haftpflichtversicherung (AHB) und der folgenden näheren Bestimmungen die gesetzliche Haftpflicht des Versicherungsnehmers für Vermögensschäden i. S. von Ziff. 2.1 AHB. Der Versicherungsfall entsteht dadurch, dass aufgrund festgestellter Mängel oder nach objektiven Tatsachen, insbesondere nach ausreichendem Stichprobenbefund, vermutete Mängel von Erzeugnissen einen Rückruf erforderlich machen. Auch für einen Rückruf aufgrund behördlicher Anordnung zur Vermeidung von Personenschäden wird der Versicherungsnehmer in Anspruch genommen.

Im Weiteren stellt die Vorschrift darauf ab, dass es sich um einen auf gesetzlicher Verpflichtung beruhenden Rückruf handeln muss. Denkbar ist dies zum einen in den Fällen des § 26 Abs. 2 Satz 2 Nr. 7 ProdSG oder ähnlicher Regelungen ausländischen Rechts, sofern seitens der zuständigen Marktüberwachungsbehörde ein

Rückruf angeordnet wird. In zivilrechtlicher Hinsicht ergibt sich die gesetzliche Verpflichtung nicht so eindeutig aus dem Gesetz. Wie aber bereits unter 3.3.3.4 dargestellt, kommt eine Haftung des Herstellers und weiterer Personen nach der Produzentenhaftung unter anderem dann in Betracht, wenn diese ihre Produktbeobachtungspflicht verletzen. Eine solche Verletzung kann sich auch daraus ergeben, dass ein gebotener Rückruf unterlassen wird. Die zivilrechtliche Verpflichtung für einen Rückruf findet somit ihre Grundlage in der für die Produzentenhaftung einschlägigen Regelung des § 823 Abs. 1 BGB.

8.5.3 Versicherte Personen

Der Kreis der versicherten Personen ist deckungsgleich mit demjenigen der erweiterten Produkthaftpflichtversicherung. Umfasst wird nicht nur die Haftung des Unternehmens, welches die Versicherung abschließt, sondern auch die persönliche gesetzliche Haftpflicht der gesetzlichen Vertreter des Unternehmens – der Leitungs- und Aufsichtspersonen sowie der sonstigen Betriebsangehörigen –, sofern sie den Schaden in Ausführung ihrer dienstlichen Verrichtung verursachen. Die Erweiterung des Versicherungsschutzes auf die hinter dem versicherten Unternehmen stehenden natürlichen Personen ist bei der Rückrufkostenversicherung vor dem Hintergrund wichtig, dass sich Ansprüche nach der deliktischen Produzentenhaftung auch unmittelbar gegen die hinter dem Unternehmen stehenden Personen richten können.

8.5.4 Umfang der Kostendeckung

Auch im Rahmen der Rückrufkostenversicherung gilt das sog. Enumerationsprinzip. Versichert sind somit nicht alle im Rahmen eines Rückrufs entstehenden Vermögensschäden schlechthin, sondern nur die ausdrücklich genannten Kostenpositionen. Diese finden sich in Ziff. 3 beider Bedingungen und beinhalten:

- Kosten durch die Benachrichtigung der Händler und Endverbraucher sowie Aufrufe in den Medien
- Transportkosten oder sonstige Kosten der Rückführung
- Kosten zur Überprüfung des Produkts
- Reparaturkosten vor Ort, wenn diese günstiger sind als der *Austausch* des Produktes
- Austauschkosten mangelhafter Produkte oder von Teilen davon (nicht aber die Kosten des neuen Produktes selbst sowie dessen Anlieferung zum Erfüllungsort)
- Ein- und Ausbaukosten (nur dann, wenn dies die kostengünstigste Maßnahme ist)

- Transportkosten für die Nachlieferung eines mangelfreien Produktes zum Ort der Schadensbeseitigung, soweit dieses zu einem anderen als dem ursprünglichen Erfüllungsort geliefert werden muss
- Kosten für die Vernichtung oder Beseitigung des Produktes, wenn sich die Gefahr nicht anders beseitigen lässt sowie
- Kosten für die Ablauf- und Erfolgskontrolle der Rückrufaktion.

8.5.5 Kostengünstigkeitsprinzip

Gerade im Rahmen von Rückrufen und der damit verbundenen Frage der Vorgehensweise für die effektivste Gefahrenabwehr können sich verschiedene Alternativen anbieten. Für diesen Fall sehen beide Rückruf-Modelle zwingend vor, dass eine sog. Kostengünstigkeitsrechnung vorzunehmen ist. Sollten also zwei – auch unter Gefahrabwehrgesichtspunkten – gleichwertige Maßnahmen zur Auswahl stehen, wird eine Gegenüberstellung der Kosten für beide Maßnahmen vorzunehmen sein. Versicherungsschutz besteht dann nur für die günstigere Variante. Im Rahmen der Erstellung der Kostenübersicht ist zu beachten, dass in die Vergleichsrechnung auf beiden Seiten nur versicherte Kostenpositionen eingestellt werden dürfen. Es spielt somit keine Rolle, dass eine der möglichen Alternativen sich etwa für den Versicherungsnehmer dadurch als günstiger darstellt, weil vor allem versicherte Kostenpositionen enthalten sind.

8.5.6 Risikobegrenzungen/Ausschlüsse

Beide Rückrufmodelle enthalten jeweils in Ziffer 6 sowohl noch Risikobegrenzungen als auch Ausschlüsse, die es zu beachten gilt.

So besteht etwa gem. Ziff. 6.2 keine Versicherung für den Rückruf von Produkten, deren Herstellung, Eignung, Anwendung oder Wirkung im Hinblick auf den konkreten Verwendungszweck nach dem im Zeitpunkt des Inverkehrbringens anerkannten Regeln der Technik oder Wissenschaft oder in sonstiger Weise noch nicht ausreichend erprobt war. Sie entspricht damit der Erprobungsklausel im Sinne der Ziffer 6.2.5 PHB. Wegen der bereits beschriebenen Verkürzung von Entwicklungs- und Validierungsphasen hat die Erprobungsklausel auch im Rahmen der Rückrufkostenversicherung vermehrt an Bedeutung gewonnen und wird von Versicherern zunehmend zur Abwehr von Deckungsklagen ihrer Versicherungsnehmer eingesetzt.

Ebenfalls nicht versichert sind gem. Ziff. 6.6 Ansprüche

- aus selbständigen Garantiezusagen
- auf Nachlieferung mangelfreier Produkte sowie der Transport dieser Produkte zum Erfüllungsort oder

- wegen Folgeschäden wie Betriebsunterbrechung, Produktionsausfall, entgangenem Gewinn.

8.5.7 Vorfeldschäden (fakultativ)

Im Kfz-Rückrufmodell ist in Ziffer 7 ein weiterer fakultativer Baustein enthalten, der Versicherungsschutz für Maßnahmen und Kosten im Vorfeld der Gefahrenabwehr bietet. Die Herstellung eines Kraftfahrzeugmodells in Serie erfolgt über mehrere Jahre. Sofern nun während einer laufenden Serienproduktion die Feststellung erfolgt, dass ein vom Versicherungsnehmer als Zulieferer geliefertes Produkt einen Fehler aufweist und daher ein Rückruf notwendig ist, werden sich vom Versicherungsnehmer gelieferte Produkte regelmäßig in bereits an Endkunden oder Händler veräußerten Fahrzeugen befinden, welche als „Feldausfälle" bezeichnet werden. Daneben werden vom Versicherungsnehmer gelieferte Produkte aber auch in den verschiedenen Herstellungsstufen bis zur Fertigung beim Endhersteller oder in bereits gefertigten, aber noch nicht ausgelieferten Fahrzeugen vorhanden sein, welche als sog. „0-km-Ausfälle" bezeichnet werden. Die Deckung für die in Ziffer 3 genannten Kosten ist lediglich auf die bereits im Feld befindlichen Produkte beschränkt, was sich aus der Definition des Versicherungsfalls in Ziffer 2 ergibt. Der fakultative Baustein nach Ziffer 7 dient dazu, diese Lücke zu schließen, indem die Kosten für die Prüfung und den Austausch der betroffenen Produkte auch auf die noch nicht im Feld befindlichen Kraftfahrzeuge oder in den weiteren Fertigungsphasen befindlichen Produkte des Versicherungsnehmers erweitertet werden.

8.5.8 Aus- und Einbaukosten außerhalb der Gefahrenabwehr (fakultativ)

Prägendes Merkmal für beide Rückruf-Modelle ist das Erfordernis, dass es sich um einen Rückruf zur „Vermeidung von Personenschäden" handeln muss. Eine Verschärfung bedeutete dies insbesondere für das Kfz-Rückrufmodell, welches in seiner früheren Fassung aus dem Jahr 1998 noch die Deckung für Sachschäden beinhaltete. Insbesondere im Kfz-Bereich kann die Deckung aufgrund dieser Einschränkung unzureichend sein, da zumindest eine zivilrechtliche Rückrufverpflichtung auch zur Vermeidung von Sachschäden denkbar ist.[8] Hinzu kommt, dass ein Rückruf zur Vermeidung von Nacherfüllungsansprüchen und vertraglichen Schadensersatzansprüchen der Kunden angezeigt sein kann, insbesondere dann, wenn davon auszugehen ist, dass im Vergleich zu den Kosten

---

[8] Der Bundesgerichtshof bejaht in seinem Urteil vom 16. Dezember 2008 die Pflicht des Herstellers aufgrund der deliktischen Produzentenhaftung zu einem etwaigen Produktrückruf zur Vermeidung von Gefahren für die in § 823 Abs. 1 BGB genannten Rechtsgüter und damit auch auf das Eigentum und ohne Beschränkung auf Personengefahren (BGH, Urteil vom 16. Dezember 2008 – VI ZR 170/07 –, BGHZ 179, 157–168, Rn. 19).

der zu erwartenden Ansprüche sich der Rückruf als kostengünstigere Maßnahme erweist.

Für diese Fälle außerhalb der Gefahrenabwehr eröffnet zumindest in Bezug auf Aus- und Einbaukosten Ziffer 8 die Möglichkeit zur Vereinbarung eines ergänzenden Versicherungsschutzes.

■ 8.6 Notwendige Vorkehrungen für den Eintritt des Versicherungsfalls

Allein das Aufrechterhalten von Versicherungen mit ausreichendem Deckungsumfang sichert noch nicht, dass im Falle der Verwirklichung eines versicherten Risikos die mit dem Abschluss der Versicherungen erhofften Wirkungen eintreten. Sowohl durch die Bedingungen als auch durch gesetzliche Vorgaben wird der Versicherungsnehmer verpflichtet, durch aktives Tun an der erfolgreichen Abwicklung mitzuwirken. Im Folgenden sollen die in diesem Bereich besonders praxisrelevanten Themen aufgegriffen werden.

8.6.1 Die Obliegenheiten des Versicherungsnehmers

Mit dem Begriff der „Obliegenheiten" bezeichnet man im Versicherungsrecht insbesondere die dem Versicherungsnehmer auferlegten Verhaltensregeln. Von einer Rechtspflicht unterscheidet sich eine Obliegenheit in der Weise, dass der Vertragspartner diese nicht einklagen kann und bei ihrer Nichterfüllung auch kein Schadensersatzanspruch entsteht. Vielmehr werden an die Verletzung andere Rechtsfolgen geknüpft, zumeist in Form eines Rechtsverlusts. Bekanntes Beispiel außerhalb des Versicherungsvertragsrechts ist die Untersuchungs- und Rügeobliegenheit des Käufers bei einem Handelskauf nach § 377 HGB. Auch hier steht dem Verkäufer kein Anspruch darauf zu, dass der Käufer die Ware unverzüglich untersucht und etwaige Mängel rügt. Tut er dies nicht, führt die Nichtbefolgung jedoch zu einem Verlust kaufrechtlicher Ansprüche im Hinblick auf solche Mängel, die er bei ordnungsgemäßer Vornahme seiner Obliegenheiten hätte erkennen und rügen können.

Leider ist weder in den Versicherungsbedingungen noch im Versicherungsvertragsgesetz immer klar erkennbar, ob es sich bei der beschriebenen Verhaltensweise um eine Obliegenheit, Rechtspflicht oder sogar nur um eine reine Risikobeschreibung handelt, sodass im Zweifelsfall eine Auslegung der entsprechenden Bestimmung erfolgen muss.

Im Wesentlichen lassen sich Obliegenheiten in solche vor Eintritt des Versicherungsfalls und solche nach Eintritt des Versicherungsfalls einteilen.

8.6.1.1 Obliegenheiten vor Eintritt des Versicherungsfalls

Die wichtigste Obliegenheit vor Eintritt des Versicherungsfalls besteht in der vorvertraglichen Anzeigepflicht gem. § 19 VVG. Der Versicherungsnehmer hat danach die ihm bekannten Gefahrenumstände, die für die Entscheidung des Versicherers über den Vertragsschluss erheblich sind und über die er in Textform befragt wurde, anzuzeigen. Dies gilt auch für etwaige Gefahrerhöhungen nach Vertragsschluss, wenn auch die Produkthaftpflichtbedingungen insoweit Sonderregelungen enthalten.

Auch unabhängig von diesen Pflichten dürfte es sich anbieten, den Versicherer in erkannte Erhöhungen einzubinden. Insbesondere bei vertraglichen Vereinbarungen mit Abnehmern kommt es oftmals zu Haftungserweiterungen, die sich im Versicherungsfall zu Ungunsten des Versicherungsnehmers auswirken können. Die Ausführungen zu den einzelnen Versicherungen haben gezeigt, dass Haftungserweiterungen nur in den eng begrenzten Fällen der verschuldensunabhängigen Haftung für bestimmte Eigenschaften vom Versicherungsschutz umfasst sind. Insbesondere in der Kfz-Zulieferbranche werden indes Vereinbarungen getroffen, die dem Abnehmer des Zulieferers insbesondere hinsichtlich des Nachweises des Vorliegens eines Schadens oder der Schadenshöhe Erleichterungen schaffen. Soweit solche Umstände dem Versicherer nicht angezeigt werden, wird dieser im Versicherungsfall im Regelfall seine Eintrittspflicht nicht anhand dieser Regelungen vornehmen. Hierdurch entstehende Lücken zwischen Erfüllung von Regressforderungen des Abnehmers und gewährten Deckungsschutz durch den Versicherer gehen dann zu Lasten des Versicherungsnehmers und können je nach Fallgestaltung beträchtlich sein. Eine solche missliche Situation scheint insbesondere auch vor dem Hintergrund vermeidbar, dass mit dem Versicherer oftmals für besondere Risiken die Vereinbarung gesonderter Bausteine gegen entsprechende Prämie möglich ist.

8.6.1.2 Obliegenheiten nach Eintritt des Versicherungsfalls

Eine wesentliche Obliegenheit nach Eintritt des Versicherungsfalls stellt die „Pflicht" zur Abwendung und Minderung des Schadens nach § 82 VVG dar.

Bei einer Haftpflichtversicherung handelt es sich um eine Schadensversicherung, sodass die Regelung des § 82 VVG zur Anwendung gelangt. Diese Vorschrift erlegt dem Versicherungsnehmer eine Schadensminderungsobliegenheit auf. § 82 Abs. 1 VVG „verpflichtet" den Versicherungsnehmer bei Eintritt des Versicherungsfalles nach Möglichkeit für die Abwendung und Minderung des Schadens zu sorgen. Nach Abs. 2 hat er überdies auch Weisungen des Versicherers, soweit für ihn zumutbar, zu befolgen sowie Weisungen einzuholen, wenn die Umstände dies gestatten.

Als Rechtsfolge im Falle des Verstoßes gegen diese Obliegenheiten bestimmt Absatz 3, dass der Versicherer grundsätzlich nicht zur Leistung verpflichtet ist, wenn der Versicherungsnehmer die Obliegenheit vorsätzlich verletzt hat, und im Falle einer grob fahrlässigen Verletzung berechtigt ist, seine Leistung in einem der Schwere des Verschuldens des Versicherungsnehmers entsprechenden Verhältnis zu kürzen. Die Vorschrift soll sicherstellen, dass der Versicherungsnehmer sich nicht darauf verlässt, dass der Versicherer für die entstandenen Schäden in jedem Fall eintritt und den Versicherungsnehmer dazu anhalten, die ihm möglichen und zumutbaren gefahrabwendenden Maßnahmen zu ergreifen.

Gerade im Falle der Haftpflichtversicherung obliegt es dem Versicherungsnehmer jedoch nicht, den Geschädigten von der Geltendmachung eines Schadensersatzanspruchs abzubringen. Ein Verstoß gegen die Obliegenheit des § 82 VVG ist grundsätzlich erst dann anzunehmen, wenn der Versicherungsnehmer den Geschädigten etwa dazu ermuntert, unberechtigte Ansprüche geltend zu machen.

8.6.2 Schadensmeldung

Mit der Schadensminderungsobliegenheit des Versicherungsnehmers geht zugleich eine Anzeigeobliegenheit einher, da er seiner „Pflicht" zur Einholung von Weisungen regelmäßig nur ordnungsgemäß nachkommen kann, sofern er den Versicherer vollumfänglich über den konkreten Schadensfall in Kenntnis setzt.

Darüber hinaus ist im Bereich der Haftpflichtversicherung die Regelung des § 104 VVG zu beachten. Diese Norm stellt eine Sonderregelung und eine (erweiternde) Konkretisierung der Anzeigeobliegenheit des § 30 VVG für den Bereich der Haftpflichtversicherung dar.

Während der Versicherungsnehmer nach § 30 Abs. 1 VVG den Eintritt des Versicherungsfalles anzuzeigen hat, bestimmt § 104 Abs. 1 VVG, dass der Versicherungsnehmer schon die Tatsachen anzuzeigen hat, die seine Verantwortlichkeit gegenüber einem Dritten zur Folge haben könnten.

Überdies ist der Versicherungsnehmer nach Abs. 2 des § 104 VVG (auch) zur Anzeige „verpflichtet", sofern gegen ihn ein Anspruch gerichtlich geltend gemacht, Prozesskostenhilfe beantragt oder ihm gerichtlich der Streit verkündet wird.

8.6.3 Beweissicherung

Den Versicherungsnehmer trifft die Beweislast für das Vorliegen der tatbestandlichen Voraussetzungen seines Anspruchs und somit für das Vorliegen eines Versicherungsfalls. Daher sollten möglichst zeitnah zum schädigenden Ereignis der

Tathergang und die Folgen protokolliert werden und entsprechende Beweise sichergestellt werden. Unter anderem sollten folgende Unterlagen und Informationen sichergestellt werden:

- Unfallprotokoll
- Zeugenaussagen
- Personalien bereits bekannter Geschädigter.

Insbesondere im Falle der Geltendmachung von Schadensersatzansprüchen des Abnehmers gegenüber dem Zulieferer bietet es sich im Weiteren an, folgende Unterlagen/Gegenstände für die Prüfung einer etwaigen Einstandspflicht durch den Versicherer zusammenzustellen – soweit vorhanden:

- Liefervereinbarung
- Qualitätssicherungsvereinbarung
- Lastenheft
- Zeichnungen
- Prüfberichte
- Mängelanzeigen
- Untersuchungsberichte (bspw. 8D-Reporte)
- bereits im Hinblick auf den Mangel geführte Korrespondenz
- Teile, die zur Befundung zugesandt wurden.

9 Internationale Aspekte des Gewährleistungsmanagements

■ 9.1 Allgemeines

Erfolgt der Verkauf von Produkten lediglich auf einem inländischen Markt, kann sich die Ausrichtung eines Gewährleistungsmanagements auf die Erfüllung der rechtlichen Kundenerwartungen an dem nationalen Markt ausrichten. Sofern der Verkäufer – was insbesondere bei Herstellern von industriell gefertigten Produkten der Fall ist – seine Produkte aber grenzüberschreitend an Kunden auf anderen Märkten verkauft, wird er die Kundenanforderungen nur erfüllen können, wenn er auch die sich aus den ausländischen Märkten ergebenden Erwartungen seines Vertragspartners und weiterer Personen in seinem Gewährleistungsmanagements mit einbezieht. Die zu berücksichtigenden Erwartungen beschränken sich dabei nicht etwa auf sprachliche, kulturelle und soziale Unterschiede beim Kauf und in der Verwendung von Produkten, sondern im Wesentlichen auch in den zu erfüllenden rechtlichen Anforderungen. Die bisherige Betrachtung basierte im Wesentlichen darauf, dass das Vertragsverhältnis der Parteien und eine mögliche Einstandspflicht für ein fehlerhaftes Produkt allein nach deutschem Recht beurteilt werden und im Weiteren auch im Streitfall deutsche Gerichte zuständig sind. Soweit der Verkauf von Produkten oder allgemein die Erbringung von Leistungen über die Grenze hinweg erfolgt, ist aber die Anwendung deutschen Rechts nicht gesichert und ebenso wenig, dass bei Streitigkeiten deutsche Gerichte über die Berechtigung von geltend gemachten Ansprüchen entscheiden.

■ 9.2 Relevanz für das Gewährleistungsmanagement

Bestandteil, wenn nicht sogar Ausgangspunkt für ein ordnungsgemäßes Gewährleistungsmanagement muss es sein, die rechtlichen Rahmenbedingungen, welche für den Verkauf und das Inverkehrbringen von Produkten gelten, zu ermitteln und im Rahmen der zu implementierenden Prozesse zu berücksichtigen. Soweit nun die Lieferung über die Grenze hinweg erfolgt, muss im Rahmen des Gewährleistungsmanagements somit auch berücksichtigt werden, ob und welche Regelungen ausländischer Rechtsordnungen einzubeziehen sind. Die Anforderungen an den Verkauf eines Produkts über die Grenze können dabei vielfältig sein. Die Frage nach den zu beachtenden ausländischen Rechtsnormen stellt sich zunächst für die Voraussetzungen, damit ein Produkt auf einem ausländischen Markt überhaupt in Verkehr gebracht werden und benutzt bzw. betrieben werden kann. Der Umstand, dass etwa eine Waschmaschine in Deutschland verkauft werden kann, bedeutet nicht zwangsläufig, dass das Gerät ohne Erfüllung weiterer oder anderer Voraussetzungen auch in Indien, Brasilien oder einem sonstigen Land in Verkehr gebracht werden kann. Vielmehr müssen zunächst die Zulassungsvoraussetzungen für die Inverkehrgabe und den Vertrieb eines Produkts auf dem jeweiligen ausländischen Markt ermittelt werden. Darüber hinaus können Besonderheiten des ausländischen Markts bestehen in Bezug auf die Bewerbung eines Produkts, den möglichen Vertriebswegen usw. Die Liste der möglicherweise einschlägigen und zu beachtenden Anforderungen eines ausländischen Markts lässt sich um einiges fortsetzen. Nach der in Kapitel 1 vorgenommenen Einschränkung ist der Inhalt des vorliegenden Buchs die Darstellung der Rechtsgrundlagen, welche bei einer etwaigen Mangel- oder Fehlerhaftigkeit eines Produkts zur Anwendung kommen. Der zu betrachtende internationale Komplex wird daher ebenfalls auf diesen Bereich beschränkt. Im Nachfolgenden soll daher der Frage nachgegangen werden, welches Recht für das Vertragsverhältnis zwischen dem Verkäufer und dem Käufer zur Anwendung kommt. Darüber hinaus wird der Frage nachgegangen, welches Recht im Falle der Verursachung eines Schadens durch ein fehlerhaftes Produkt zur Anwendung kommt. Die Bestimmung des anwendbaren Rechts sowohl für die vertraglichen Beziehungen der Parteien als auch für eine Haftung für fehlerhafte Produkte ist von wesentlicher Bedeutung. Erst, wenn feststeht, welches Recht zur Anwendung kommt, können die sich aus der Lieferung eines mangelhaften oder fehlerhaften Produkts ergebenden Rechtsrisiken überhaupt zutreffend erfasst werden. So weichen bei vertraglichen Ansprüchen sowohl der Inhalt der geschuldeten Leistungspflichten, die Folgen der nicht ordnungsgemäßen Leistung als auch die Möglichkeiten, die Haftung für fehlerhafte Leistungen einzuschränken, die Rechtsvorschriften der Länder teilweise erheblich voneinander ab. Nichts anderes gilt auch für etwaige produkthaftungsrechtliche Ansprüche, was bereits eine Betrachtung der unterschiedlichen Höhe zwischen Schmerzensgeld im deutschen Recht und punitive damages im US-amerikanischen Recht zeigt.

Neben der Frage, ob deutsches oder ausländisches Recht zur Anwendung kommt, ist ebenso wichtig zu ermitteln, ob ein deutsches oder ausländisches Gericht für eine etwaige Streitigkeit zuständig ist. Auch diese, in Vertragsverhandlungen oftmals stiefmütterlich behandelte Frage ist nicht nur von rein akademischem Interesse für die Juristen, sondern kann weitreichende praktische und finanzielle Folgen nach sich ziehen: Sofern die Zuständigkeit eines ausländischen Gerichts gewählt wird, können bereits Schwierigkeiten bei der Wahl eines geeigneten Prozessvertreters vor Ort entstehen, der neben den notwendigen Kenntnissen der Rechtsmaterie auch in der Lage sein muss, mit dem Mandanten in einer für beide verständlichen Sprache zu kommunizieren. Gerichts- und Anwaltskosten vor einem ausländischen Gericht können im Weiteren den nach der eigenen Rechtsordnung bekannten Umfang erheblich übersteigen; ebenso auch die Dauer von Gerichtsverfahren. Der Frage des zuständigen Gerichts widmet sich ebenfalls ein eigenes Kapitel. Bei internationalen Kaufverträgen über Waren können ferner die Regelungen des sog. UN-Kaufrechts (CISG; Convention on the International Sale of Goods vom 11.04.1980) zur Anwendung kommen. Hierbei handelt es sich um ein internationales Übereinkommen, das weltweit von allen führenden Industriestaaten – mit Ausnahme des Vereinigten Königsreichs – ratifiziert worden ist. In Deutschland ist das UN-Kaufrecht seit dem 1. Januar 1991 in Kraft und Bestandteil des deutschen Rechts. Soweit die Anwendungsvoraussetzungen des UN-Kaufrechts erfüllt sind, kommt das UN-Kaufrecht vor den Regelungen des Bürgerlichen Gesetzbuchs und des Handelsgesetzbuchs zur Anwendung. Wegen seiner Bedeutung im internationalen Geschäftsverkehr sollten bei einem grenzüberschreitenden Geschäftsverkehr die Grundzüge des UN-Kaufrechts bekannt sein.

■ 9.3 Anwendbares Recht

Für die Beurteilung der Rechtsbeziehung zwischen zwei Parteien ist es zwingend notwendig, das auf das Rechtsverhältnis anwendbare Recht zu bestimmen und zwar unabhängig davon, ob es sich um ein durch Vertrag begründetes Rechtsverhältnis (z.B. Kaufvertrag) oder um ein gesetzliches Schuldverhältnis (z.B. Verkehrsunfall) handelt. Notwendig wird die Bestimmung insbesondere dann, wenn zwei Parteien nicht in demselben Land ihren Wohn- oder Verwaltungssitz haben. Die Ermittlung des anwendbaren Rechts erfolgt dabei auf der Basis der Regeln des sog. Internationalen Privatrechts der von einem Sachverhalt betroffenen Staaten. Jeder Staat hält – mehr oder weniger detaillierte – Rechtsvorschriften vor, anhand derer die Beurteilung erfolgt. Sofern nun ein Sachverhalt Anknüpfungspunkte zu zwei oder mehreren Rechtsordnungen aufweist, stellt sich die Frage nach dem Recht, welches betroffenen Staates, das anwendbare Recht zu bestimmen ist. Die Entscheidung hängt zunächst maßgeblich von dem für die Entscheidung angerufenen Gericht ab. Das Gericht wird die Bestimmung des anwendbaren Rechts nach den Regeln des Internationalen Privatrechts „seiner" Rechtsordnung vornehmen.

Sofern nun das angerufene Gericht das anwendbare Recht ermittelt hat, muss berücksichtigt werden, dass weiterhin Vorschriften einer anderen einschlägigen Rechtsordnung Anwendung finden können, worauf später einzugehen sein wird.

Die Regeln, anhand derer ein Staat das auf einen Sachverhalt anwendbare Recht ermittelt, sind nicht weltweit vereinheitlicht. Es besteht daher das Risiko, dass die von einem Sachverhalt tangierten Rechtsordnungen bei der Beurteilung des anwendbaren Rechts zu unterschiedlichen Ergebnissen gelangen. Zumindest im Bereich der Europäischen Union gab es daher bereits seit langem das Bestreben, die Vorschriften der einzelnen Mitgliedstaaten für die Bestimmung des anwendbaren Rechts zu harmonisieren, um den Ausgang von Rechtsstreitigkeiten vorhersehbarer zu machen und die Sicherheit in Bezug auf das anzuwendende Recht sowie den freien Verkehr gerichtlicher Entscheidungen zu fördern[1]. Zu diesem Zweck wurden die Verordnung (EG) Nr. 593/2008 des Europäischen Parlaments und des Rates vom 17. Juni 2008 über das auf vertragliche Schuldverhältnisse anzuwendende Recht (die sog. Rom I-Verordnung) und die Verordnung (EG) Nr. 864/2007 des Europäischen Parlaments und des Rates vom 11. Juli 2007 über das auf außervertragliche Schuldverhältnisse anzuwendende Recht (die sog. Rom II-Verordnung) erlassen, welche in ihrem Anwendungsbereich die nationalen Vorschriften der einzelnen Mitgliedstaaten über die Bestimmung des anwendbaren Rechts vollständig verdrängen[2]. Sofern ein Sachverhalt vom Anwendungsbereich eines dieser Verordnungen erfasst wird, besteht zumindest die Rechtssicherheit bei Sitz zumindest eines Vertragspartners in einem Mitgliedstaat der Europäischen Union, dass ein mit der Angelegenheit befasstes Gericht eines Mitgliedstaats die Ermittlung des auf den Fall anwendbaren Rechts nach denselben Rechtsvorschriften vornehmen wird.

9.3.1 Anwendbares Recht auf Vertragsverhältnisse

Für Vertragsverhältnisse ist das anwendbare Recht nach der Rom-I-Verordnung zu bestimmen, welches seit dem 17. Dezember 2009 gilt. Nach Art. 1 der Verordnung findet diese Anwendung für vertragliche Schuldverhältnisse in Zivil- und Handelssachen. Zu beachten ist aber, dass eine Reihe von zivilrechtlichen Schuldverhält-

---

[1] So ausdrücklich in Erwägungsgrund 6 der Verordnung (EG) Nr. 593/2008 des Europäischen Parlaments und des Rates vom 17. Juni 2008 über das auf vertragliche Schuldverhältnisse anzuwendende Recht („Rom I") und in Erwägungsgrund 6 der Verordnung (EG) Nr. 864/2007 des Europäischen Parlaments und des Rates vom 11. Juli 2007 über das auf außervertragliche Schuldverhältnisse anzuwendende Recht („Rom II").

[2] Die Bezeichnung als Rom-Verordnungen rührt vom Vorgänger der Rom-I-Verordnung, dem Übereinkommen von Rom vom 19. Juni 1980 über das auf vertragliche Schuldverhältnisse anzuwendende Recht (EVÜ). Im Anschluss wurde entschieden, für alle Verordnungen der Europäischen Union, welche für bestimmte Rechtsbereiche das anwendbare Recht bestimmen, in Kurzform den Arbeitstitel „Rom-Verordnungen" aufzunehmen. Die römische Zahl jeweils am Ende gibt die Reihenfolge der Verkündung der einzelnen Verordnungen wieder.

nissen aus dem Anwendungsbereich der Rom-I-Verordnung ausgenommen werden. Hierzu gehören insbesondere:

- Personenstand, Rechts-, Geschäft- und Handlungsfähigkeit natürlicher Personen (Art. 1 Abs. 2 lit. a Rom-I-VO)
- gesellschaftsrechtliche Fälle (Art. 1 Abs. 2 lit. f Rom-I-VO)
- Verpflichtungen aus Wechseln, Schecks, Eigenwechseln und anderen handelbaren Papieren (Art. 1 Abs. 2 lit. d Rom-I-VO)
- Fragen betreffend des Stellvertretungsrechts (Art. 1 Abs. 2 lit. g Rom-I-VO).

Das nach der Rom-I-Verordnung ermittelte Recht ist grundsätzlich für alle im Zusammenhang mit dem Vertragsverhältnis auftretenden Fragen einschlägig. Es erstreckt sich gem. Art. 12 Abs. 1 Rom-I-VO insbesondere auf die Auslegung des Vertrages, die Erfüllung der durch ihn begründeten Verpflichtungen, die Folgen der vollständigen oder teilweisen Nichterfüllung dieser Verpflichtung, die Erlöschensgründe sowie die Verjährung und Rechtsverluste und die Folgen der Nichtigkeit des Vertrages.

Zu beachten ist im Weiteren, dass die Rom-I-Verordnung nach ihrem Artikel 2 universelle Anwendung findet. Sie gilt somit anstelle der nationalen Regelungen unabhängig davon, ob es sich um die Bestimmung des anwendbaren Rechts gegenüber einem Vertragspartner mit Sitz in einem Mitgliedsstaat der Europäischen Union handelt oder um einen Vertragspartner mit Sitz in einem Staat außerhalb der Europäischen Union. Aus deutscher Sicht muss daher etwa die Bestimmung des anwendbaren Rechts nach der Rom-I-Verordnung unabhängig davon erfolgen, ob der ausländische Vertragspartner der deutschen Partei seinen Sitz in Italien oder Australien handelt. Entsprechend wurden im Zuge des Inkrafttretens der Rom-I-Verordnung die deutschen Regelungen zur Bestimmung des auf Vertragsverhältnisse anzuwendenden Rechts aufgehoben.

9.3.1.1 Freie Rechtswahl

Nach Art. 3 Rom-I-VO wird zunächst den Parteien das Recht eingeräumt, auszuwählen, welches Recht dem Vertrag zugrunde liegen soll. Eine solche Rechtswahl kann zum Zeitpunkt des Vertragsschlusses geschehen, sie ist aber auch nachträglich möglich.

Voraussetzung ist, dass die Rechtswahl ausdrücklich erfolgt oder sich eindeutig aus den Bestimmungen des Vertrags oder aus den Umständen des Falls ergibt. Damit ist zunächst klargestellt, dass die Rechtswahl nicht einer bestimmten Form bedarf und zudem auch nicht ausdrücklich erfolgen muss, wenn sich der Parteiwille aus dem Vertragsinhalt oder aufgrund gewisser Umstände ergibt. Bei Fehlen einer ausdrücklichen Rechtswahl werden jedoch an die Rechtswahl insoweit strenge Anforderungen gesetzt, dass der Parteiwille „eindeutig" erkennbar sein muss. Sofern also die Parteien das anwendbare Recht nicht ausdrücklich festgelegt haben, muss anhand von Indizien ermittelt werden, ob beide Parteien die Anwendbarkeit eines bestimmten Rechts gewollt haben. In der Praxis bedeutet dies eine stark einzelfallbezogene Prüfung, dessen Ausgang nicht unerheblich von einer Wertung und Gewichtung der einzelnen Indizien durch das Gericht abhängt. Sofern, da oftmals unterschiedliche Indizien für jeweils eine andere Rechtsordnung vorliegen, kann es somit schwierig werden, das Ergebnis einer gerichtlichen Entscheidung abzuschätzen. Sind zudem die Indizien für eine jeweils andere Rechtsordnung ungefähr gleichgewichtig, kann eine stillschweigende Rechtswahl auch gänzlich abgelehnt werden. Aus Gründen der Rechtssicherheit und -klarheit ist es daher ratsam, die Rechtswahl in jedem Fall ausdrücklich vorzunehmen.

Aus bisherigen Urteilen und den Erwägungsgründen der Rom-I-Verordnung lassen sich zumindest einige Anhaltspunkte für die Beurteilung einer Rechtswahl anhand von Indizien entnehmen. So wird in der Vereinbarung eines ausschließlichen Gerichtsstandes in der Regel die stillschweigende Wahl des Rechts gesehen, das am Gerichtsort gilt.[3] Auch die Bezugnahme auf bestimmte Vorschriften einer Rechtsordnung gilt als gewichtiges Indiz dafür, dass dieses Recht von den Parteien gewählt wurde.[4] Als nicht ausreichend wird dagegen der Erfüllungsort, die Vertragssprache oder aber der Ort des Abschlusses der Vereinbarung gesehen.

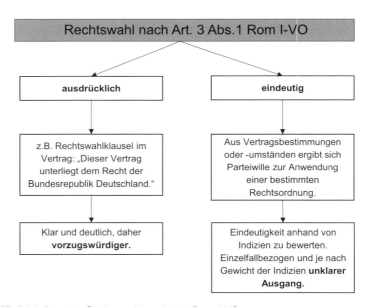

Bild 9.1 Möglichkeiten der Rechtswahl nach der Rom I-VO

---

[3] BGH, Urteil vom 05.05.1988 – VII ZR 119/87, NJW 1988, 1964.

[4] BAG, Urteil vom 10.04.2014–2 AZR 741/13, IPRax 2015, 342.

Eine Rechtswahl ist aber nicht grenzenlos möglich beziehungsweise wirksam. So ist die Rechtswahl im Rahmen von Verbraucherverträgen (Art. 6 Abs. 2 Rom-I-VO) und Individualarbeitsverträgen (Art. 8 Abs. 1 Rom-I-VO) beschränkt. Demnach ist eine Rechtswahl im Sinne des Art. 3 Rom-I-VO zwar möglich, diese darf jedoch nicht dazu führen, dass die unterlegene Partei, sprich der Verbraucher oder Arbeitnehmer, im Vergleich zu dem nach Art. 6 Abs. 1 oder Art. 8 Abs. 2 Rom-I-VO bestimmten Recht, schlechter gestellt wird. Hierbei handelt es sich regelmäßig um das Recht des Staates, in welchem der Verbraucher seinen gewöhnlichen Aufenthalt hat, beziehungsweise die Tätigkeit ausgeübt wird. Diese Regelungen verhindern jedoch nicht schon das Zustandekommen von Rechtswahlvereinbarungen, welche gegen die zuvor beschriebenen Regelungen verstoßen. Sie stellen vielmehr eine Kontrolle der Rechtswahlvereinbarung im Hinblick darauf dar, ob und inwieweit das von den Parteien gewählte Rechte für die schutzbedürftige Partei ungünstiger ist.

Einschränkungen der Rechtswahl sehen zudem die Art. 3 Abs. 3 und Abs. 4 vor. Sofern alle Elemente eines Sachverhalts im Inland (Absatz 3) oder in der EU (Absatz 4) belegen sind und der Fall lediglich aufgrund der Rechtswahl Auslandsbezug erhält, bleiben trotz Wahl eines ausländischen Rechts die Vorschriften des inländischen Rechts (Absatz 3) oder des EU-Rechts (Absatz 4) anwendbar, von denen nicht durch Vereinbarung abgewichen werden kann.

Exkurs: Rechtswahl durch Allgemeine Geschäftsbedingungen

Sofern Unternehmen aus verschiedenen Staaten ihr Vertragsverhältnis im Rahmen einer schriftlichen Vereinbarung treffen, enthält dieser in der Praxis regelmäßig auch eine Rechtswahlklausel. Der Abschluss eines schriftlichen Vertrags vor Leistungsaustausch über die Grenze ist aber auch im unternehmerischen Geschäftsverkehr nicht immer gegeben. Oftmals basiert die spätere Leistungsausführung auch nur auf dem vorherigen Austausch eines Angebots und einer Bestellung, welche zwar die technischen und kommerziellen Bedingungen der Vereinbarung, selten aber das anzuwendende Recht oder das für Streitfälle zuständige Gericht regeln. Bestimmungen dazu sind in den Allgemeinen Geschäftsbedingungen des jeweiligen Vertragspartners enthalten, auf die jede Partei in der Regel in ihrem Dokument verweist. Daher ist es wenig verwunderlich, dass der Verkäufer dabei in seinen Verkaufs- und Lieferbedingungen auf das Recht des Staates verweist, in dem er seinen Sitz hat, während der Käufer regelmäßig in seinen Einkaufsbedingungen auf das Recht des Staates verweist, in dem er *seinen* Sitz hat. Die Lösung der Fälle, dass beide Vertragsparteien auf unterschiedliche Rechtswahlklauseln in ihre jeweiligen AGB verweisen, ist noch nicht abschließend geklärt. Nach einer Ansicht ist mangels Einigung der Parteien keine wirksame Rechtswahl zustande gekommen. Eine weitere Ansicht betrachtet den Einzelfall und differenziert folgendermaßen: Sind beide Rechtswahlklauseln nach dem jeweiligen vorgesehenen Recht nicht wirksam einbezogen, liegt keine wirksame Rechtswahl vor. Sind hingegen beide Rechtswahlklauseln nach dem jeweiligen vorgesehenen Recht wirksam einbezogen, so scheitert eine Rechtswahl an der Tatsache, dass einem Vertrag nicht zwei Rechtsordnungen zugrunde liegen können. Lediglich, wenn nur eine der beiden Rechtswahlklauseln nach dem jeweiligen vorgesehenen Recht wirksam einbezogen ist, entsteht auch eine wirksame Rechtswahl für den entsprechenden Vertrag. Eine weitere Ansicht bezieht sich auf den Umstand, dass in der Regel die Einbeziehung der Allgemeinen Geschäftsbedingungen nacheinander erfolgt. Regelmäßig versendet der Anbieter sein Angebot zusammen mit seinen Allgemeinen Geschäftsbedingungen. Diese Offerte nimmt der Käufer wiederum unter Beifügung seiner Allgemeinen Geschäftsbedingungen an. Nach der „Theorie des letzten Wortes", welcher dieser Ansicht folgt, gilt die zuletzt durch Rechtswahlklausel eingeführte Rechtsordnung.

Eine gefestigte Rechtsprechung darüber, welcher dieser Ansichten zu folgen ist, fehlt. Aus Sicht des deutschen Vertragspartners sollte zumindest Sorge dafür getragen werden, dass eine wirksame Einbeziehung der Allgemeinen Geschäftsbedingungen nach deutschem Recht gegeben ist. Voraussetzung für eine wirksame Einbeziehung Allgemeiner Geschäftsbedingungen ist, dass der AGB-Verwender dem Vertragspartner deren Text übersenden oder anderweitig zugänglich machen muss, da – abweichend von dem, für inländische Sachverhalte geltenden Recht – nach den Grundsätzen des guten Glaubens der anderen Seite keine Erkundigungspflicht zugemutet werden kann. Der auf Angebots- und Bestelltexten übliche Hinweis auf die Geltung der eigenen Geschäftsbedingungen mit Angabe der Fundstelle auf der Webseite reicht somit nicht aus.[5]

9.3.1.2 Anwendbares Recht mangels Rechtswahl

Sofern die Parteien keine Rechtswahl ausdrücklich getroffen haben und die Wahl eines bestimmten Rechts sich auch nicht eindeutig aus den Vertragsbestimmungen oder -umständen ergibt, beinhaltet Art. 4 Rom-I-VO die Grundregelung für die Bestimmung des anwendbaren Rechts. Die Prüfung erfolgt nach folgendem Schema.

Zuerst wird geprüft, ob ein in Abs. 1 genannter Vertragstyp vorliegt. Die wesentlichen geregelten Fälle sind:

- Warenkauf (lit. a)
- Dienstleistungen (lit. b)
- Miete und Pacht unbeweglicher Sachen (lit. c und d)

---

[5] BGH, Urteil 31. Oktober 2001, VIII ZR 60/01; OLG München, Urteil vom 14. Januar 2009, 20 U 3863/08; OLG Celle, Urteil vom 24. Juli 2009, 13 W 48/09; OLG Jena, Urteil 10. November 2010, 7 U 303/10 und OLG Sachsen-Anhalt, Urteil 13. Februar 2013, 12 U 153/12. Die unterschiedliche Beurteilung in- und ausländischer Sachverhalte ist darauf zurückzuführen, dass bei Kaufverträgen über die Grenze die wirksame Einbeziehung von Allgemeinen Geschäftsbedingungen nach Maßgabe des UN-Kaufrechts zu beurteilen ist.

- Franchiseverträge (lit. e)
- Vertriebsverträge (lit. f).

Kaufverträge über bewegliche Sachen unterliegen nach Art. 4 Abs. 1 lit. a) Rom-I-VO dem Recht des Staates, in dem der Verkäufer seinen gewöhnlichen Aufenthalt hat. Für Dienstverträge sieht Art. 4 Abs. 1 lit. b) vor, dass diese dem Recht des Staates unterliegen, in dem der Dienstleister seinen gewöhnlichen Aufenthalt hat. Wichtig ist in diesem Zusammenhang die Erkenntnis, dass der Begriff der Dienstleistung im Sinne der Verordnung auch Werkleistungen erfasst, sodass nach Art. 4 Abs. 1 lit. b) auch Werkverträge dem Recht des Staates unterliegen, in dem der Werkunternehmer seinen gewöhnlichen Aufenthalt hat. Die Auslegungsregel in Art. 4 Abs. 1 lit. f) für Vertriebsverträge bezeichnet solche Verträge, aufgrund derer der Vertriebshändler versucht, Produkte des Auftraggebers, der regelmäßig auch Hersteller dieser Produkte ist, abzusetzen. Das trifft in jedem Fall auf den Vertragshändler zu, der Produkte im eigenen Namen und auf eigenes Risiko weiter veräußert. Ob die Vorschrift auch für Handelsvertreter gilt, ist streitig, wegen Absatz 2 zumeist aber von wenig Relevanz. Auf Vertriebsverträge findet das Recht des Staates Anwendung, in dem der Vertriebshändler seinen gewöhnlichen Aufenthalt hat.

Falls keiner der genannten Verträge vorliegt, ist gemäß Art. 4 Abs. 2 entscheidend, in welchem Staat die Vertragspartei, welche die charakteristische Leistung zu erbringen hat, ihren gewöhnlichen Aufenthalt hat.

Der Ort des gewöhnlichen Aufenthalts, auf den beide Absätze abstellen, richtet sich bei juristischen Personen im Übrigen nach Art. 19 Abs. 1 Rom-I-VO. Demnach ist dies der Sitz der Hauptverwaltung.

In Einzelfällen erlaubt Art. 4 Abs. 3 Rom-I-Verordnung eine Abweichung von den in den Absätzen 1 und 2 enthaltenen Grundsätzen, sofern der Vertrag eine offensichtlich engere Verbindung zu einem anderen als dem nach Absatz 1 oder 2 bestimmten Staat aufweist. In diesem Fall ist das Recht des anderen Staats anwendbar. Es handelt sich aber tatsächlich um eine sehr eng auszulegende Ausnahmevorschrift. Diese wäre etwa dann einschlägig, wenn bei einem Montageauftrag lediglich die beauftragte Niederlassung des die Leistung erbringenden Schuldners im Ausland liegt, im Inland aber die Hauptniederlassung des Schuldners, der Sitz des Vertragspartners und der Erfüllungsort lokalisiert sind.

Sofern nach den vorgenannten Regeln kein Ergebnis erzielt werden kann, ist Abs. 4 einschlägig. Bei Abs. 4 handelt es sich um eine Generalklausel, welche dann auf das Recht abstellt, welches zu dem Vertrag die engste Verbindung aufweist. Die engste Verbindung ist sodann anhand verschiedener Indizien zu bestimmen, wie etwa der gewählten Vertragssprache, Gerichtsstand, Erfüllungsort oder der vereinbarten Währung.

9.3.1.3 Sonderregelungen für Verbraucherverträge

Für Verbraucherverträge beinhaltet Art. 6 Rom-I-VO eine Sonderregelung. Begründet wird dies damit, dass der Verbraucher dem Unternehmer gegenüber regelmäßig geschäftlich und wirtschaftlich unterlegen und daher in besonderem Maße schützenswert ist. Bereits erwähnt wurde, dass bei Beteiligung eines Verbrauchers bereits eine getroffene Rechtswahl nur insoweit gilt, soweit sie den Verbraucher nicht den Schutz entzieht, (…) der ihm nach dem Recht, das mangels einer Rechtswahl anzuwenden wäre, gewährt werden müsste".

Sofern keine Rechtswahl getroffen wurde, ist die Sonderbestimmung des Art. 6 Abs. 1 Rom-I-VO vorrangig gegenüber dem Art. 4 Rom-I-VO anzuwenden. Demnach gilt zwingend das Recht des Staates, in dem der Verbraucher seinen gewöhnlichen Aufenthalt hat, sofern der Unternehmer eine berufliche oder gewerbliche Tätigkeit in diesem Staat ausübt (lit. a) oder eine solche Tätigkeit auf irgendeiner Weise zumindest auch auf diesen Staat ausrichtet (lit. b) (vgl. Art. 6 Abs. 1 Rom-I-VO).

Der Anwendungsbereich beschränkt sich auf Verbraucherverträge. Ein solcher liegt vor, wenn ein Vertrag zwischen einem Verbraucher und einem Unternehmer vorliegt (B2C). Voraussetzung ist dafür auf der einen Seite eine natürliche Person, welche den Vertrag zu einem Zweck abschließt, der nicht ihrer beruflichen oder gewerblichen Tätigkeit zugerechnet werden kann und auf der anderen Seite eine Person hat, die den Vertrag in Ausübung ihrer beruflichen oder gewerblichen Tätigkeit abschließt.

Umfasst sind alle Geschäfte, welche den Kauf von Waren und anderen Gütern und Dienstleistungen zum Inhalt haben und somit vor allem auch Verbrauchgüterkaufverträge.

9.3.2 Anwendbares Recht bei Produkthaftungsfällen

Die Bestimmung des anwendbaren Rechts bei außervertraglichen Schuldverhältnissen erfolgt auf Basis der Rom-II-Verordnung. Die erfassten außervertraglichen Schuldverhältnisse werden dabei in Art. 2 Abs. 1 Rom-II-VO definiert, zu denen auch die unerlaubte Handlung und damit auch die Produkthaftung gehört. Auch für die Rom-II-Verordnung gilt nach ihrem Artikel 3 die universelle Anwendung. Sie findet somit anstelle der nationalen Regelungen unabhängig davon Anwendung, ob es sich um die Bestimmung des anwendbaren Rechts gegenüber einem Vertragspartner mit Sitz in einem Mitgliedsstaat der Europäischen Union handelt oder um einen Vertragspartner mit Sitz in einem Staat außerhalb der Europäischen Union.

9.3.2.1 Freie Rechtswahl

Vergleichbar mit der Rom-I-VO sieht auch die Rom-II-VO in Art. 14 Rom-II-VO zunächst eine freie Rechtswahl vor. Die Zulässigkeit einer Rechtswahl richtet sich nach

Art. 14 Abs. 1 S. 1 lit. a oder lit. b. Die erste Variante umschreibt den Fall, dass das schadensbegründende Ereignis zuvor eingetreten ist. Hierbei handelt es sich um eine nachträgliche Rechtswahl, welche keiner weiteren Voraussetzungen bedarf.

Die zweite Alternative (lit. b) erfasst hingegen den Fall, dass das schadensbegründende Ereignis noch nicht eingetreten ist. Es handelt sich um eine vorherige Rechtswahl. Voraussetzung hierfür ist zunächst, dass alle Parteien einer kommerziellen Tätigkeit nachgehen. Demnach müssen „alle Parteien bei Abschluss des Rechtswahlvertrags nach lit. b in Ausübung ihrer beruflichen oder gewerblichen Tätigkeit handeln und die Rechtswahlvereinbarung muss in den Bereich dieser Tätigkeit fallen".

Das wählbare Recht wird auch im Rahmen der Rom-II-VO nicht weiter eingeschränkt, sodass ohne jegliche Beziehung zu einer bestimmten Rechtsordnung eine Vereinbarung dieser möglich ist. Jedoch gilt auch die freie Rechtswahl im Rahmen von außervertraglichen Schuldverhältnissen nicht schrankenlos. In Art. 6 Abs. 4 Rom-II-VO findet sich für Schuldverhältnisse aus unlauterem Wettbewerb und den freien Wettbewerb einschränkenden Verhalten ein normiertes Verbot. Ein weiteres Verbot findet man in Art. 8 Abs. 3 Rom-II-VO für Schuldverhältnisse aus einer Verletzung von Rechten des geistigen Eigentums. Diese sind jedoch für die Produkthaftung von geringer Bedeutung.

9.3.2.2 Anwendbares Recht mangels Rechtswahl

Haben die Parteien keine Rechtswahlvereinbarung geschlossen, richtet sich das zugrunde liegende Recht im Rahmen der Produkthaftung nach Art. 5 Rom-II-VO. Ob ein „Produkt" vorliegt ist am Maßstab der Produkthaftungs-RL zu beurteilen. Das Entstehen eines Schadens ist zudem weit auszulegen. Voraussetzung ist lediglich das Vorliegen einer Kausalität. Umfasst werden demnach auch Mangelfolgeschäden oder Schäden an dem Produkt selbst.

Die Regelung, nach der das anwendbare Recht bei Produkthaftungsfällen bestimmt wird, ist komplex und sieht eine stufenweise Prüfung vor, wobei die Bestimmung der einschlägigen Rechtsordnung nach der nächsten Stufe auch nur geprüft werden kann, wenn die Prüfung auf der vorherigen Stufe nicht zu dem Recht eines bestimmten Staates geführt hat.

In dem Fall, dass der Geschädigte und der Hersteller ihren gewöhnlichen Aufenthalt zum Zeitpunkt des Schadenseintritts in demselben Staat haben, kommt Art. 5 Abs. 1 S. 1 iVm Art. 4 Abs. 2 Rom-II-VO zur Anwendung und folglich das Recht dieses Staates. Dass der Schaden in einem anderen Staat eingetreten ist, ist dann ohne Belang. Greift die Binnenregelung nicht, kommt die Tatortregel des Art. 5 Abs. 1 Rom-II-VO zur Anwendung. Diese ist dreistufig aufgebaut. Zunächst untersucht man, in welchem Staat der Geschädigte zum Zeitpunkt des Schadenseintritts seinen gewöhnlichen Aufenthalt hatte. Weitere Voraussetzung ist, dass das Produkt auch in diesem Staat in Verkehr gebracht wurde (lit. a).

Wurde das Produkt nicht in demselben Staat in Verkehr gebracht, kommt das Recht des Staates zur Anwendung, in dem das Produkt erworben wurde, falls das Produkt in diesem Staat (Produkterwerb) in Verkehr gebracht wurde (lit. b).

Fallen Inverkehrgabe- und Erwerbsort auseinander, richtet sich das Recht nach dem Staat, in welchem der Schaden eingetreten ist, falls das Produkt in diesem Staat in Verkehr gebracht wurde. Ist einer der Buchstaben a – c einschlägig und konnte der Ersatzpflichtige nicht vernünftigerweise voraussehen, dass das Inverkehrbringen des Produkts oder eines gleichartigen Produkts in dem nach a – c einschlägigen Staat erfolgt, so ist das Recht des Staates anwendbar, in dem der Ersatzpflichtige seinen gewöhnlichen Aufenthalt hat. Hierbei handelt es sich um einen Vorhersehbarkeitsvorbehalt gem. Art. 5 Abs. 1 S. 2 Rom-II-VO, welcher dem Ersatzpflichtigen zugutekommt.

■ 9.4 Zuständiges Gericht

9.4.1 Allgemeines

Parallel zu der Frage welches Recht anwendbar ist, muss bei grenzüberschreitenden Sachverhalten im Weiteren ermittelt werden, welches Gericht für Streitigkeiten zwischen den Parteien zuständig ist. Auch im Rahmen der gerichtlichen Zuständigkeit muss dabei für die hier behandelten Ansprüche zwischen vertraglichen und gesetzlichen Schuldverhältnissen unterschieden werden.

Die gesetzlichen Regelungen zur Bestimmung des zuständigen Gerichts sind weltweit nicht harmonisiert, sodass die Gerichte verschiedener Staaten nicht nach einheitlichen Regeln ihre Zuständigkeit bestimmen. Insofern bleibt es möglich, dass Gerichte verschiedener Staaten ihre Zuständigkeit auf einen bestimmten Sachverhalt bejahen, selbst wenn nach der Rechtsordnung eines Staates ein Gericht für die Beurteilung eines Sachverhalts als ausschließlich zuständig angesehen wird. Ohne ein bilaterales oder multilaterales Abkommen besteht im Grundsatz keine Bindung der Gerichte eines Staates an die Beurteilung der Zuständigkeit durch die Gerichte eines anderen Staates. Mehr noch bleibt es möglich, dass das Urteil, welches in einem Staat ergangen ist, etwa in einem anderen Staat wegen fehlender Zuständigkeit des entscheidenden Gerichts nicht anerkannt wird. Hierauf wird im Anschluss an die Prüfung der gerichtlichen Zuständigkeit noch gesondert eingegangen werden.

Innerhalb der Europäischen Union wurde für die Mitgliedstaaten die EuGVVO-Verordnung Nr. 1215/2012 des Europäischen Parlaments und Rates vom 12.12.2012 (Amtsblatt Nr. L 351 vom 20.12.2012, S. 1) erlassen. Diese regelt die gerichtliche Zuständigkeit und die Anerkennung und Vollstreckung von Entscheidungen in Zivil- und Handelssachen mit grenzübergreifendem Bezug in den Mitgliedstaaten. Ebenso wie die Rom-I und -II-Verordnungen verdrängt die EuGVVO oder auch Brüssel-Ia-Verordnung in ihrem Anwendungsbereich die nationalen Regelungen über die Zuständigkeit des Gerichts. Somit ist innerhalb der Europäischen Union eine Rechtsgrundlage geschaffen, die den Betroffenen zumindest Sicherheit dahingehend bietet, dass die Gerichte der Mitgliedstaaten die Zuständigkeit nach einheitlichen Regelungen beurteilen und Entscheidungen über die Zuständigkeit und Urteile anderer Mitgliedstaaten akzeptieren und durchsetzen. Die Brüssel-Ia-Verordnung gilt aber nur im Verhältnis zu den anderen Mitgliedstaaten. Gegenüber anderen Staaten außerhalb der Europäischen Union ist die Zuständigkeit nach den weiterhin gültigen Regeln zu beurteilen, die auch für inländische Fälle gelten.

Bild 9.2 Die Regelungen zur Bestimmung des Internationalen Gerichtsstands

9.4.2 Zuständiges Gericht innerhalb der Europäischen Union

Der Anwendungsbereich der EuGVVO ist sachlich, örtlich und zeitlich beschränkt. In sachlicher Hinsicht betrifft die Verordnung nur Zivil- und Handelssachen. Ausgenommen sind Steuer- und Zollsachen sowie verwaltungsrechtliche Angelegenheiten, Streitigkeiten des Personenstands, das eheliche Güterrecht, Erb- und Insolvenzrecht, die soziale Sicherheit und die Schiedsgerichtsbarkeit. In örtlicher Hinsicht ist die Anwendbarkeit der EuGVVO davon abhängig, dass der Beklagte seinen Wohnsitz innerhalb des Hoheitsgebiets eines Mitgliedstaats hat. Dies ergibt sich aus Art. 4 Abs. 1 EuGVVO. Die Staatsangehörigkeit des Beklagten ist ohne Relevanz, ausreichend ist allein der räumliche Bezug zum Gebiet der Europäischen Union. Sofern der Beklagte seinen Wohnsitz außerhalb des Hoheitsgebiets eines Mitgliedstaats der Europäischen Union hat, ist die EuGVVO, von einigen Ausnahmen abgesehen, nicht anwendbar. In zeitlicher Hinsicht greift die neue Fassung der EuGVVO für alle ab dem 10.01.2015 erhobenen Klagen.[6] Für die davor liegen-

---

[6] Art. 81 EuGVVO-Verordnung Nr. 1215/2012.

den Fälle gilt die EuGVVO in der alten Fassung, welche am 1. März 2002 in Kraft trat und die mit der neuen Fassung außer Kraft getreten ist.

9.4.2.1 Allgemeiner Gerichtsstand als Ausgangspunkt

Die EuGVVO unterscheidet zwischen allgemeinen und besonderen Gerichtsständen. Der allgemeine Gerichtsstand einer natürlichen oder juristischen Person richtet sich gem. Art. 4 Brüssel Ia VO nach dem Hauptsitz oder Wohnsitz im jeweiligen Mitgliedstaat.

Gesellschaften und juristische Personen verfügen nicht über einen Wohnsitz im eigentlichen Sinne. Für diese bestimmt sich nach Art. 63 EuGVVO für die Anwendung der Verordnung ihr Wohnsitz an dem Ort, an dem sich

a) ihr satzungsmäßiger Sitz,

b) ihre Hauptverwaltung oder

c) ihre Hauptniederlassung befindet.

Dem Kläger wird damit ein Wahlrecht eingeräumt. Sofern sich etwa der Satzungssitz einer englischen Limited in London befindet, sie ihre Hauptverwaltung jedoch in Deutschland hat, kann der Kläger die englische Limited auch vor den Gerichten verklagen, welche für den Ort der Hauptverwaltung der Gesellschaft zuständig sind.

Für den Beklagten bedeutet die Grundregel jedoch zunächst eine Erleichterung, da er somit zumindest als Ausgangspunkt nur vor den an seinem Sitz zuständigen Gerichten verklagt werden kann. Voraussetzung ist aber, dass keine ausschließliche Zuständigkeit eines anderen Gerichts besteht, die Parteien keine Gerichtsstandsvereinbarung getroffen haben oder kein besonderer Gerichtsstand nach Art. 7 ff. Brüssel Ia-VO besteht.

9.4.2.2 Zuständiges Gericht für vertragliche Streitigkeiten

Für die Bestimmung des zuständigen Gerichts für etwaige vertragsrechtliche Streitigkeiten ist die Sonderregelung in Art. 7 Nr. 1 Brüssel Ia-VO maßgeblich. Nach der Regelung ist, wenn ein Vertrag oder Ansprüche aus einem Vertrag den Gegenstand des Verfahrens bilden, der Beklagte vor dem Gericht des Ortes zu verklagen, an dem die Verpflichtung erfüllt worden ist oder zu erfüllen wäre. Zuständig ist somit das Gericht an dem Ort, an welchem der Schuldner seine Leistung erbringen musste. Der Begriff des Erfüllungsorts ist autonom, also nach eigenen europarechtlichen Maßstäben zu bestimmen.[7] Die Vertragsparteien haben grundsätzlich die Möglichkeit eine Vereinbarung über den Erfüllungsort zu treffen. Haben die Parteien hingegen keine Vereinbarung über den Erfüllungsort getroffen, so liegt dieser bei einem Verkauf von beweglichen Sachen an dem Ort, an dem sie nach der

---

[7] EuGH (Plenum), Urteil vom 17. 9. 2002 – Rs. C-334/00 Fonderie Officine Meccaniche Tacconi SpA/Heinrich Wagner Sinto Maschinenfabrik GmbH [HWS])= NJW 2002, 3159; BGH, Urteil vom 22. 4. 2009 – VIII ZR 156/07 = NJW 2009, 2606.

vertraglichen Absprache geliefert worden sind oder hätten geliefert werden müssen.[8]

Zur Verdeutlichung zwei Beispiele:

Wenn der Käufer sich in dem Kaufvertrag dazu verpflichtet hat, die Ware beim Verkäufer abzuholen, liegt der vereinbarte Lieferort und damit der Gerichtsstand am Sitz des Verkäufers. Anders liegt der Fall, wenn sich der Verkäufer dazu verpflichtet hat, die Ware dem Käufer zu liefern und/oder noch etwaige Arbeiten bei diesem vor Ort zu tätigen, dann befindet sich der Lieferort und mithin der Gerichtsstand am Ort des Käufers. Dies zeigt, dass auch hier die vertraglichen Vereinbarungen maßgebend sind, die sich bei Fehlen von ausdrücklichen Regelungen aus der Auslegung ergeben. Hierbei helfen auch internationale Handelsbräuche, die sog. Incoterms.[9]

Probleme können sich jedoch dann ergeben, wenn die Waren in mehrere Mitgliedsstaaten geliefert wurden. In diesen Fällen ist zunächst darauf abzustellen, ob in einem der Staaten ein Lieferschwerpunkt besteht, also ein Ort an dem sich eine engste Verknüpfung zwischen Vertrag und einem Gericht ermitteln lässt. An diesem Ort liegt regelmäßig der Erfüllungsort für die Gesamtleistung. Ist jedoch eine solche Schwerpunktbildung nicht möglich, wird in den einzelnen Lieferstaaten eine Zuständigkeit nur für Streitigkeiten zugelassen, welche die dort gelieferten Sachen betreffen. Der gesamte Kaufpreis oder Schadensersatz statt der ganzen Leistung kann dann nur an dem allgemeinen Gerichtsstand eingeklagt werden.

9.4.2.3 Zuständiges Gericht für Produkthaftungsfälle

Für deliktische Ansprüche zu denen auch die Ansprüche aus dem Produkthaftungsgesetz gezählt werden[10] greift Art. 7 Nr. 2 EuGVVO ein. Auch hier wird sowohl eine internationale als auch eine örtliche Zuständigkeit bestimmt. Maßgeblich für den Gerichtsstand ist der Ort des schädigenden Ereignisses. Bei Produkthaftungsfällen stellt sich dabei die Frage, wo dieser Ort des schädigenden Ereignisses liegt. In Betracht kommen der Ort, an dem die tatsächliche Verletzung eingetreten (sog. Erfolgsort) ist oder aber der Ort, an dem die Handlung, welche später zu der Verletzung geführt hat, vorgenommen wurde (sog. Handlungsort). In Fällen eines fehlerhaften Produkts zeigt sich, dass diese beiden Orte ohne Weiteres auseinanderfallen können. So kann etwa die Herstellung eines fehlerhaften Produkts – als das schädigende Verhalten – in München (Deutschland) erfolgen und der Schaden, der infolge des fehlerhaften Produkts entsteht, in Lyon (Frankreich) auftreten. Während die Festlegung des tatsächlichen Verletzungsorts als Gerichtsstand oftmals dem Interesse des Geschädigten entsprechen wird, hat der Hersteller oft ein Interesse daran, am Ort der Herstellung verklagt zu werden. Nach Art. 7

---

[8] EuGH, Urteil vom 25. 2. 2010 – C-381/08 Car Trim GmbH/KeySafety Systems Srl = NJW 2010, 1059.

[9] EuGH (3. Kammer), Urt. v. 9. 6. 2011 – C-87/10 (Electrosteel Europe SA/Edil Centro SpA) = NJW 2011, 3018.

[10] Micklitz/Rott, in: Dauses/Ludwigs, Handbuch des EU-Wirtschaftsrechts, 43 EL Oktober 2017, Rn. 753.

Nr. 2 EuGVVO wird dem Kläger die Wahl zwischen dem Handlungsort und dem Erfolgsort überlassen.[11] Im obigen Beispielsfall könnte somit der durch das Produkt Geschädigte entscheiden, ob er den Hersteller in München oder aber in Lyon verklagt.

Für den Ort der schädigenden Handlung könnte man sich im Weiteren auf den Standpunkt stellen, dass als Handlungsort nicht (nur) der Ort der Herstellung in Betracht kommt, sondern auch der Ort, an dem das fehlerhafte Produkt in Verkehr gebracht wurde. Abwegig ist dieser Gedanke nicht, da sich bis zu Inverkehrgabe das Produkt im Herrschaftsbereich des Herstellers befindet und erst mit der Inverkehrgabe eines fehlerhaften Produkts die Gefahrenlage für den Produktverwender und Dritte verursacht wird. Der Europäische Gerichtshof hat jedoch den Handlungsort dahingehend konkretisiert, dass wegen der Haftung eines Herstellers für ein fehlerhaftes Produkt als Handlungsort nur der Ort in Betracht kommt, an dem das betreffende Produkt hergestellt wurde.[12] Es ging in dem Fall um ein in Deutschland produziertes und in Österreich in Verkehr gebrachtes Fahrrad. Der Erwerber, ein österreichischer Staatsangehöriger, verunfallte damit in Deutschland. Das Gericht entschied, dass der Handlungsort der Ort ist, an dem die Ware hergestellt wurde. Da im vorliegenden Fall sowohl die Herstellung des fehlerhaften Produkts als schadensstiftende Handlung als auch die Verletzung der Rechtsgüter des Klägers in Deutschland eingetreten waren, war eine Zuständigkeit der Gerichte in Deutschland zu bejahen. Allein der Umstand, dass das Fahrrad in Österreich in Verkehr gebracht wurde, führt aber nicht zu einer Zuständigkeit des Gerichts in Österreich, in dessen Bereich die Inverkehrgabe erfolgt ist. Für den Handlungsort hat der Europäische Gerichtshof somit durch seine Entscheidung einen Anknüpfungspunkt geschaffen, der sowohl klar konturiert und letztlich vorhersehbar ist und zweitens gerade für Serienschäden mit einer Mehrzahl von Prozessen zumindest die Möglichkeit schafft, eine einheitliche Zuständigkeit für eine Vielzahl von Verfahren begründen zu können.

Zu beachten ist, dass das nach Art. 7 Nr. 2 Brüssel Ia-VO zuständige Gericht über die Klage nur unter deliktischen Gesichtspunkten entscheiden darf.[13] Für die sonstigen vertraglichen Ansprüche gelten die allgemeinen Regeln.

9.4.2.4 Gerichtsstandsvereinbarung

Die Vertragspartner können – unabhängig davon, ob es sich um Ansprüche aus Vertrag oder Produkthaftung handelt – durch Vereinbarung festlegen, welches Ge-

---

[11] EuGH (Erste Kammer), Urteil vom 16. 7. 2009 – C-189/08 Zuid-Chemie BV/Philippo's Mineralenfabriek NV/SA= EuZW 2009; EuGH, Urteil vom 30. 11. 1976 – Rs 21/76 = NJW 1977, 493; BGH, Urteil vom 6. 11. 2007 – VI ZR 34/07 = NJW-RR 2008, 516

[12] EuGH, Urt. v. 16.01.2014 – C-45/13 (Andreas Kainz/Pantherwerke AG).

[13] EuGH, Urteil vom 27–09–1988 – Rs 189/87 = NJW 1988, 3088; BGH, Urteil vom 7. 12. 2004 – XI ZR 366/03 = NJW-RR 2005, 581.

richt für die Streitigkeiten aus einem Vertrag zuständig sein soll. Diese Abreden werden Gerichtsstandsvereinbarungen genannt. Gerichtsstandsvereinbarungen (sog. Prorogation) sind im internationalen Rechtsverkehr unter den Voraussetzungen des Art. 25 EuGVVO zulässig. Innerhalb des Anwendungsbereichs verdrängt Art. 25 EuGVVO das nationale Recht vollkommen, da die Verordnung eine in sich abgeschlossene Regelung des Rechts der Zuständigkeitsvereinbarungen darstellt. Die Gerichtsstandsvereinbarung zugunsten des Gerichts eines Mitgliedstaats der Europäischen Union ist dabei unabhängig vom Wohnsitz der Parteien möglich und zulässig. Im Weiteren wird, sofern sich aus der Vereinbarung nicht etwas anderes ergibt, nach Art. 25 Abs. 1 S. 2 EuGVVO vermutet, dass die von den Parteien gewählte Zuständigkeit ausschließlich ist und somit andere Zuständigkeiten verdrängt.

Was die Art und Weise des Abschlusses einer Gerichtsstandsvereinbarung angeht, sieht Art. 25 Abs. 1 S. 3 EuGVVO verschiedene Möglichkeiten vor. Nach dieser Vorschrift muss die Gerichtsstandsvereinbarung geschlossen werden:

a) schriftlich oder mündlich mit schriftlicher Bestätigung

b) in einer Form, welche den Gepflogenheiten entspricht, die zwischen den Parteien entstanden sind, oder

c) im internationalen Handel in einer Form, die einem Handelsbrauch entspricht, den die Parteien kannten oder kennen mussten und den die Parteien von Verträgen dieser Art in dem betreffenden Geschäftszweig allgemein kennen und regelmäßig beachten.

Eine schriftliche Vereinbarung im Sinne dieser Vorschrift liegt dann vor, wenn die Parteien beide ihren Willen schriftlich kundgegeben haben. Dies kann auch durch getrennte Schriftstücke erfolgen, sofern aus ihnen die inhaltliche Übereinstimmung beider Erklärungen hinreichend deutlich hervorgeht. Briefwechsel oder Austausch von Fernschreiben ist somit ausreichend. Erforderlich ist grundsätzlich die Unterschrift jedes Vertragsteils, soweit nicht besondere Kommunikationstechniken einen Verzicht darauf notwendig machen und ein Verzicht üblich ist, etwa beim Telegramm. Nur die Identität des Erklärenden muss feststehen.[14] Dadurch wird sichergestellt, dass diejenige Partei, zu deren Nachteil die Gerichtsstandsvereinbarung geschlossen wird, dieser auch ausdrücklich zugestimmt hat. Es genügt für eine Gerichtsstandsvereinbarung aber auch eine „halbe Schriftlichkeit". Voraussetzung dafür ist, dass die Gerichtsstandsklausel ausdrücklich mündlich vereinbart worden ist, eine der beiden Parteien der anderen diese Vereinbarung schriftlich bestätigt und letztere keine Einwendungen erhoben hat. Zwischen Vereinbarung und Bestätigung muss dabei ein angemessener zeitlicher Zusammenhang bestehen.

---

[14] Zöller/Geimer ZPO Art. 25 EuGVVO, Rn. 13; BGH NJW 2001, 1731.

Insbesondere im B2B-Bereich ist mittlerweile der Abschluss von Verträgen unter alleiniger Nutzung von elektronischen Kommunikationsmitteln üblich. Das wird nach Art. 25 Abs. 2 EuGVVO von der Verordnung ebenfalls berücksichtigt, indem Gerichtsstandsvereinbarungen, welche allein in elektronischer Form abgeschlossen werden, schriftlichen Vereinbarungen gleichgestellt werden. Nach Abs. 2 muss allerdings eine dauerhafte Aufzeichnung der Vereinbarung vor Vertragsschluss möglich sein, um die berechtigten Beweisanliegen der Parteien zu garantieren. Unerheblich ist, ob sie tatsächlich aufgezeichnet wurde. Vereinbarungen per E-Mail genügen dabei; eine elektronische Signatur oder eine Verschlüsselung ist nicht notwendig.

Auch beim Austausch schriftlicher oder elektronischer Erklärungen ist zumeist die Gerichtsstandsvereinbarung nicht in den Erklärungen selbst zu finden, sondern meistens in den Allgemeinen Geschäftsbedingungen einer (oder beider) Partei(en), auf welche in der Erklärung verwiesen wird. Ein Verweis auf Allgemeine Geschäftsbedingungen, die auf der Rückseite der Vertragsurkunde abgedruckt sind und eine Gerichtsstandsklausel enthalten, wird nur dann als genügend angesehen, wenn der von beiden unterzeichnete Vertragstext ausdrücklich auf die AGB Bezug nimmt. Bloße Aushändigung bzw. Beigabe der AGB genügt nicht. Der Hinweis auf die AGB muss dabei aber nicht ausdrücklich darauf aufmerksam machen, dass die AGB eine Gerichtsstandsvereinbarungsklausel enthalten. Weitere Voraussetzung ist aber, dass die AGB in der Landessprache des Empfängers oder alternativ in der Vertragssprache formuliert sind. Enthalten die wechselseitigen Erklärungen jedoch jeweils einen Verweis auf eigene Allgemeine Geschäftsbedingungen der Parteien mit jeweils unterschiedlichem Gerichtsstand liegt keine Einigung vor, sodass auch eine Gerichtsstandsvereinbarung abgelehnt werden muss.

Neben einer schriftlich abgeschlossenen oder bestätigten Gerichtsstandsvereinbarung ist es auch ausreichend, wenn die Gerichtsstandsvereinbarung in einer Form erfolgt, welche der Gepflogenheit entspricht, die zwischen den Parteien entstanden ist. Diese Alternative greift beispielsweise dann ein, wenn sich die Parteien früher darauf geeinigt haben, ihren gesamten Vertragsbeziehungen die Lieferbedingungen einer Partei einschließlich der Gerichtsstandsklauseln zugrunde zu legen. Im Weiteren greift sie etwa auch dann ein, wenn die Parteien über einen längeren Zeitraum ihre Verträge in der Weise abwickeln, dass auf Bestellung der einen Seite die andere Seite eine Auftragsbestätigung mit Hinweis auf die eine Gerichtsstandsklausel enthaltenden AGB übermittelt.

Das durch die Gerichtsstandsvereinbarung gewählte Gericht prüft die materielle und formelle Wirksamkeit der Zuständigkeitsvereinbarung von Amts wegen. Bei der Prüfung der formellen Voraussetzungen ist das Gericht aber an die Vorgaben des Art. 25 EuGVVO gebunden. In materieller Hinsicht können aber der Wirksamkeit einer Gerichtsstandsvereinbarung verschiedene Gründe entgegenstehen, welche von der EuGVVO nicht geregelt werden und welche das gewählte Gericht nach dem anwendbaren Recht prüfen muss, so etwa eine mögliche Anfechtbarkeit der Vereinbarung, die Frage, ob und inwieweit die handelnden Personen überhaupt zur Stellvertretung berechtigt oder zum Zeitpunkt der Abgabe der Erklärung willens- oder handlungsfähig waren.

Neben einer ausdrücklichen ist auch eine stillschweigende Gerichtsstandsvereinbarung durch rügelose Einlassung nach Art. 26 EuGVVO möglich. Unter der rügelosen Einlassung versteht man die Begründung der Zuständigkeit des an sich unzuständigen Gerichts aufgrund des Umstands, dass sich der Beklagte auf das Verfahren vor dem angerufenen Gericht einlässt, ohne die fehlende Zuständigkeit des angerufenen Gerichts zu rügen. Sofern es sich jedoch bei dem Verfahren um eines der EuGVVO geregelten Sonderverfahren handelt und in denen der Beklagte Versicherungsnehmer, Versicherter, Begünstigter eines Versicherungsvertrags, Geschädigter, Verbraucher oder Arbeitnehmer ist, führt eine rügelose Einlassung jedoch nur dann zur Zuständigkeit des angerufenen Gerichts, sofern das Gericht den Beklagten auf die Folgen seiner Einlassung hingewiesen hat.

9.4.3 Gerichtsstand außerhalb der Europäischen Union

Für Fälle, welche nicht von der EuGVVO erfasst werden, wird ein mit einem Rechtsstreit befasstes deutsches Gericht nach den Vorschriften der Zivilprozessordnung prüfen, ob und inwieweit es zuständig ist. Vorschriften zur Bestimmung einer internationalen Zuständigkeit sind in der Zivilprozessordnung nur vereinzelt geregelt. Grundsätzlich gilt der Grundsatz der sogenannten Doppelfunktionalität der Regeln der örtlichen Zuständigkeit. Das bedeutet, dass mit der Feststellung der örtlichen Zuständigkeit nach den Regeln der §§ 12 ff. ZPO zugleich festgestellt wird, dass das Gericht auch international zuständig ist.[15]

9.4.3.1 Allgemeiner und besondere Gerichtsstände

Die ZPO unterscheidet ebenfalls zwischen dem allgemeinen Gerichtsstand sowie den besonderen und ausschließlichen Gerichtsständen. Ausschließliche Gerichtsstände begründen, wie die Bezeichnung bereits deutlich macht, eine ausschließliche Zuständigkeit eines Gerichts für die geltend gemachten Ansprüche. Besondere Gerichtsstände hingegen eröffnen dem Kläger ein Wahlrecht, den Beklagten neben seinem allgemeinen Gerichtsstand auch am besonderen Gerichtsstand zu verklagen. Wenn mehrere besondere Gerichtsstände neben dem allgemeinen Gerichtsstand eingreifen, hat der Kläger auch zwischen diesen und dem allgemeinen Gerichtsstand die Wahl, an welchem er den Beklagten verklagt.

---

[15] Vgl. hierzu BGH, Beschl. v. 14.06.1965 – GSZ 1/65 = NJW 1965, 1665.

Der allgemeine Gerichtsstand ist nach § 13 ZPO der Wohnsitz des Beklagten bzw. nach § 17 ZPO der Sitz einer jur. Person. Bei Kauf- und Werkverträgen ist vor allem § 29 ZPO, der besondere Gerichtsstand des Erfüllungsorts, bedeutsam. Hiernach ist grundsätzlich das Gericht des Ortes zuständig, an dem die streitige Verpflichtung zu erfüllen ist. Das muss anhand der Vereinbarungen der Parteien ausgelegt werden. Sofern die Parteien des Vertrags Kaufleute sind, bestimmt sich der Gerichtsstand nach dem von den Parteien gewählten Erfüllungsort. Bei grenzüberschreitenden Verträgen kann eine Bestimmung des Erfüllungsorts erst dann erfolgen, wenn feststeht, welches Recht auf den Vertrag anwendbar ist. Das muss das mit dem Rechtsstreit befasste Gericht zunächst bestimmen, bevor es über den Erfüllungsort seine Zuständigkeit bejahen oder verneinen kann.

Von Relevanz für Produkthaftungsfälle ist der besondere Gerichtsstand der unerlaubten Handlung in § 32 ZPO. Hiernach sind deutsche Gerichte international zuständig, wenn die deliktische Handlung oder der Erfolg in Deutschland eingetreten ist, wobei es genügt, wenn ein Teil des Erfolges im Inland eintritt.[16] Ebenso wie bei Art. 7 EuGVVO kann somit entweder an den Ort angeknüpft werden, an dem die schädigende Handlung vorgenommen wurde oder aber an dem der Erfolg in Form der Rechtsgutsverletzung eingetreten ist.

9.4.3.2 Gerichtsstandsvereinbarung

Eine Gerichtsstandsvereinbarung auch zwischen einem Unternehmer und einem Verbraucher kann, wenn mindestens eine Vertragspartei keinen allgemeinen Gerichtsstands im Inland hat, gem. § 38 Abs. 2 ZPO vereinbart werden. Die Vereinbarung muss schriftlich abgeschlossen oder, falls sie mündlich getroffen wird, schriftlich bestätigt werden. Hat eine der Parteien einen inländischen allgemeinen Gerichtsstand, so kann für das Inland nur ein Gericht gewählt werden, bei dem diese Partei ihren allgemeinen Gerichtsstand hat oder ein besonderer Gerichtsstand begründet wird. Darüber hinaus, fernab dieser Einschränkungen, können prorogationsfähige Personen, also Kaufleute und Unternehmer, eine nach § 38 Abs. 1 ZPO zulässige Gerichtsstandsvereinbarung abschließen.

■ 9.5 UN-Kaufrecht

9.5.1 Allgemeines

In Deutschland ist das UN-Kaufrecht im Jahr 1991 in Kraft getreten und seitdem Bestandteil des deutschen internationalen Privatrechts. In seinem Geltungsbe-

---

[16] *Heinrich*, in: Musielak/Voit, ZPO 14. Aufl. 2017, § 32 Rn. 23.

reich haben diese Normen Vorrang sowohl vor den Vorschriften des BGB als auch des HGB. Die Anwendbarkeit des UN-Kaufrechts ist dabei nicht davon abhängig, dass die Parteien dies ausdrücklich vereinbaren. Vielmehr kommt das UN-Kaufrecht automatisch zur Anwendung, sobald dessen Voraussetzungen erfüllt sind. Es muss jedoch die Möglichkeit beachtet werden, dass das UN-Kaufrecht wirksam ausgeschlossen werden kann.

9.5.2 Anwendbarkeit des UN-Kaufrechts

Damit das CISG Anwendung findet, müssen folgende Voraussetzungen erfüllt sein:

Es muss sich um einen Kaufvertrag über bewegliche Waren handeln (Art. 1 Abs. 1 CISG). Erfasst werden dabei alle Gestaltungsformen des Kaufs, d. h. auch Sukzessiv-Lieferungsverträge oder der Kauf nach Muster oder Probe. Kaufverträge über Grundstücke und Rechte werden daher nicht vom UN-Kaufrecht erfasst.

Der Kaufvertrag darf nicht zu einem privaten Zweck abgeschlossen worden sein (Art. 2 lit. a CISG). Dieser Ausschlusstatbestand gilt allerdings nur bei einer ausschließlich privaten Nutzung. Schon bei einem Erwerb für eine gemischt private/gewerbliche bzw. berufliche Nutzung ist das CISG hingegen anwendbar.

Die Parteien müssen darüber hinaus ihre Niederlassungen in verschiedenen Staaten haben (Art. 1 CISG). Bei rein innerstaatlichen Rechtsgeschäften gilt das UN-Kaufrecht somit nicht. Eine Niederlassung in diesem Sinne erfasst den Ort, an dem mit einer gewissen Dauerhaftigkeit die geschäftliche Tätigkeit ausgeübt wird. Es müssen jedoch nicht beide Staaten Vertragsstaaten des CISG sein. Vielmehr reicht es aus, wenn der Staat, dessen Recht nach den Regeln des Internationalen Privatrechts zur Anwendung kommt, Vertragsstaat ist.

Schließlich dürfen die Parteien die Anwendung des CISG nicht ausgeschlossen haben (Art. 6 CISG). Hierbei ist allerdings zu beachten, dass das UN-Kaufrecht durch die Ratifikation Bestandteil des deutschen Rechts geworden ist. Vereinbaren die Vertragsparteien die Geltung deutschen Rechts, so bedeutet dies automatisch auch – sofern die weiteren Voraussetzungen erfüllt sind – die Anwendbarkeit des UN-Kaufrechts. Wollen die Vertragsparteien dies nicht, so müssen sie neben der Rechtswahl die Anwendbarkeit des CISG ausschließen (sog. opt-out).

9.5.3 Regelungsinhalt des UN-Kaufrechts

Inhaltlich ist das UN-Kaufrecht einerseits weitergehender als das BGB, da es beispielsweise auch Regelungen zum Vertragsschluss enthält, der im deutschen Recht unabhängig vom Kaufvertrag im Allgemeinen Teil des BGB geregelt ist. Andererseits enthält es keine Regelungen über die Verjährung von Ansprüchen, die Stellvertretung oder die Produzentenhaftung. In diesen Fällen muss auf das jeweils anwendbare innerstaatliche Recht zurückgegriffen werden.

9.5.4 Zustandekommen der Verträge

Für den Vertragsschluss sind nach UN-Kaufrecht ebenso wie im deutschen Recht Angebot (Art. 14 CISG) und Annahme (Art. 18, 19 CISG) erforderlich. Auch im UN-Kaufrecht gilt der Grundsatz der Formfreiheit für den Vertragsschluss (Art. 11 CISG). Die Vertragsstaaten können sich allerdings strengere Formvorschriften vorbehalten. Im Unterschied zum deutschen Recht kann das Angebot bis zum Abschluss des Vertrages widerrufen werden, sofern der Widerruf dem Empfänger zugeht, bevor dieser seine Annahmeerklärung abgesandt hat (Art. 16 Abs. 1 CISG).

Ein weiterer bedeutsamer Unterschied zum deutschen Recht besteht im Hinblick auf die Einbeziehung von AGB. Anders als im deutschen Recht muss der vollständige Text der AGB rechtsgeschäftlich nach den Art. 7, 8, 14 ff. CISG vereinbart worden sein. Es ist also regelmäßig die Übersendung der AGB in einer dem Vertragspartner verständlichen Sprache bis spätestens zum Vertragsschluss erforderlich. Da es nicht Sache des Vertragspartners ist, sich selbst die AGB zu verschaffen, reicht ein Verweis auf die im Internet zugänglichen AGB genauso wenig aus wie eine Hinterlegung bei einer Handelskammer. Allerdings wird im Rahmen einer laufenden Geschäftsverbindung, bei der die AGB ständig Geschäftsgrundlage sind, nicht mehr gefordert, dass diese bei jedem Vertragsschluss mitgesandt werden.

9.5.5 Pflichten des Verkäufers

Die Art. 30 ff CISG regeln die Pflichten des Verkäufers. Hiernach ist der Verkäufer insbesondere dazu verpflichtet, die verkaufte Ware zu liefern, die sie betreffenden Dokumente zu übergeben und das Eigentum an der Ware zu übertragen. Die Ware hat zudem vertragsgemäß zu sein (Art. 35 CISG). Wie das deutsche Recht stellt auch das UN-Kaufrecht zunächst auf einen subjektiven Mangelbegriff ab. Entscheidend ist also in erster Linie, ob die Ware den vertraglichen Vereinbarungen entspricht. Art. 35 Abs. 1 CISG konkretisiert dies dahingehend noch, dass die Ware in Menge, Qualität und Art sowie hinsichtlich der Verpackung der vertraglichen Einigung entsprechen muss. Haben die Vertragsparteien keine besondere Vereinbarung getroffen, sind für die Beurteilung der Frage der Vertragsgemäßheit allgemeine Maßstäbe zugrunde zu legen (Art. 35 Abs. 2 CISG). Für Sachmängel der Ware haftet der Verkäufer zunächst nur, wenn die Ware bereits zum Zeitpunkt des Gefahrübergangs auf den Käufer vertragswidrig war. Dieser Zeitpunkt ist, soweit nichts anderes vereinbart ist, der Zeitpunkt der Lieferung. Art. 36 Abs. 2 CISG weitet die Sachmängelhaftung aber auf solche Vertragswidrigkeiten aus, die zwar objektiv erst nach Gefahrübergang eintreten, aber auf eine Verletzung der Pflichten des Verkäufers zurückzuführen oder von einer Garantie erfasst sind.

Der Käufer wiederum ist verpflichtet, den Kaufpreis zu bezahlen (Art. 53 f. CISG) und die Ware abzunehmen (Art. 60 CISG).

9.5.6 Mängelrechte des Käufers

In Art. 45 ff. CISG sind die Rechtsbehelfe normiert, die dem Käufer im Falle einer Vertragsverletzung zur Verfügung stehen:

- Ersatzlieferung (Art. 46 Abs. 3 CISG) oder
- Nachbesserung (Art. 46 Abs. 3 CISG) oder
- Aufhebung des Vertrags (Art. 49 CISG) oder
- Minderung (Art. 50 CISG) oder/und
- Schadensersatz (Art. 74–77 CISG).

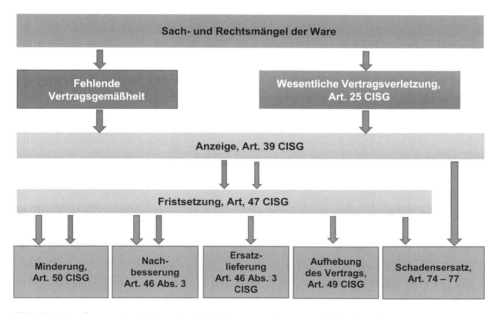

Bild 9.3 Das System der Mängelgewährleistungsrechte nach UN-Kaufrecht

Diese Rechtsbehelfe gelten jedoch nicht nur für den Fall der Lieferung nicht vertragsgemäßer Waren, sondern auch bei sonstigen Pflichtverletzungen, einschließlich der Verletzung von Nebenpflichten.

Sie sind jedoch davon abhängig, dass der Käufer seine Untersuchungs- und Anzeigeobliegenheit nicht verletzt hat. Dieser muss gem. Art. 38 Abs. 1 CISG die Ware innerhalb einer so kurzen Frist selbst untersuchen oder untersuchen lassen, wie es die Umstände erlauben. Die Bemessung der Frist ist individuell zu bestimmen und hängt vom Einzelfall ab. Stellt der Käufer eine Vertragswidrigkeit fest, so muss er diese gem. Art. 39 CISG dem Verkäufer anzeigen. Zeigt er dies nicht oder auch nur zu spät an, verliert er seine Rechte.

Die genannten Rechte des Käufers sind jeweils von weiteren Voraussetzungen abhängig. Zunächst kann der Käufer dem Verkäufer eine angemessene Frist zur Erfüllung seiner Pflichten setzen (Art. 47 CISG), die entweder in einer Ersatzlieferung oder in einer Nachbesserung bestehen. Anders als im deutschen Recht kann die Ersatzlieferung indes nur bei einer wesentlichen Vertragsverletzung verlangt werden.

Auch das Recht des Käufers zur Vertragsaufhebung (Art. 49 CISG) kann nur ausgeübt werden, wenn eine wesentliche Vertragsverletzung vorliegt oder wenn im Falle der Nichtlieferung der Verkäufer die Ware nicht innerhalb der vom Käufer nach Artikel 47 Absatz 1 gesetzten Nachfrist liefert oder wenn er erklärt, dass er nicht innerhalb der so gesetzten Frist liefern wird.

Art. 50 CISG gibt dem Käufer ein Minderungsrecht. Diese ist im Gegensatz zu den Rechtsbehelfen der Vertragsaufhebung und der Ersatzlieferung nicht von einer wesentlichen Vertragsverletzung abhängig. Eine berechtigte Minderung hat zur Folge, dass die Kaufpreisforderung in Höhe des Minderungsbetrages erlischt. Der Käufer muss diesen Betrag also nicht mehr zahlen bzw. kann ihn zurückfordern.

Schließlich geben die Art. 45, 74 – 77 CISG dem Käufer einen Schadensersatzanspruch, der unabhängig von den anderen Rechtsbehelfen geltend gemacht werden kann. Damit kann der Käufer diesen auch fordern, wenn eine von ihm gesetzte Nachfrist noch läuft oder wenn der Verkäufer noch zur Nacherfüllung berechtigt ist. Der Schadensersatzanspruch ist unabhängig von einem Verschulden des Verkäufers. Er kann allerdings entfallen, wenn sich der Verkäufer auf einen Entlastungsgrund iSv Art. 79 CISG berufen kann.

Umfang und Berechnung des Schadensersatzanspruches ergeben sich aus Art. 74–77 CISG. Es gilt der Grundsatz der Totalreparation, d. h. der Käufer hat Anspruch auf vollen Ausgleich aller Nachteile, die ihm durch die Vertragsverletzung des Verkäufers entstanden sind. Der Schadensersatz umfasst damit zunächst sämtliche dem Käufer durch die Vertragsverletzung entstandenen Verluste (suffered loss) wie Produktionsausfallkosten, Verzugsschäden oder Mangelfolgeschäden sowie den entgangenen Gewinn (loss of profit). Hat der Käufer nach einer Vertragsaufhebung einen Deckungskauf vorgenommen, kann er nach Art. 75 CISG die Differenz zwischen dem vereinbarten Kaufpreis und dem für das Deckungsgeschäft höheren Preis als Schaden – neben seinem weiteren Schaden i. S. v. Art. 74 CISG –

geltend machen. Der Käufer ist im Falle der Vertragsaufhebung aber nicht zu einem Deckungskauf verpflichtet. In diesem Fall ermöglicht Art. 76 CISG eine abstrakte Schadensberechnung, die sich aus der Differenz des im Vertrag vereinbarten Preises und dem Marktpreis zur Zeit der Aufhebung ergibt.

Ausgenommen ist gem. Art. 5 CISG allerdings die Haftung des Verkäufers für durch die Ware verursachten Tod oder Körperverletzungen einer Person. Diesbezügliche Schadensersatzansprüche können nur auf das jeweilige nationale Recht gestützt werden. Art. 74 Satz 2 CISG begrenzt den Schadensersatzanspruch zudem auf denjenigen Schaden, der für die vertragsbrüchige Partei bei Vertragsschluss vorhersehbar war. Vorhersehbar in diesem Sinne sind alle Schäden, die unmittelbar durch die Vertragsverletzung entstanden sind.

Schließlich enthält Art. 77 CISG eine Schadensminderungspflicht, die dem Käufer auferlegt wird. Versäumt der Käufer diese, entfällt sein Schadensersatzanspruch in dem Umfang, in dem er den Schaden hätte vermeiden können.

Index

Der Leitfaden für Praktiker